「新发展理念与中国道路」系列丛书

全国高校出版社主题出版

创新发展理念

CHUANGXIN FAZHAN LINIAN

李政／著

吉林大学出版社

图书在版编目（CIP）数据

创新发展理念 / 李政著. —长春：吉林大学出版社, 2017.12
（新发展理念与中国道路系列丛书）
ISBN 978-7-5692-1536-6

Ⅰ. ①创… Ⅱ. ①李… Ⅲ. ①中国经济—经济发展—研究 Ⅳ. ①F124

中国版本图书馆CIP数据核字(2017)第305745号

书　　名：创新发展理念
CHUANGXIN FAZHAN LINIAN

作　　者：李　政　著
策划编辑：周　婷
责任编辑：安　斌
责任校对：周　婷
装帧设计：刘　瑜
出版发行：吉林大学出版社
社　　址：长春市人民大街4059号
邮政编码：130021
发行电话：0431-89580028/29/21
网　　址：http://www.jlup.com.cn
电子邮箱：jdcbs@jlu.edu.cn
印　　刷：吉广控股有限公司
开　　本：787mm × 1092mm　1/16
印　　张：16
字　　数：256千字
版　　次：2017年12月　第1版
印　　次：2017年12月　第1次
书　　号：ISBN 978-7-5692-1536-6
定　　价：35.00元

目　录

第一章 创新驱动发展战略

创新是经济社会发展的永恒主题和不竭动力。世界主要发达国家都把科技创新作为国家的发展战略，走上创新驱动发展之路，成为创新型国家。党的十七大报告把“提高自主创新能力、建设创新型国家”提升为国家发展战略的核心、提高综合国力的关键。此后党和国家领导人多次提出我国到2020年进入创新型国家行列的宏伟目标。在此基础上，党的十八大报告进一步提出“实施创新驱动发展新战略”。党的十八届五中全会提出“深入实施创新驱动发展战略”。《中共中央关于制定国民经济和社会发展第十三个五年规划的建议》（以下简称“十三五”规划建议）提出以创新发展为第一动力的五大发展理念，是贯穿“十三五”规划建议全篇的重大战略思想，充分体现了以习近平同志为核心的党中央确立发展新理念、开拓发展新境界的坚定决心与历史担当。创新驱动发展战略是落实创新发展理念的具体行动，是一个立足全局、面向全球、聚焦关键、带动整体的国家战略，而不是一个短期的、局部的战略。这是党中央在我国发展关键时期做出的重大决策，契合我国发展的历史逻辑和现实逻辑。

第一节 创新驱动发展战略提出的背景和目标

2012年7月，全国科技创新大会提出要实施创新驱动发展战略，随后党的十八大报告强调实施创新驱动发展战略。2013年3月，习近平总书记在参加全国政协联组讨论时强调，实施创新驱动发展战略，是立足全局、面向未来的重大战略，是加快转变经济发展方式、破解经济发展深层次矛盾和问题、增强经济发展内生动力和活力的根本措施。2013年9月，习近平在主持中共中央政治局第九次集体学习时强调，实施创新驱动发展战略决定着中华民族前途命运。2013年11月，党的十八届三中全会强调："加快转变经济发展方式，加快建设创新型国家。"2014年8月，习近平主持召开中央财经领导小组第七次会议发表重要讲话强调，"我国是一个发展中大国，正在大力推进经济发展方式转变和经济结构调整，必须把创新驱动发展战略实施好。"2015年3月，中共中央、国务院印发关于深化体制机制改革加快实施创新驱动发展战略的若干意见，多角度、全方位地对创新驱动发展战略的实施做出了部署。2015年10月，党的十八届五中全会提出，坚持创新发展，必须把创新摆在国家发展全局的核心位置，不断推进理论创新、制度创新、科技创新、文化创新等各方面创新，让创新贯穿党和国家一切工作，让创新在全社会蔚然成风。

一、战略背景

1. 创新驱动发展是应对国际竞争、实现中华民族伟大复兴的大势所趋

当前世界范围内新一轮科技革命、产业变革和军事变革加速演进，科学探索从微观到宏观各个尺度上向纵深拓展，信息技术、生物技术、新材料技术、新能源技术广泛渗透，带动以智能、绿色、泛在为特征的群体性技术革命将引发国际产业分工的重大调整，颠覆性技术不断涌现，对国际政治、经济、军事、安全、外交等产生深刻影响，甚至改变国家力量对比，成为重塑世界经济结构和竞争格局的关键。创新驱动成为许多国家谋求竞争优势的核心战略。世界各大国都在积极强化创新部署，如美国的再工业化战略、德国的工业4.0战略、低碳经济发展战略、新成长战略、高技术战略等应运而生。创新已成为大国竞争的新赛场，谁主导创新，谁就能主导赛场规则和比赛进程。[①]一个国家是否强大不仅取决于经济总量、领土幅员和人口规模，更取决于它的创新能力。近代以来，世界经济中心几度转移，其中有一条清晰的脉络，就是科技中心一直是支撑经济中心地位转移的强大力量。领先科技和尖端人才流向哪里，发展的制高点和经济的竞争力就转向哪里。近五百年以来，世界经历了数次科技革命，一些欧美国家抓住了蒸汽机革命、电气革命和信息技术革

① 刘延东：深入实施创新驱动发展战略[N].人民日报.2015-11-11(1).

命等重大机遇，一跃而成为世界大国和世界强国；反之，中国却由全球经济规模最大的国家沦为落后挨打的半殖民地半封建国家，其中一个很重要的原因就是与科技革命失之交臂。面向未来，只有真正用好科学技术这个最高意义上的革命力量和有力杠杆，走出一条从人才强、科技强到产业强、经济强、国家强的发展路径，才能实现中华民族伟大复兴的中国梦。中国既面临赶超跨越的难得历史机遇，也面临差距拉大的严峻挑战。只有努力在创新发展上进行新部署、实现新突破，勇立世界科技创新潮头，才能跟上世界发展大势，赢得发展主动权，为人类文明进步做出更大贡献。

2. 创新驱动发展是中国跨越“中等收入陷阱”、攀升价值链高端的形势所迫

其一，跨越“中等收入陷阱”必须依靠创新驱动发展。改革开放以来，中国根据自己的资源禀赋和比较优势，走上了要素驱动和投资驱动发展之路，这是与当时的国情和发展阶段相适应的现实选择，并已取得了阶段性成功，创造了世界经济发展史上的奇迹。经过几十年的持续快速发展，中国经济总量跃居世界第二，人均GDP接近8000美元。但不可否认的是，这种成功是以资源超常消耗和环境过度透支为代价取得的，产业层次低、发展不平衡和资源环境刚性约束增强等矛盾愈加凸显。尤其是2008年国际金融危机发生后，以美国为首的西方国家开始调整产业结构和消费模式，提出再工业化，力图强势回归实体经济，使得中国的发展模式受到前所未有的挑战。如果我们不及时、果断地转变发展模式，经济的持续、健康、稳定发展将难以实现。高储蓄率、高投资率可以获得快速的经济增长，如果不能及时向创新驱动发展模式转型，则会缺乏技术进步的支撑，经济效率上不来，使投资效率呈递减趋势。不仅居民不能更多分享经济增长的成果，而且资本积累获得的可能是“负财富”，最终导致经济增长的终结，中国有可能会像拉美国家一样落入“中等收入陷阱”。从国际经验看，二战后只有少数经济体从低收入迈向高收入，迈过“中等收入陷阱”实现了现代化，它们的一条重要经验在于紧紧依靠科技创新打造了竞争的新优势，从而提升了自身在全球价值链条中的位置。未来几年是全面建成小康社会的决胜阶段，能否成功转变发展方式，能否成功推进产业升级，能否成功跨越“中等收入陷阱”，必须依靠创新驱动打造发展新引擎，培育新的经济增长点，持续提升中国经济发展的质量和效益，开辟中国发展的新空间。

其二，实现经济中高速增长和产业迈向中高端的“双目标”必须依靠创新。由于创新水平较低，缺乏核心制造技术和高端产品开发能力，中国制造业处于国际产业链低端，利润空间小，抗风险能力弱，国际市场一旦出现波动，即可能面临生存危机。统计表明，在中外合资企业中，外国投资者出30%的资本，却拥有50%的股权，70%的利润；而在OEM企业中，情况更加严重，外国企业往往拥有92%以上的利润，中国企业最多只能拿到8%。过去，中国对外贸易发展的主要模式是“增量降价”，出口总量越来越大，而单位价格却越来越低，结果不仅导致“中国在世界上卖什么东西，什么东西就便宜”的尴尬局面，还造成了许多对外贸易摩擦事件，一些国家对中国产品实行的反倾销案越来越多。由于产品缺乏科技含量和国际竞争力，中国企业只在一些低端或中低端的产品和产业上赢得国际竞争力，外贸出口受世界经济形势严重制约，风险和不确定性较大。只有实施创新驱动发展战略，才能切实提升中国制造业在世界产业链的层级，摆脱受制于人的局面。

3. 创新驱动发展应对传统动能减弱、培育经济增长新动能的必然选择

其一，创新驱动发展是摆脱资源要素依赖的必然选择。中国经济总量已居世界第二，但发展中的不协调、不可持续问题仍然突出，人口、资源、环境压力越来越大。随着近年来经济的高速发展，尤其是高能耗产业的发展，中国已经成为世界第二大能源消费国，能源消耗占全球的15%，与整个欧盟相当，但GDP总量仅为欧盟的一半左右，人均GDP不足其五分之一。2012年，中国消费了世界50%的钢、水泥、煤炭，石油进口依存度达57%，铜进口依存度达到70%，而大量消费能源资源所造成的大气、水、土地污染问题日益突出。如果中国经济增长继续保持现有能耗水平，预计当人均GDP达到5000美元的中等发达国家水平时，将成为世界第一能耗大国，消耗全球30%以上的能源。届时世界能源资源将难以支撑中国的发展。由于科技创新水平低，每产出1万美元GDP，中国需消耗的石油、水资源、钢材和水泥是世界平均水平的3倍、4倍、6.8倍和11.6倍。中国正处于工业化和城镇化加快发展的阶段，未来对能源资源的需求还将不断增长。如果中国不能摆脱高投入、高消耗、高排放、低产出、低效益的粗放型经济增长模式，能源资源的供需缺口将越来越大，无法支撑持续发展和全面建成小康社会，所以必须走一条新路，必须依靠创新驱动发展。

其二，创新驱动发展是摆脱劳动力要素约束的必然选择。改革开放以来，中国利用廉价而丰富的劳动力资源参与国际竞争，获得了一定的“比较优势”，推动了经济持续快速增长。然而，进入21世纪以来，中国以农民工为主体的普通劳动力工资呈持续上涨态势，大部分行业劳动力成本在2005年以后增长加快。据统计，从2009年至2012年，中国劳动力基本工资年增长率逐年递增，分别达到6.3%、7.5%、9.7%和9.8%。这一现象产生的根本原因在于随着“刘易斯拐点”日益临近，中国农村有效剩余劳动力持续下降，以及人口老龄化和“人口红利”逐渐消失，普通劳动力供求关系发生转折性变化。即中国正出现老年人口数量大幅上升和劳动年龄人口相对减少的现象，劳动力无限供给条件将不复存在，劳动力短缺问题也将越来越严重。据估算，农村可转移的富余青壮劳动力已从1990年的1.3亿下降到目前的0.3亿。2011年，中国劳动人口占比74.4%，同比微降0.1个百分点，结束了之前多年上升的趋势。从2015年开始，中国15～64岁劳动年龄人口在达到峰值后将逐年减少。因此，从长期看，随着社会经济的发展，劳动力成本上升是必然趋势，劳动密集型和低附加值的产业发展空间必定受限，企业的根本出路是加快转型升级、实现创新驱动发展。

4. 创新驱动发展是突破科技瓶颈、提升自主创新能力的必然选择

当前，中国创新驱动发展已具备发力加速的基础。经过多年努力，科技发展正在进入由量的增长向质的提升的跃升期，科研体系日益完备，人才队伍不断壮大，科学、技术、工程、产业的自主创新能力快速提升。经济转型升级、民生持续改善和国防现代化建设对创新提出了巨大需求。庞大的市场规模、完备的产业体系、多样化的消费需求与互联网时代创新效率的提升相结合，为创新提供了广阔的空间。中国特色社会主义制度能够有效结合集中力量办大事和市场配置资源的优势，为实现创新驱动发展提供了根本保障。同时也要看到，中国的许多产业仍处于全球价值链的中低端，一些关键核心技术受制于人，发达国家在科学前沿和高技术领域仍然占据明显的领先优势，中国支撑产业升级、引领未来发展的科学技术储备亟待加强。适应创新驱动的体制机制亟待建立健全，企业创新动力不足，创新体系整体效能不高，经济发展尚未真正转到依靠创新的轨道。科技人才队伍大而不强，领军人才和高技能人才缺乏，创新型企业家群体亟须发展壮大。激励创新的市场环境和社会氛围仍需进一步培育和优化。

由于科技与创新水平较低，中国经济发展面临着不可持续的风险。正如习近平所指出的，在日趋激烈的全球综合国力竞争中，中国没有更多的选择，非走创新驱动发展之路不可，因为现代化建设最可依靠的支撑点，就是科技创新。中国拥有自主知识产权核心技术的企业仅仅占企业总数的0.03%，99%的企业没有申请专利，60%的企业没有自己的商标，出口产品的90%是贴牌生产。在高技术产业方面，虽然中国已经成为世界高技术产业大国，但至今还没有一家进入世界500强的高技术产品制造大企业。虽然高技术产业增长速度很快、规模很大，但存在很大的“虚高”成分。据估计，中国高技术产业利润率仅为4%左右，低于很多传统产业。电子计算机及办公设备制造业增加值占世界的46%，规模居世界首位，但实现利润仅为美国英特尔公司的74%左右；医药行业规模居世界第三位，实现利润仅为美国默克公司的74.8%。除个别行业外，国内高技术含量的行业大都处于外资实际控制之下，外贸依存度超过70%，其中工业品出口的60%来自外商投资企业。改变中国“生产大国、创新小国”“贸易大国、品牌小国”“制造大国，创造小国”的现状必须依靠实施创新驱动发展战略。

总之，中国能不能顺利实现创新驱动转型发展，决定着国家的前途与民族的未来。实施创新驱动发展战略关系到能够否成功跨越“中等收入陷阱”和实现中华民族伟大复兴的中国梦，关系到能否保障国家的经济与军事安全，能否成功突破西方发达国家的经济技术封锁和控制。在中国加快推进社会主义现代化、实现“两个一百年”奋斗目标和中华民族伟大复兴中国梦的关键阶段，必须始终坚持抓创新就是抓发展、谋创新就是谋未来，让创新成为国家意志和全社会的共同行动，走出一条从人才强、科技强到产业强、经济强、国家强的发展新路径，为中国未来十几年乃至更长时间创造一个新的增长周期。

二、战略目标

2016年5月19日，中共中央、国务院印发《国家创新驱动发展战略纲要》提出了中国创新发展三步走的战略目标，成为落实党的十八届五中全会提出的创新发展理念的具体行动，是对创新驱动发展战略进行的顶层设计和系统谋划。它明确了未来30年创新驱动发展的目标、方向和重点任务，是新时期推进创新工作的纲领性文件。

第一步，到2020年进入创新型国家行列，基本建成中国特色国家创新体系，有力支撑全面建成小康社会目标的实现。

——创新型经济格局初步形成。若干重点产业进入全球价值链中高端，成长起一批具有国际竞争力的创新型企业和产业集群。科技进步贡献率提高到60%以上，知识密集型服务业增加值占国内生产总值的20%。

——自主创新能力大幅提升。形成面向未来发展、迎接科技革命、促进产业变革的创新布局，突破制约经济社会发展和国家安全的一系列重大瓶颈问题，初步扭转关键核心技术长期受制于人的被动局面，在若干战略必争领域形成独特优势，为国家繁荣发展提供战略储备、拓展战略空间。研究与试验发展（R&D）经费支出占国内生产总值比重达到2.5%。

——创新体系协同高效。科技与经济融合更加顺畅，创新主体充满活力，创新链条有机衔接，创新治理更加科学，创新效率大幅提高。

——创新环境更加优化。激励创新的政策法规更加健全，知识产权保护更加严格，形成崇尚创新创业、勇于创新创业、激励创新创业的价值导向和文化氛围。

第二步，到 2030 年跻身创新型国家前列，发展驱动力实现根本转换，经济社会发展水平和国际竞争力大幅提升，为建成经济强国和共同富裕社会奠定坚实基础。

——主要产业进入全球价值链中高端。不断创造新技术和新产品、新模式和新业态、新需求和新市场，实现更可持续的发展、更高质量的就业、更高水平的收入、更高品质的生活。

——总体上扭转科技创新以跟踪为主的局面。在若干战略领域由并行走向领跑，形成引领全球学术发展的中国学派，产出对世界科技发展和人类文明进步有重要影响的原创成果。攻克制约国防科技的主要瓶颈问题。研究与试验发展（R&D）经费支出占国内生产总值比重达到 2.8%。

——国家创新体系更加完备。实现科技与经济深度融合、相互促进。

——创新文化氛围浓厚，法治保障有力，全社会形成创新活力竞相迸发、创新源泉不断涌流的生动局面。

第三步，到2050年建成世界科技创新强国，成为世界主要科学中心和创新高地，为我国建成富强民主文明和谐的社会主义现代化国家、实现中华民族伟大复兴的中国梦提供强大支撑。

——科技和人才成为国力强盛最重要的战略资源，创新成为政策制定和制度安排的核心因素。

——劳动生产率、社会生产力提高主要依靠科技进步和全面创新，经济发展质量高、能源资源消耗低、产业核心竞争力强。国防科技达到世界领先水平。

——拥有一批世界一流的科研机构、研究型大学和创新型企业，涌现出一批重大原创性科学成果和国际顶尖水平的科学大师，成为全球高端人才创新创业的重要聚集地。

——创新的制度环境、市场环境和文化环境更加优化，尊重知识、崇尚创新、保护产权、包容多元成为全社会的共同理念和价值导向。

第二节　创新驱动发展战略的实施主体

一、国家层面创新

1. 加快国家创新体系建设

国家创新体系是指一个国家在决策中枢的协调组织下，由企业及研究机构、研究型大学、政府实验室、中介机构、投资机构以及与技术创新相关的其他政府机构等组成的相互联系的系统网络。[①]加快我国国家创新体系建设应包括：第一，促进创新资源向优势地区的优势企业集聚，加快培育一批创新型企业，使其率先成长为真正的技术创新主体。第二，加强和改进政府在创新活动中的引导和主导作用，推动转变政府部门的职能分工与协作，进一步加大简政放权力度，切实提高综合创新成效。第三，要努力构建社会化、网络化、高水平、非营利的科技中介服务体系。

① 中国生产力学会课题组."十三五"时期实施创新驱动发展战略和建设创新型国家的战略目标和战略重点[J].经济研究参考，2015(14).

2. 国家科技重大专项

习近平总书记指出："要抓紧出台实施创新驱动发展的政策和部署，抓紧实施国家重大科技专项，再选择一批体现国家战略意图的重大科技项目和重大工程，集中力量、协同攻关。"所以，国家科技重大专项必须是为了实现国家目标，通过核心技术突破和资源集成，在一定时限内完成的重大战略产品、关键共性技术和重大工程，是我国科技发展的重中之重。

3. 前沿技术研究和基础研究

作为一个大国，我们必须有自己的基础研究和前沿研究。没有基础和前沿领域的原始创新，自主创新就没有根基。在激烈的国际竞争中，花钱可以买来产品，但买不来核心技术，高技术含量的设备也买不来。原始创新是我国科技发展的灵魂，是民族发展的不竭动力，是支撑国家崛起的筋骨。《国家中长期科学和技术发展规划纲要（2006—2020年）》重点安排了8个技术领域的27项前沿技术，18个基础科学问题，并提出实施4个重大科学研究计划。

4. 国家重大科技基础设施建设

国家重大科技基础设施是国家基础设施的重要组成部分，国家重大科技基础设施按主要用途大致可以分为三类：一是专用于某些科学技术前沿领域或前沿研究方向的设施，如正负电子对撞机、大型重离子加速器、大型天文望远镜、磁约束聚变装置等。二是为多学科领域的科学研究提供强大支持的大型公共实验设施，如同步辐射光源、自由电子激光、散裂中子源等。三是用于公益性科学研究的设施，如海洋科学考察船、种质资源库、遥感卫星地面站等。

二、区域层面创新

1. 构建鲜明的区域创新格局

中国区域创新指数是东强西弱，梯次分明，建立"东部率先、中部联动、西部跟上"的中国特色区域创新体系，这是创新驱动发展和建设创新型国家的重要组成部分和动力源。以东部为例，国家应支持东部地区率先向创新驱动发展转型。我国东部地区发展水平高，基础设施完善，消费能力强，科技资源丰富，但是要素成本不断上升，环境污染问题极为突出，资源约束瓶颈和转型升级压力最大。要将东部作为我国实施创新驱动发展战略的重点推进区，对京津冀、上海、江苏、浙江、广东、辽宁等省市积极推进国有单位科研成果所有权和知识产权制度改革，完善科技创业投资和金融支持的政策。然后以东部经验带动、促进中部和西部的快速跟进，从而实现全面建成创新型国家。

2. 区域创新战略重点

（1）国家创新型城市试点

国家发改委自2008年创建国家创新型城市试点工作开展以来，培育了一批以深圳为代表的特色鲜明、优势互补的国家创新型城市，形成了若干区域创新发展增长极，为实施创新驱动发展和实现创新型国家建设目标奠定了坚实基础。

（2）国家自主创新示范区建设

国家自主创新示范区是经国务院批准，在推进自主创新和高技术产业发展方面先行先试、探索经验、做出示范的区域。目前，国务院已批准了北京中关村科技园区、武汉东湖高新区、上海张江高新区等17个国家自主创新示范区。

（3）国家高新技术产业开发区建设

国家高新技术产业开发区在实施创新驱动和建设创新型国家背景下，切实作为高新技术研发、孵化和产业化的基地，把着眼点和着力点放在营造创新创业环境、推动突破一批关键核心技术上，追求新创办科技型企业的数量和质量，注重基于自主知识产权的新产品产值，注重培育自主知名品牌。

（4）国家高技术产业基地建设

国家高技术产业基地是指在信息、生物、航空航天、新材料、新能源、海洋等高技术产业领域，经国家发展和改革委员会认定对高技术产业发展和区域经济发展具有支撑和带动功能的特色高技术产业集聚区，包括专业性国家高技术产业基地和综合性国家高技术产业基地两类。

三、产业层面创新

1. 构建以“抢占制高点”为目标的产业创新体系

产业创新能力的强弱已经成为衡量综合国力和区域经济发展水平差异的决定性因素。例如，美国的信息、航空航天等高端装备产业，德国的汽车产业，日本的汽车、电器、通信产业等，都已成为本国创新的重要标志和持续动力。中国政府对产业创新历来高度重视，从制度设计、政策倾向到资金安排，无一不体现出对产业创新能力提升的需要。

2. 培育发展战略性新兴产业

以节能环保、新一代信息技术、生物、高端装备制造、新能源、新材料、新能源汽车等为代表的国家战略性新兴产业是以重大技术突破和重大发展需求为基础，对经济社会全局和长远发展具有重大引领带动作用，知识技术密集、物质资源消耗少、成长潜力大、综合效益好的产业。抓好战略性新兴产业的培育和发展，使战略性新兴产业成为创新驱动发展和建设创新型国家的产业支撑。

3. 大力发展服务业

党的十八大报告提出了推动服务业特别是现代服务业发展壮大的任务要求。加快发展服务业适应新常态的要求，是推进经济结构调整、产业结构优化升级的重大任务，是适应对外开放新形势、提升综合国力的有效途径，是实施创新驱动战略的路径和重点，也是扩大就业、满足人民群众日益增长的物质文化生活需要的内在要求。

4. 大力发展高端装备制造业

高端装备制造业是以高新技术为引领，处于价值链高端和产业链核心环节，决定着整个产业链综合竞争力的战略性新兴产业，是实施创新驱动战略的路径和重点，是推动工业转型升级的引擎。大力培育和发展高端装备制造业，是抢占未来经济和科技发展制高点的战略选择，对于加快转变经济发展方式、实现由制造业大国向制造业强国转变和建设创新型国家具有重要战略意义。

四、企业层面创新

1. 建立企业在创新中的主体地位

进一步确立企业的主体地位，让企业成为技术需求选择、技术项目确定的主体，成为技术创新投入和创新成果产业化的主体。韩国企业研发人数占全国研发人员总数的60%以上，每千名企业职工中拥有研究人员87人，每千名企业研发人员获得本国专利数居世界第二位。中国的企业要成为创新主体，必须首先成为创新人才的主要聚集地。创新型国家知识产权80%以上产生于企业，世界著名公司每年产生的专利量一般都在几百、上千个，多数创新型国家70%的研究开发投入来自企业。世界前100个研究开发实力最强的企业中，研究开发投入占销售额的比例，最低的4%以上，而最高的则超过20%。一般高技术公司、特别是信息类公司，研发经费占销售额的比例在10%以上。

2. 实施创新驱动、提高企业自主创新能力

（1）完善企业技术创新体系

注重产学研的紧密结合，注重企业的主体，注重大中小企业的联合，支持行业骨干企业与科研院所、高等院校签订战略合作协议，建立联合开发、优势互补、成果共享、风险共担的产学研用合作机制，组建产业技术创新战略联盟。支持联盟按规定承担产业技术研发创新重大项目，构建联盟技术研发、专利共享和成果转化推广的平台及机制。强化科研院所和高等院校对企业技术创新的源头支持。除采用引进、产学研合作等传统模式外，还可探索合资、入股、风险投资、创业投资等资本运作模式，缩短研发周期，寻求创新突破口。

（2）建立研发投入长效机制

研发是企业创新的根本保障，是支撑企业技术创新能力不断提升的重要手段。探索建立研发稳定增长的长效机制，确保企业前瞻性技术研发和战略性技术储备的投入能够随着企业的发展而不断加大。针对地方政府和国有企业要强化研发的绩效评价和激励机制，把发明专利、科技创新成果等无形专利列入国有资产保值增值考核指标。另外，借助国家、企业、银行、社会资本等各方面力量，建立研发资金来

源的多渠道筹措机制。

（3）加强创新型科技人才建设

提高企业自主创新能力，关键在人才。培养造就创新型科技人才，是全社会的共同任务。要围绕提高自主创新能力、建设创新型国家，以高层次创新型科技人才为重点，努力造就一批世界水平的科学家、科技领军人才、工程师和高水平创新团队，注重培养一线创新人才和青年科技人才，建设宏大的创新型科技人才队伍。要加强实践培养，依托国家重大科研项目和重大工程、重点学科和重点科研基地、国际学术交流合作项目，建设一批高层次创新型科技人才培养基地。

（4）加强企业创新文化建设

要用创新文化激发创新精神，推动创新实践，激励创新事业。努力营造"敢为人先、争创一流、崇尚创新、宽容失败"的创新文化，大力弘扬"勇于超越、勇攀高峰"的创新精神，培育形成人人关注创新、人人支持创新、人人参与创新、人人都能创新的良好氛围。赋予科研人员自由探索的时间和空间，并给予必要的资金支持，在尊重知识、尊重创造、尊重人才的浓厚氛围中推动企业科技创新能力的不断提升。

第三节　创新驱动发展战略的基本原则

一、紧扣发展，明确创新的主攻方向

坚持问题导向，面向世界科技前沿、面向国家重大需求、面向国民经济主战场，在关键领域尽快实现突破，力争形成更多竞争优势。创新驱动发展战略实质上是一个打造先发优势的战略，要加快塑造更多依靠创新驱动、更多发挥先发优势的引领型发展：一是要依靠创新汇聚融合高端要素，培育中国经济发展新动力，高度重视聚集新技术、高端装备、高级人才和高水平服务等，发展以技术、品牌、质量为核心的新产品、新产业和新市场；二是要依靠创新培育发展高端产业，构建中国经济发展新优势，加快落实"互联网+""中国制造2025"、国家能源战略和国家粮

食安全战略等；三是要依靠创新打造形成创新高地，拓展中国经济发展新空间，推进京津冀协同创新共同体建设，促进长江经济带创新发展，推动区域一体化协同发展，加快“一带一路”建设等。

二、深化改革，营造良好创新生态

坚持科技体制改革和经济社会领域改革同步发力，这是科技管理方式的重大改革，要求政府破除一切制约创新的思想障碍和制度藩篱，更加注重抓宏观、抓战略、抓前瞻、抓基础、抓环境、抓监督，更加注重向创新链前后端延伸，更加注重优化政策供给，更加注重营造良好创新生态，形成全链条统筹推进的工作格局，构建支撑创新驱动发展的良好环境。建立国家高层次创新决策咨询机制，提高科技创新决策的科学化和民主化水平。改革中央财政科技计划管理，完善计划项目生成机制和实施机制，更加聚焦国家战略目标，强化科技与经济对接、创新成果同产业对接，创新项目同现实生产力对接。在体现国家意志的战略领域和市场失灵的公共领域要积极作为，切实加大对基础研究和战略前沿、共性关键技术研究的稳定支持力度。综合运用各类政策，形成一系列激励创新创业的政策工具箱，积极营造有利于知识产权创造和保护的法治环境、公平竞争的市场环境和崇尚创新创业的文化环境。

三、强化激励，构建规模宏大的人才队伍

创新驱动实质上是人才驱动，落实以人为本，尊重创新创造的价值，激发各类人才的积极性和创造性，加快汇聚一支规模宏大、结构合理、素质优良的创新型人才队伍。围绕重点学科领域和创新方向，造就一批世界水平的科学家、科技领军人才、工程师和高水平创新团队。实施更加积极的创新人才引进政策，注重培养一线创新人才和青年科技人才，大力提高全民科学素质。为科技人员营造更加宽松的科研环境，改革科研评价和奖励制度，健全人才流动机制，赋予创新领军人才更大的人财物支配权、技术路线决策权，实行以增加知识价值为导向的分配政策，提高科

研人员成果转化收益分享比例，鼓励人才弘扬奉献精神。

四、扩大开放，全方位推进开放创新

当前，全球创新要素开放性流动显著增强，为中国有效利用国际创新资源、提高创新起点提供了有利条件。我们要紧跟世界科技发展趋势，加强科技外交和科技国际化布局的顶层设计，统筹国内国外两种资源，全面提升国际科技合作水平。支持企业面向全球布局创新网络，鼓励建立海外研发中心，按照国际规则并购、合资、参股国外创新型企业和研发机构，提高海外知识产权运营能力。鼓励外商投资战略性新兴产业、高新技术产业、现代服务业，支持外资机构在中国设立技术研发机构，实现引资、引技、引智相结合。深入参与全球科技创新治理，主动设置全球性创新议题，深化创新对话机制，积极参与重大国际科技合作规则制定，共同应对粮食安全、能源安全、环境污染、气候变化以及公共卫生等全球性挑战。坚持以全球视野谋划和推动创新，最大限度用好全球创新资源，全面提升中国在全球创新格局中的地位，力争成为若干重要领域的引领者和重要规则制定的参与者。

第四节　创新驱动发展战略的任务和保障

一、创新驱动发展战略的任务

1. 合理处理技术引进与自主创新的关系

当我们重新评估过去实施的“以市场换技术”策略时，发现我国企业尽管让出了市场，甚至让出了部分所有权，但是并没有换来更强的自主创新能力，也没有真正建立起自己的核心技术，有的企业技术创新能力实际上正在衰退。更加值得注意的是，不少人忽略了一个基本现实：中国企业要挤入世界强者之林，必须立足自主创新。技术引进最本质的意义在于缩短技术学习的过程。但是大多数情况下，企业都重引进后的使用，轻引进后的学习，我们可以从企业的资金投入结构得到证明。

相比较而言，同样是花1美元引进技术，日本平均要花7美元进行消化、吸收和再创新，而中国平均只花0.07美元，从这100倍的差别中我们可以清醒地看到，日本人注重的是技术学习的过程，而我们更注重的是引进技术本身；他们把投入的资金主要用到了技术能力的培养上，而我们把投入资金的绝大部分用到了引进、再引进。两种思路，两种结果。从20世纪50年代到70年代末，不到30年，日本完成了从引进到创新的过程，进入了技术输出国的行列。中国改革开放已经近40年，但是我们对外技术依存度仍高达50%左右，重要技术受制于人的状况依然没有得到根本改变。

在技术来源多元化的情况下，一些企业不知不觉地陷入了技术依赖的泥潭。很多技术实际上是引而未进，对企业来说始终是外在的，没有在本企业扎根，也没有培育出在引进平台上的再创新能力。当那些引进的、正在应用的技术需要更新的时候，我们就只能再引进。从横向上看，一项技术往往是多家引进；从纵向上看，一次引进就是二次引进和再引进。在引进—落后—再引进的不断循环中，中国成了世界最大的“技术消费国”。由此，中国企业的技术费用总量并不少，但大都用在引进、再引进之中，较少用于培育自己的技术能力。

另外，在大多数合资企业中，外资控制着技术和技术来源，中国技术人员很少能参与核心技术的研发过程。在技术创新方面，也很难有用武之地。因此，即便企业的产品、工艺、装备层出不穷，但没有给本国技术人员留下更多的创新实践机会。在经济全球化背景下，科技革命所创造的技术平台，可以被我们所共享，发达国家技术创新的示范作用、技术传播效应为我们的技术追赶创造了有利条件，把握得好，甚至有可能实现超越式发展。但是，如果对这些有利条件把握不当，有利条件本身就有可能成为陷阱。利用引进这样一个省时省力的技术来源，一些企业产生了一种技术投机心理，幻想依赖引进的技术，来构建自己的核心竞争力，放弃了自主创新力量的积累。一些地方误将外资企业的技术能力看作是本地的技术能力，把加工组装产品中的高技术看作是本地的技术水平，放松了培育本地企业技术能力的努力。一些地方热衷于引进外资研发机构，但是对如何利用它的溢出效应，提高本地自主创新能力，没有清晰的思路。

韩国成功的经验是，在引进技术的过程中，培育了自主创新能力；在利用外资的过程中培育出了以本地资本为主体，具有国际竞争力的公司；在接受国际产业转移中，培养出了高素质的职工队伍，形成了产业聚集效应；在参与全球竞争中，创造了世界水平的企业家，并由他们带出了具有世界影响力的企业。这是很值得我们思考的。

在这个激烈竞争的世界申，没有免费的午餐。核心技术是竞争力的精髓，没有技术独立就要受制于人。中国企业要立足于世界之林，就要以最大的决心，丢掉一切不切实际的幻想，持之以恒地培育自己的技术创新能力。

2. 注重科技同商业模式等非技术创新的结合

科技与经济结合的问题是我们一直在着力解决的“老大难”问题。经过多年的努力，科技与经济“两张皮”的现象仍然存在，产学研难以形成完整和高效率的创新链条。一方面，每年高达数万件的科技成果仅有25%得到转化，真正实现产业化的则更低，只有5%，而发达国家的科技成果转化率却高达80%。另一方面，产业技术水平偏低，对外技术依存度为41.1%，远高于国际公认的5%～30%的合理区间。我国制造业在国际产业分工中长期处于低技术、低附加值的层次。目前，在工业和服务业的很多产业部门中，低附加值产业占很大比重，而部分高附加值产业如信息产业，产值和数量增长很快，但由于核心技术掌握在跨国公司手中，导致大部分产品和服务的高额利润被外国公司赚走。

长期以来，在国家科技计划安排当中，包括资源配置当中，大多以单个环节、单项技术指标立项，对产业系统性的技术集成关注不够。这是技术开发初级阶段的必然过程，但从科技与经济结合的内在要求来看，任何一个有市场竞争力的产品或新兴产业，绝不仅仅是由一个核心技术形成的，必须依靠若干技术集成在一起，一些原本并不关键的材料、零部件技术也会制约产业化成功实现。以汽车行业为例，我们通常关注发动机、变速箱的研发，也有了一些独到的技术，但是整车的设计和开发却仍然处于较低水平。汽车行业的现象不是个案，忽视各种技术的集成创新，正是我国拥有众多科技成果却无法变成财富的主要原因。正因为企业主体地位没有真正确立，使得我国的集成创新缺乏有力的主导力量。强调企业主体地位是因为企业离市场最近，且身处生产一线，最了解市场需要什么，有动力也有办法解决成果产业化时遇到的生产工艺问题。从实验室技术到产业化技术不是一个简单的放大过程，而是一次再创新。

据统计，当今美国企业60%的创新是商业模式创新，40%是技术创新。商业模式之于自主创新的重要性可见一斑。商业模式创新，核心是价值创新。美国的苹果公司和中国的海尔集团都是公认的技术领先企业，但苹果能从小众的“酷”产品提供商成为全球最大市值公司，海尔能在全球家电业盈利能力普遍下滑中逆市上扬，靠的不是“技高一筹”，而是商业模式，前者是“硬件、软件和服务融为一体”，后者是“零库存下即需即供的人单合一”。以互联网新兴产业为代表的新经济之所以在美国快速发展，与其1998年开始对商业模式（商业方法）创新授予专利有很大关系。我国已把知识创造、技术创新、产品创新摆到了战略高度，但对商业模式创新尚未引起足够的重视。有的企业虽然拥有很先进的技术，甚至是“独门绝技”，产品却在市场上“叫好不叫座”，其重要原因就是没有从“客户价值最大化”的角度，在构成要素、要素间关系或者动力机制等方面创新商业模式，开发用户潜在需求。科研人员没有把自主的知识创造、技术创新与市场对接，没有与企业形成联合创新的局面。也就是说，我国的创新主体之间、市场主体之间、创新主体与市场主体之间的良性合作局面还未有效形成，大批具有持续、高额盈利能力的商业模式还需进一步培育。我们如果不能在商业模式创新上有较大突破，很可能在新一轮产业革命中仍被锁定在全球价值链的低端。

此外，为提高自主创新能力，科技体制改革需要加强顶层设计。目前，我国科技管理职能分属不同政府部门，如何统筹协调各项科技政策和科技资源，推动形成自主创新能力建设合力，同时在科技投入上，如何加强在国家整体目标上形成一致和分工合作，在一些战略方向和关键共性领域，集中资金和研究力量实施重点突破，以强化国家科技组织动员能力和协同集成能力，是当务之急。这些都需要进一步深化科技体制改革，特别是加强顶层设计，以推动有限的科技资源实现优化配置。

3. 加强科技与经济的政策协调，推动各种创新体系的整合与统筹

加强科技与经济的政策协调，推动技术创新体系、知识创新体系、国防科技创新体系、区域创新体系、科技中介服务体系的协同创新。必须加快以研究机构和大学为主体的知识创新体系建设，加强关键技术和核心技术创新，在源头上实现知识创新、技术创新。以高校、科研院所为主要依托，充分调动各方面力量，围绕支柱产业、优势产业，整合资源，加强应用基础和高新技术研究，为自主创新提供技术源。同时，要以促进军民科技资源统筹配置、有效共享为重点，建设军民结合、寓军于民的国防科技创新体系。以组织实施重大专项为突破口，统筹军民科技计划，加大民营企业和科研机构参与国防科技计划的力度，促进军民科技从基础研究、应用研究开发、产品设计制造到技术和产品采购各环节的有机衔接。

根据综合协调、分类指导、注重特色、发挥优势的原则，以促进中央与地方科技力量的有机结合，推动区域紧密合作与互动，促进区域内科技资源的合理配置和高效利用为重点，围绕区域和地方经济与社会发展需求，建设各具特色和优势的区域创新体系，全面提高区域科技能力。整合分散在政府、科研机构、教学机构、企业的各类资源，建立“协作、共用、服务”的保障体系，搭建专业型的大型研发平台和大型科学仪器设施资源共享平台，实行科学数据等信息资源的共享。加大对科技创新的金融支持力度，构建一套适合高新技术企业发展的信贷模式，推进多层次资本市场建设；积极利用金融创新工具，进一步完善风险定价机制；完善风险投资体制，通过建立多渠道的风险投资融资体系，以及灵活运用组合投资和联合投资的策略，以分散资金投放的风险。

4. 确立企业的创新主体地位，推进各类企业及主体协同创新

企业是自主创新的主体。面对复杂的经济形势，各类企业应该立足当前，放眼长远，抓住机遇，迎难而上。企业经营者要有自主创新的紧迫感，真正把自主创新当作企业的第一生产力抓紧抓好。认真做好自主创新战略的谋划，明确自主创新的定位、方向、产品、技术。建立健全有利于自主创新的体制与机制。政府要积极发挥经济和科技政策的导向作用，激励和引导企业真正成为研究开发投入的主体、技术创新活动的主体和创新成果应用的主体。鼓励企业参与国家科技计划项目的实施，对重大专项和科技计划中有产业化前景的重大项目，优先支持有条件的企业集团、企业联盟牵头承担，或由企业与高校、科研院所联合承担，建立以企业为主体，产学研结合的项目实施新机制。要以实施重大科技专项和培育新兴产业为突破口，围绕产业链部署完善科技、经济、金融协同推进的机制，通过核心技术突破和资源集成，在一定时限内完成重大战略产品、关键共性技术和重大工程。

5. 加强国际科技合作，整合利用国内国际两种资源、两个市场

在新的国际竞争态势下，坚持自主创新的同时，有效利用国际创新资源和市场，是我国提高创新效率、向全球价值链高端迈进的基本路径之一。要顺应经济科技全球化的发展趋势和要求，扩大科技对外开放，加强国际科技合作交流。充分利用全球科技资源，推进平等互惠的国际科技合作交流，加大参与国际科学计划的力度，支持我国科学家参与国际组织的领导工作，发挥我国在国际技术标准制定中的作用。进一步加强知识产权保护，促进技术交流和交易，支持海外先进技术的引进、消化吸收、再创新，鼓励和支持跨国公司在我国设立研发中心，支持科研机构和企业"走出去"。加强与发展中国家的合作，以推动先进技术转移和应用为重点，加大对发展中国家的科技援助。抓住全球创新资源加速流动和我国经济地位上升的历史机遇，提高我国全球配置创新资源能力。支持企业面向全球布局创新网络，鼓励建立海外研发中心，按照国际规则并购、合资、参股国外创新型企业和研发机构，提高海外知识产权运营能力。深入参与全球科技创新治理，主动设置全球性创新议题，积极参与重大国际科技合作规则制定，共同应对粮食安全、能源安全、环境污染、气候变化以及公共卫生等全球性挑战。丰富和深化创新对话，围绕落实"一带一路"倡议和亚太互联互通蓝图，合作建设面向沿线国家的科技创新基地。积极参与和主导国际大科学计划和大科学工程，提高国家科技计划对外开放水平。

6. 加快培养和造就高水平的科技人才队伍，使自主创新具有可持续性

人才是自主创新的核心。中国需要大量乔布斯式的创新创业人才。中国所真正缺乏的，并非乔布斯这样的"优才"，而是让乔布斯成为乔布斯、让苹果成为苹果的土壤。文化是自主创新的灵魂。要进一步形成和发展具有中国特色的创新文化，在全社会形成尊重知识、尊重人才、尊重创新的氛围。大力营造敢为人先、敢于创造、敢冒风险和宽容失败的环境，鼓励自由探索，发扬学术民主，提倡学术争鸣；继续弘扬"两弹一星"精神，鼓励科学家甘于寂寞、淡泊名利、献身科技事业；坚定不移地实施知识产权战略，加大知识产权保护力度，激发全社会的创新活力；大力加强科学普及工作，传播科学思想，弘扬科学精神，提高全民族科学素质，把我国建设成为一个创新型国家。要努力营造宽松和谐的自主创新环境，激发科技人员的主动性、积极性和创造性。抓住贯彻实施“科技”“教育”“人才”三个规划纲要的有利时机，进一步形成创新型人才培养和使用的合力，以高端人才为引领，整体推进和重点突破相结合，培养造就和引进一批领军人才和高水平团队。完善人才激励机制和科技评价体系，转变“功利化”的评价机制，淡化各种以论文数量、项目经费、技术创收等为标准的考核与奖励。在遵循科学规律、尊重科技人员兴趣与选择的基础上，建立符合科学技术本身发展规律的、体现学科特点的、分类导向的成果评估与评价体系。提高科技人员的基本待遇，全方位保障科研人员收入、福利和基本科研服务，为其科研活动提供充分的资源条件，为科研人员的自由探索、后续的开发转化等提供稳定支持。

二、创新驱动发展战略的保障

实施创新驱动发展战略，必须从体制改革、环境营造、资源投入、扩大开放等方面加大保障力度。

1. 深化体制机制创新，为创新驱动发展奠定制度基础

一是促进经济部门和科技部门有效结合，加强科技资源宏观管理和有效配置。必须打破科技与经济的结合障碍，加强经济政策与科技政策的有机衔接和协调。加强科技资源的统筹规划和管理，避免资源在各部门之间的重复、分散和浪费。二是完善市场机制，充分发挥市场在资源配置中的基础性作用。应完善市场体系和市场机制，使价格能够充分反映供求关系变化，并进而为企业创新提供条件。为企业创新提供公平的市场机会，营造公平的创新环境，特别是在国内企业与国外企业进行竞争时，至少要创造平等的竞争机会。政府还应充分发挥采购和新产品消费补贴政策等满足市场需求的激励政策对于技术创新的引导作用。三是建立不断创新并能够使创新成果得以应用的技术创新体系。实现创新驱动发展，最根本的是要依靠企业技术创新能力的提高，通过企业将技术进步的成果应用到产业发展中去，最终实现改善产业发展面貌的结果。我国国家创新体系建设的突破口在于形成以企业为主体、市场为导向、产学研结合的技术创新体系。建立这样的技术创新体系，一方面解决了创新的动力问题，以满足市场需求为基本方向，以企业作为技术创新的主体；另一方面实现技术创新主体的有效互动和紧密结合。四是完善突出创新导向的评价制度。根据不同创新活动的规律和特点，建立健全科学分类的创新评价制度体系。推进高校和科研院所分类评价，实施绩效评价，把技术转移和科研成果对经济社会的影响纳入评价指标，将评价结果作为财政科技经费支持的重要依据。完善人才评价制度，进一步改革完善职称评审制度，增加用人单位评价自主权。推行第三方评价，探索建立政府、社会组织、公众等多方参与的评价机制，拓展社会化、专业化、国际化评价渠道。改革国家科技奖励制度，优化结构、减少数量、提高质量，逐步由申报制改为提名制，强化对人的激励。发展具有品牌和公信力的社会奖项。完善国民经济核算体系，逐步将反映创新活动的研发支出纳入投资统计，反映无形资产对经济的贡献，突出创新活动的投入和成效。改革完善国有企业评价机制，把研发投入和创新绩效作为重要考核指标。

2. 营造有利于创新发展的软环境，厚植中华民族创新文化理念

改革开放之后，政府对土地、矿产资源、资金、劳动力等基础生产要素采取了低税、低价政策，环境保护标准也比较低，由此营造了一种资源依赖型的发展环境。这样的发展环境使产业的进入门槛比较低，依靠生产要素低成本可以很快地形成某种竞争优势，有利于短期经济增长。在经济起步阶段，这往往是一种必然的选择。然而，资源依赖型的发展环境不支持大规模的技术创新。随着经济总量的扩大和发展阶段的变化，低税、低价的政策调整比较迟缓，致使投资效率逐渐递减，资源使用效率降低，生态环境恶化的矛盾凸显。从这一意义上说，创新或者不创新是企业应对外部环境的一种选择，有怎样的发展环境，企业就会选择怎样的发展模式。影响企业行为的主要经济因素，是基础生产要素的价格、环境保护成本、竞争程度和需求的水平。在包括土地、矿产资源、能源、劳动力、资金等在内的生产要素充裕，而且价格低廉，环境成本可以外部化，寻租机会时而出现的情况下，企业则更倾向于选择外延扩张的战略。只有在生产要素趋紧、环保从严、市场竞争充分、需求条件充分的情况下，多数企业才会逐步走上自主创新的道路。

当前，我们国家已经开始进入科技创新迅速发展的阶段，政府应该把握时机，逐步放开对土地、水、成品油、矿产资源等生产要素和稀缺资源价格的实际控制，建立符合市场经济要求的价格形成机制，推进矿产资源的税费改革，真正发挥价格、税收、汇率、利率和环境监管、市场监管的作用，使那些必须释放的资源环境压力转化为迫使企业技术创新的经济驱动力，从而通过技术进步提高劳动者素质，提高效率并创造经济增长空间。健全保护创新的法治环境。加快创新薄弱环节和领域的立法进程，修改不符合创新导向的法规文件，废除制约创新的制度规定，构建综合配套精细化的法治保障体系。培育开放公平的市场环境。加快突破行业垄断和市场分割。强化需求侧创新政策的引导作用，建立符合国际规则的政府采购制度，利用首台套订购、普惠性财税和保险等政策手段，降低企业创新成本，扩大创新产品和服务的市场空间。推进要素价格形成机制的市场化改革，强化能源资源、生态环境等方面的刚性约束，提高科技和人才等创新要素在产品价格中的权重，让善于创新者获得更大的竞争优势。

营造崇尚创新的文化环境。大力宣传广大科技工作者爱国奉献、勇攀高峰的感人事迹和崇高精神，在全社会形成鼓励创造、追求卓越的创新文化，推动创新成为民族精神的重要内涵。倡导百家争鸣、尊重科学家个性的学术文化，增强敢为人先、勇于冒尖、大胆质疑的创新自信。重视科研试错的探索价值，建立鼓励创新、宽容失败的容错纠错机制。营造宽松的科研氛围，保障科技人员的学术自由。加强科研诚信建设，引导广大科技工作者恪守学术道德，坚守社会责任。加强科学教育，丰富科学教育教学内容和形式，激发青少年的科技兴趣。加强科学技术普及，提高全民科学素养，在全社会塑造科学理性精神。

3. 改革创新治理体系，形成多元、协同、高效的治理格局

顺应创新主体多元、活动多样、路径多变的新趋势，推动政府管理创新，形成多元参与、协同高效的创新治理格局。建立国家高层次创新决策咨询机制，定期向中共中央、国务院报告国内外科技创新动态，提出重大政策建议。转变政府创新管理职能，合理定位政府和市场功能。强化政府战略规划、政策制定、环境营造、公共服务、监督评估和重大任务实施等职能。对于竞争性的新技术、新产品、新业态开发，应交由市场和企业来决定。建立创新治理的社会参与机制，发挥各类行业协会、基金会、科技社团等在推动创新驱动发展中的作用。合理确定中央各部门功能性分工，发挥行业主管部门在创新需求凝练、任务组织实施、成果推广应用等方面的作用。科学划分中央和地方科技管理事权，中央政府职能侧重全局性、基础性、长远性工作，地方政府职能侧重推动技术开发和转化应用。构建国家科技管理基础制度。再造科技计划管理体系，改进和优化国家科技计划管理流程，建设国家科技计划管理信息系统，构建覆盖全过程的监督和评估制度。完善国家科技报告制度，建立国家重大科研基础设施和科技基础条件平台开放共享制度，推动科技资源向各类创新主体开放。建立国家创新调查制度，引导各地树立创新发展导向。

4. 多渠道增加创新投入，加大对重大科技攻关的支持力度

创新不仅是一种持续的高投资，创新过程中具有很大风险和不确定性，而且创新的成果极易被他人复制，因此只要资源依赖型的发展条件存在，低效率、高消耗的发展模式就很难改变。目前，地方企业对资源有很强的依赖，在可以较轻易地获得生产要素和大量订单，利润还在不断增长的情况下，几乎谁也不愿意大量投入开展技术创新，平白无故地去转变经济增长方式。由主要依赖资源环境投入实现经济增长，转向主要依靠技术创新取得经济发展，这是发展模式的转变，这种转变有极大的难度，它往往是在外部环境压力下，危机倒逼的结果。离开市场的倒逼，多数企业很难自觉走上创新发展的道路。因此，必须要切实加大对基础性、战略性和公益性研究稳定支持力度。完善稳定支持和竞争性支持相协调的机制。改革中央财政科技计划和资金管理，提高资金使用效益。完善激励企业研发的普惠性政策，引导企业成为技术创新投入主体。 探索建立符合中国国情、适合科技创业企业发展的金融服务模式。鼓励银行业金融机构创新金融产品，拓展多层次资本市场支持创新的功能，积极发展天使投资，壮大创业投资规模，运用互联网金融支持创新。充分发挥科技成果转化、中小企业创新、新兴产业培育等方面基金的作用，引导带动社会资本投入创新。

第二章　理论创新

党的十八大以来，以习近平同志为核心的党中央励精图治、奋发进取，开创了中国理论创新的新局面。一系列波澜壮阔的理论创新伴随着改革创新与时俱进。这些理论创新立意高远、涵盖广泛、意蕴深厚，贯穿了马克思主义理论的思想精髓，体现了马克思主义的世界观和方法论，遵循了理论创新的规律，为不断开创中国特色社会主义新局面提供了强大思想武器，为实现“两个一百年”奋斗目标和中华民族伟大复兴的中国梦注入了强大精神力量。

党的十八大以来理论创新成果丰富多样，涵盖经济建设、政治建设、文化建设、社会建设、生态文明建设和党的建设等各个领域，在经济领域又涵盖了基本经济制度、国有经济、宏观调控、对外开放和经济发展等多个领域。这些理论成果是马克思主义中国化的最新理论成就，是中国特色社会主义理论创新体系的最新成果，是中华民族伟大复兴的重要思想引领。习近平强调“创新是一个民族进步的灵魂，是一个国家兴旺发达的不竭动力，也是中华民族最深沉的民族禀赋。在激烈的国际竞争中，惟创新者进，惟创新者强，惟创新者胜。”

第一节　理论创新的内涵、特征和意义

一、理论创新的内涵

熊彼特首创的“创新”概念演变至今，其核心要义不仅包括技术创新和制度创新，还应包括理论创新。这“三大创新”中，技术创新是基础与前提，制度创新是保证与关键，理论创新则是核心与灵魂，理论创新是科技创新和体制创新的先导。

习近平强调，我们党之所以能够历经考验无往而不胜，关键就在于不断进行实践创新和理论创新。理论创新是社会发展和变革的先导和基石，是推动制度创新、科技创新、文化创新以及其他各方面的创新的动力，是中国特色社会创新体系的核心。

对于理论创新内涵的理解，中国学者从不同的角度做了不同的界定。中国学者雷玉明认为“理论创新，是指改变人类社会的世界图景、价值理念、思维模式等方面的理论成果，能够对社会历史的发展进程产生普遍、深远而不可逆转的作用和影响。”①侯转丹认为“理论创新简而言之，就是在扬弃原有的思想、学说和理论的基础上，通过创造性的思维活动，提出新思想、新学说、新理论的过程。”②田丰、刘景泉认为“理论创新是一项创造性、突破性的思维活动，它源于实践而又指导实践，是推动社会的经济、政治、科学文化巨大发展的重要动力。简言之，理论创新就是在扬弃原有的思想、学说、理论的基础上进行创造性、突破性的思维活动，提出新思想、新学说、新理论。马克思深刻地指出：‘新思潮的优点就恰恰在于我们不想教条式地预料未来，而只是希望在批判旧世界中发现新世界。’③”④还有学者认为：“理论创新是指人们在社会实践活动中，根据实践的发展和要求，对前人的理论观点通过扬弃和修正进行丰富和发展，对不断出现的新情况和新问题，做新的理性分析和理论解答；对认识对象和实践对象的本质、规律和发展变化的趋势做新的揭示和预见；对人类历史经验和现实经验做新的理性升华。在所有创新中，理论创新具有基础地位和先导作用，理论创新的四个特性是实践性、继承性、现实性和探索性。”⑤

专家学者们从理论创新的内涵、本质、过程、特点、地位、功能、意义等方面对理论创新做了不同的界定，各有偏颇、各具特色。随着实践的发展，我们认为今天对于理论创新的表述应该更具实践特色，理论创新是指人们在社会实践活动中，对出现的新情况、新问题，做新的理性分析和理性解答，对认识对象或实践对象的本质、规律和发展变化的趋势做新的揭示和预见，对人类历史经验和现实经验做新

① 雷玉明.创新理论与理论创新［J］.经济师，2003（4）：41-42.

② 侯转丹.对理论创新与企业发展的思考［J］.品牌.2011（1）：73.

③ 中央编译局.马克思恩格斯全集，第1卷［M］.人民出版社，195：461.

④ 田丰、刘景泉.关于理论创新若干问题的探讨［J］.学术研究，2002（3）：17-30.

⑤ 创新知识问答［J］.宁夏林业通讯录，2006.（3）：48

的理性升华。简单地说，就是对原有理论体系或框架的新突破，对原有理论和方法的新修正、新发展，以及对理论禁区和未知领域的新探索。

二、理论创新的特征

有关理论创新的特征，专家学者也做了不同的界定。雷玉明认为理论创新具有自我表述的功能："理论创新一个最显著的特点就是其'自我表述'功能，即理论创新的结果和人类社会形成反馈环，以理论本身为对象进行再创造。"[①]侯转丹认为"理论创新常常表现出三个重要特征：一是突破性。凡是理论创新，必然对原有思想理论有所突破，并创造性地提出新的思想观点。二是彻底性。凡是理论创新，都具有彻底性、深刻性的特点。三是实践性。理论创新的最高价值就在于它能转化为实践创新，转化为广大人民群众的实践，进而产生巨大威力和无限生命力。"[②]还有学者认为理论创新应该具备实践性、开放性和实用性的特征。韩庆祥认为党的十八大以来以习近平同志为核心的党中央的理论创新表现出六个突出的特征：问题意识、战略思维、辩证分析、人民立场、求真务实和大众话语。[③]综上，学者们几乎都关注到理论创新的实践性、创造性、应用性的特征。据此，结合习近平理论创新体系的特征，我们认为理论创新应该具备如下三个最重要的特征：实践性、战略性、辩证性。

1. 理论创新的实践性

理论创新的最高价值就在于它能转化为实践创新，转化为广大人民群众的实践，进而产生巨大能量和无限生命力。在实践的基础上不断进行理论创新，用理论创新引领和指导发展实践，不断开创发展新局面。随着时间的推移，掌握这些理论的人数越多，就产生越来越大的实践效应。正是这种实践性特征决定了理论创新向实践创新的必然转化。实践基础上的理论创新是社会发展和变革的先导。党的十八届五中全会提出的创新、协调、绿色、开放、共享五大发展理念，关于经济建设、

① 雷玉明.创新理论与理论创新[J].经济师，2003(4)：41-42.

② 侯转丹.对理论创新与企业发展的思考[J].品牌.2011(1)：73.

③ 韩庆祥.习近平理论创新六个重要特征[J].人民论坛，2014-10-08(1).

政治建设、文化建设、社会建设、生态文明建设“五位一体”总布局的理论，关于全面建成小康社会、全面深化改革、全面依法治国、全面从严治党“四个全面”战略布局的理论等，都是马克思主义与中国实际和时代特征相结合的结果，都是马克思主义在当代中国实践结合的发展和创造。这些重大理论创新成果的应用，带来中国生产力和生产关系、经济基础与上层建筑的深刻革命，推动中国经济社会持续健康发展，不断开创中国特色社会主义新局面。

2. 理论创新的战略性

理论创新要思考、分析根本性问题，需要具备战略思维。从习近平理论创新的战略思维看，主要包含如何统筹好国内国际两大格局，如何实现近期目标和远景战略：到2020年全面建成小康社会的目标和到2049年实现中华民族伟大复兴中国梦战略。在此背景下，习近平反复强调“改革开放是决定当代中国命运的关键一招，是决定实现‘两个一百年’奋斗目标、实现中华民族伟大复兴的关键一招。”其实质目的，就是要求领导干部从战略尺度来看改革，从“两个一百年”的时间框架内来认识当前中国特色社会主义实践的历史地位。全面深化改革需要加强顶层设计和整体谋划，加强各项改革的关联性、系统性、可行性研究。从“战略部署”高度考虑我们党的奋斗目标及其实现，考虑党和国家事业的发展，从顶层设计和整体谋划通盘考虑全面深化改革，体现了习近平思考和分析问题时高瞻远瞩的战略思维。

3. 理论创新的辩证性

理论创新的辩证性不是“有用即真理”，而是指理论创新的科学价值性，它要求在理论创新研究中必须坚持历史尺度和价值尺度的辩证统一。在思考和谈论中国改革发展稳定中的一些重大关系，以及中国改革发展进程中的一些矛盾和问题时，习近平十分注重辩证思维和辩证分析，注重思想的力量。重视哲学的辩证思维和辩证分析，在习近平分析、思考问题中具有核心的地位。当代中国要以创新驱动助推经济社会发展，必须重视思想的力量；在当今世界格局、国内态势日趋复杂的情境下，也需要注重思想的力量。辩证思维是激发创新思想、发挥思想力量的重要基础。

三、理论创新的意义

1. 理论创新是创新发展的灵魂

党的十八大以来，以习近平同志为核心的党中央着眼于新的实践和新的发展，着眼于对实际问题的理论思考，深入推进党的理论创新，在发展目标、发展动力、发展布局、发展保障等方面形成了一系列新的理论体系，这些理论成为指导中国改革开放和社会建设的思想引领。特别是党的十八届五中全会提出："坚持创新发展，必须把创新摆在国家发展全局的核心位置，不断推进理论创新、制度创新、科技创新、文化创新等各方面创新，让创新贯穿党和国家一切工作，让创新在全社会蔚然成风。"这段话强调了创新对于国家发展全局的重要性，并把理论创新排在所有创新的第一位。何以如此？因为，实践基础上的理论创新是社会发展和变革的先导，是推动制度创新、科技创新、文化创新和其他各方面创新的核心和灵魂。人类的一切创新活动总是首先把创新的关节点放在理论创新上。中国共产党历来高度重视理论创新，从一定意义上说，中国共产党的历史就是一部理论创新史。正如习近平强调指出的，我们党之所以能够历经考验磨难无往而不胜，关键就在于不断进行实践创新基础上的理论创新。

2. 理论创新是经济社会变革的先导

理论创新既是社会历史发展的重要标志，又是社会历史发展的重要动力，因而具有不可估量的意义和作用。理论创新必然引起社会经济的巨大发展。无论自然科学、社会科学，还是思维科学，一旦理论获得突破创新，就会或慢或快地反映到社会经济上，推动社会经济的迅速发展。理论创新必然引起社会的变革或革命。科学理论的创新，特别是社会科学理论的创新，往往对社会制度、社会结构、社会组织形式以及人们的相互关系，提出新的见解和改革方案，从而推动着人们进行社会的改造和革命。理论创新必然引起人们思想观念、意识形态的变革和革命。理论是思想观念、意识形态的灵魂。一旦理论创新，必然引起其他思想观念和意识形态的变革和革命。我们今天提倡加强社会主义精神文明建设，其关键仍然是理论创新。理论创新是精神文明建设的灵魂，只有正确的理论指导和理论创新，才会使社会主义精神文明建设抓到根本。“理论创新研究的意义在于通过理论创新规律的把握，从而创造出一个适宜的学术科研环境，更好地推动创新。”①

3. 理论创新是马克思主义不断发展的内在要求

理论创新是理论的生命之所在。任何一种理论如果不发展，不去随着时代的变化而不断创新，就不会有生命力，就将成为历史的陈迹。马克思主义理论的生命力，就在于它在实践中能够不断创新。马克思主义理论的每一次重大突破，社会主义实践的每一次历史性飞跃，都是马克思主义基本理论与具体实践相结合进行理论创新的结果。马克思主义是发展的科学。与时俱进，不断创新发展，是马克思主义的基本理论品质，也是马克思主义的本质要求。没有创新，不可能有马克思主义，也就没有马克思主义的发展。马克思主义的科学理论体系，既是对实践深刻、成熟的理论反映，又是随着新的实践不断发展的新的理论形态。马克思、恩格斯广泛地研究前人的思想材料，批判地吸收前人的思想成果，形成超越前人的学说，为无产阶级和全人类的解放运动创建了科学的思想体系。马克思、恩格斯在创立马克思主义时就公开宣称：“我们的理论是发展的理论，而不是必须背得烂熟并机械地加以重复的教条。”正是由于马克思主义是与时俱进的发展创新的科学，才使它能够适应不断变化的历史条件及各国不同的情况。

第二节　党的十八大以来的基本经济制度理论创新

党的十八届三中全会开启了中国经济体制改革的历史新阶段。党的十八届三中全会通过的《中共中央关于全面深化改革若干重大问题的决定》（以下简称《决定》）是新阶段全面深化改革的总纲领，特别是在经济体制改革领域形成了一系列新的理论成果。

① 雷玉明.创新理论与理论创新[J].经济师，2003（4）：41-42.

一、经济体制改革是全面深化改革的重点

党的十八届三中全会《决定》确定了改革的基本纲领。纲领中提出了经济体制改革是全面深化改革的重要论断，这既符合唯物辩证法抓主要矛盾的思想，也符合历史唯物主义经济基础和上层建筑的辩证关系，是马克思主义辩证唯物主义和历史唯物主义的基本原理中国化的重要部分。中国社会主义初级阶段的主要矛盾和根本任务，决定了全面深化改革的重点是经济体制改革。只有在实践中坚持这个重要论断，经济体制改革才能对其他领域改革起先导和辐射作用。《决定》也是按照这个重要思路来安排60项重要部署的。在15项改革中有 6 项是经济体制改革，经济体制改革几乎占了改革任务的一半，是未来改革发展的重中之重，也是中国基本经济制度理论的创新发展。

二、市场的作用由“基础性”上升至“决定性”

政府与市场的关系是社会主义市场经济基本规律的重要内容。党的十八大以来，我们对社会主义市场经济规律的认识不断深化并取得了一系列重大理论创新成果。

首先，将政府与市场的关系上升到经济体制改革的核心问题。党的十八大报告指出，“经济体制改革的核心问题是处理好政府和市场的关系”，党的十八届三中全会《决定》指出，“经济体制改革是全面深化改革的重点，核心问题是处理好政府和市场的关系”。

其次，对市场作用的认识由“基础性”上升至“决定性”，同时强调更好发挥政府作用。党的十八届届三中全会《决定》强调，“市场决定资源配置是市场经济的一般规律”，指出“使市场在资源配置中起决定性作用和更好发挥政府作用”，“紧紧围绕使市场在资源配置中起决定性作用深化经济体制改革”，“政府的职责和作用主要是保持宏观经济稳定，加强和优化公共服务，保障公平竞争，加强市场监管，维护市场秩序，推动可持续发展，促进共同富裕，弥补市场失灵”。这一重大理论创新既体现了党对社会主义市场经济规律认识的深化，也是全面深化改革的

根本指导原则。

最后，在如何发挥市场的决定性作用方面进行了理论创新。党的十八届三中全会指出，“建设统一开放、竞争有序的市场体系，是使市场在资源配置中起决定性作用的基础”，并提出通过推进公共资源配置的市场化和要素市场改革，推动国企、国资改革，推动财税、金融改革，推动建立“负面清单”市场准入制度等方式，建设“企业自主经营、公平竞争，消费者自由选择、自主消费，商品和要素自由流动、平等交换的现代市场体系”。

三、公有制经济和非公有制经济都是社会主义市场经济的重要组成部分

党的十八大报告提出，“既不走封闭僵化的老路、也不走改旗易帜的邪路”。在这一思想的指导下，党关于中国基本经济制度的理论认识取得了重大创新。

首先，党对公有制经济和非公有制经济的地位及相互之间关系的认识进一步深化。在延续党的十六大首次提出的“两个毫不动摇”的基础上，将非公有制经济的地位和作用提高到一个新的高度。党的十八届三中全会《决定》指出，“公有制为主体、多种所有制经济共同发展的基本经济制度，是中国特色社会主义制度的重要支柱，也是社会主义市场经济体制的根基。公有制经济和非公有制经济都是社会主义市场经济的重要组成部分，都是我国经济社会发展的重要基础。必须毫不动摇巩固和发展公有制经济，坚持公有制主体地位，发挥国有经济主导作用，不断增强国有经济活力、控制力、影响力。必须毫不动摇鼓励、支持、引导非公有制经济发展，激发非公有制经济活力和创造力。”这段论述告诉我们，公有制经济和非公有制经济都是社会主义基本经济制度的重要基础。这一论断直接推动了党在发展混合所有制经济、推动国企改革、放宽民营资本准入方面的诸多理论创新。

其次，对混合所有制经济的认识进一步深化。虽然混合所有制早在党的十四届三中全会和党的十五大报告中已经提出，但党的十八届三中全会对混合所有制经济进行了更高层次的表述，认为“国有资本、集体资本、非公有资本等交叉持股、相互融合的混合所有制经济是基本经济制度的重要实现形式”；要“允许更多国有经济和其他所有制经济发展成为混合所有制经济”；“鼓励发展非公有资本控股的混

合所有制企业”。

第三节 党的十八大以来的国有经济理论创新

一、增强国有经济活力、控制力、影响力

党的十八大报告提出，“全面深化经济体制改革”，“经济体制改革的核心问题是处理好政府和市场的关系，必须更加尊重市场规律，更好发挥政府作用。要毫不动摇巩固和发展公有制经济，推行公有制多种实现形式，推动国有资本更多投向关系国家安全和国民经济命脉的重要行业和关键领域，不断增强国有经济活力、控制力、影响力”。当然，报告也提出要“毫不动摇鼓励、支持、引导非公有制经济发展，保证各种所有制经济依法平等使用生产要素、公平参与市场竞争、同等受到法律保护”。

在历史背景下来看党的十八大报告对国有经济改革的表述，对改革的预期应该降低。客观评价党的十八大报告的相关表述，其重点和实质是强化国有经济，增强国有经济的控制力和影响力。虽然也提到要鼓励非公有制经济的发展，但这只是点缀性质的补充而已。毫无疑问，强化公有制经济的方向，对国有企业今后的发展和保护自身利益非常重要，是强化国有经济地位的重要理论创新。

二、以“管资本”为主的国有资产监管理论

党的十八届三中全会提出完善国有资产管理体制，以“管资本”为主加强国有资产监管，为国资管理改革指明了方向。一是建立了“国家所有权政策”的目标，进一步理顺资产所有者职能和政府公共管理职能。二是按照“管资本”的理念进一步探索国有资本的管理体制和运营模式，让国有资本具有真正的权利人主体。三是组建国有资本投资公司和运营公司，分别对战略性和收益性国有资本进行投资运营。四是进一步提高竞争性领域国有资本的运营效率和财务目标，进一步加强国有资本经营收益管理。五是在新的国有资本管理体制下推动国有企业完善现代企业制

度。从“管资产”到“管资本”为主的国有资产监管理论创新，实际上是进一步深化了党的十八届三中全会中提出的“发挥市场的决定性作用”和“更好发挥政府作用”的基本论断。

三、“坚持党对国企的领导不动摇”的国企党建理论

2016年10月10日至11日，全国国有企业党的建设工作会议召开。习近平指出，“要通过加强和完善党对国有企业的领导、加强和改进国有企业党的建设，使国有企业成为党和国家最可信赖的依靠力量，成为坚决贯彻执行党中央决策部署的重要力量，成为贯彻新发展理念、全面深化改革的重要力量，成为实施‘走出去’战略、‘一带一路’建设等重大战略的重要力量，成为壮大综合国力、促进经济社会发展、保障和改善民生的重要力量，成为我们党赢得具有许多新的历史特点的伟大斗争胜利的重要力量。要坚持有利于国有资产保值增值、有利于提高国有经济竞争力、有利于放大国有资本功能的方针，推动国有企业深化改革、提高经营管理水平，加强国有资产监管，坚定不移把国有企业做强做优做大。”习近平强调，“坚持党对国有企业的领导是重大政治原则，必须一以贯之；建立现代企业制度是国有企业改革的方向，也必须一以贯之。中国特色现代国有企业制度，‘特’就特在把党的领导融入公司治理各环节，把企业党组织内嵌到公司治理结构之中，明确和落实党组织在公司法人治理结构中的法定地位，做到组织落实、干部到位、职责明确、监督严格。”这是国企党建理论的重大创新。这一重大理论创新，对于确保国有资产安全以及国有资产的保值增值起到了关键性的作用。

第四节　党的十八大以来的宏观调控理论创新

一、宏观调控总体思路的理论创新

宏观调控是政府引领经济的重要手段，既要做到既不直接干预市场活动又要做到对经济的有效干预和适度引领。党的十八大以来，我国在宏观调控思路上也取得

了重要的理论创新。从“宏观政策要稳住，微观政策要放活，社会政策要托底”发展为“坚持宏观政策要稳、产业政策要准、微观政策要活、改革政策要实、社会政策要托底”。

2013年4月25日，中共中央政治局常务委员会提出的“实现经济发展目标，关键要保持稳增长和调结构的平衡，宏观政策要稳住，微观政策要放活，社会政策要托底”。宏观政策要稳住，就是要在对当前发展阶段或潜在经济增长率、经济社会主要矛盾及主要任务正确判断的基础上，对于短期经济波动，保持战略定力，保持宏观政策的稳定性和连续性，不为经济可持续发展制造新的风险或新的障碍。微观政策要放活，就是通过简政放权、减少事前审批、加强事中事后监管，更好地发挥政府作用，形成公平竞争的发展环境，发挥市场的决定性作用。通过增强市场主体的内在活力和内生动力，来释放全社会的创新活力和创业活力。社会政策要托底就是构建社会保障安全网，推动收入分配制度改革，实施包括城乡经济一体化在内的普惠发展，以增强社会对经济增速放缓的容忍度。

2016年中央经济工作会议指出，要确保党中央的政策不走样、不变形，“坚持宏观政策要稳、产业政策要准、微观政策要活、改革政策要实、社会政策要托底的总体思路”。在2017年政府工作报告中，李克强总理进一步强调指出，“适应经济引领发展新常态，坚持以提高发展质量和效益为中心，坚持宏观政策要稳、产业政策要准、微观政策要活、改革政策要实、社会政策要托底的政策思路”。最新的调控思路不仅涵盖了传统调控的宏观和微观领域，更增加了产业层面的中观领域，并且进一步强调政策的托底和落实，强调政策的可行性和保障性。

党最新的宏观调控思路的理论创新是适应中国经济发展进入“三期叠加”和“新常态”的总体把握，正如习近平所指出的，要“从当前我国经济发展的阶段性特征出发，适应新常态，保持战略上的平常心态”。

二、宏观调控方式的理论创新：区间调控和定向调控

中共中央和国务院对宏观调控方式的创新集中体现在区间调控和定向调控的提出和实施。为了应对新常态下经济形势的变化，基于新的发展理念和决心，2013年

提出了区间调控的新方式，确定经济运行合理区间的“上限”是通胀率目标，“下限”是增长率目标和失业率目标。只要经济运行在这一区间，就保持宏观经济政策的稳定，把工作重点放在调结构、促改革上来，一旦滑出这一区间，则坚决进行相应的调整，防止危及改革发展稳定大局。区间调控对于市场预期的平稳，对于增强市场主体的信心都起到了极为重要的作用，因为它明确宣示政府不会容忍经济滑出合理区间。2014年又在区间调控的基础上提出了定向调控。通过对不同部门、不同群体有针对性地进行降税、降费、降准、降息，着力解决小微企业、“三农”和新型行业的经营困难，增强它们的活力。

这是宏观调控的精准化、定向化，是宏观调控从总量调控到结构调控的重大理论创新。区间调控和定向调控相结合，不仅对国民经济平稳运行和产业结构优化升级起到了极为重要的作用，对宏观经济理论也有重大创新。

一是拓展了宏观调控目标。区间调控最大的创新点就是形成了“目标+区间”的新调控目标定位。传统的调控理论和实践大都以某一指标作为宏观调控的目标，通过货币政策和财政政策的松紧来实现这一目标。在目标选择上，凯恩斯主义倾向于经济增长率，货币主义更倾向于通货膨胀率。区间调控克服了二者之间的矛盾，用复合目标组成的区间代替了单一目标，防止了顾此失彼。例如，由于存在结构性失业和自然性失业，如仅盯住失业率，搞不好会发生通货膨胀；如仅盯住增长率，当出现滞胀状态时就会进退失据。我国的区间调控则是把三个重要的宏观经济指标组合起来，分别作为经济运行的“上限”和“下限”，这就防止了单目标可能带来的风险。区间调控更易于稳定市场主体对政策的预期。经济运行不是线性的，它总会在一定范围内波动。用“区间”目标代替“点位”目标，增加了对运行波动的容忍度，增加了宏观政策的稳定度，防止了宏观政策的频繁调整，有利于市场预期的稳定。

二是提高了宏观调控的精准度。新一轮宏观调控方式创新的另一个突出特点是形成了“总量+结构”的调控组合，大大提高了宏观调控工具的精准度和效果。传统的宏观经济理论认为，宏观经济调控是总量调控，不管结构，即通过货币政策和财政政策的松紧来影响总需求和总供给的变动，进而实现经济的扩张或收缩。这种宏观调控理念下的总量调控现在看来缺乏精准度。而定向调控则是针对国民经济的短板如服务业，以及薄弱环节如“三农”和小微企业，对象明确，精准发力，有针对性地降税、降费、降准、降息。这种“点穴式”调控、“滴灌式”调控，显然比“全身施疗式”“大水漫灌式”更为有效。我国的宏观调控从理论上第一次赋予了宏观调控结构性的内涵。特别是“区间调控+定向调控”的政策组合，更是精妙一招。区间调控与定向调控各有侧重，区间调控侧重于稳总量，定向调控侧重于调结构，两者紧密结合，形成稳增长调结构合力，丰富了宏观调控的目标内涵和方式手段，是中国宏观调控实践对宏观调控理论的重大贡献。①

三、宏观调控内涵的理论创新：在改革中调控，在调控中改革

中国的宏观调控与成熟的市场经济主体不同，始终都伴随着巨大的制度变迁，改革开放始终是调控的内生变量。本轮宏观调控的鲜明特色就是宏观调控与改革开放两手并举，在改革中调控，在调控中改革，靠改革提高调控的效率，用调控创造改革的环境。调控与改革相互促进，相得益彰。

一是重塑调控主体，激发市场活力。政府作为宏观调控的主体是为了弥补市场领域的“失灵”，但实践中我国政府对经济活动管得太多。本轮调控把转变政府职能、简政放权等改革与宏观调控同步推进。首先通过简政放权，推动政府自身“瘦身”，重塑宏观调控的主体基础，使政府在市场发挥资源配置决定性作用的前提下更好地发挥作用。其次是激发市场活力。随着行政审批事项大幅度减少和商事制度改革，市场准入门槛不断降低，新的市场主体不断涌现，新产业新业态蓬勃发展，各种形式的创新创业活动蔚然成风，逐渐汇聚成前所未有的创新发展浪潮，是我国经济能在如此复杂严峻的形势下运行在合理区间的最大动力。

二是改革调控工具，使用市场化手段。改革与调控的有机结合，除了体现在调控主体的简政放权、激发市场内在动力之外，还体现在调控工具的改革创新上。本轮调控工具不断丰富，市场化手段不断运用，富有中国特色的宏观调控工具体系正在加速形成。在货币政策上适时适度交替使用数量工具（降低准备金率、公开市场

① 马建堂.新常态下我国宏观调控思路和方式的重大创新[N].人民日报，2015-10-29（1）.

业务）和价格工具（降息），逐步放宽民营银行的准入限制，积极培育市场主体，让市场主体自主承担风险。在财政政策上，实行结构性减税和适当增加财政赤字的同时，加大预算体制改革力度，强化预算约束；改革地方政府融资体制，实施地方存量债务转换，多措并举盘活闲置财政资金，提高资金使用效率；发展PPP筹资和运营方式，吸引社会资本进入公共和准公共领域。这些改革举措，明显提高了积极财政政策的实施效果。[①]

四、宏观调控指标体系的理论创新：利用大数据提高监测能力

我国在宏观调控中创新性地选择和运用一些关键指标，作为评价宏观经济运行态势和运行质量的指标体系。同时政府积极探索"宏观调控+互联网"的模式，提升政府对经济形势的监测能力，为制定宏观调控政策提供坚实的基础。

一是创新性地选择和运用一些关键指标，作为判断经济形势走势和制定宏观经济政策的重要依据。例如，选择用电量、货运量、中长期贷款等作为评价实体经济增长态势的指标，作为宏观总量指标的重要补充。这些指标与实体经济的关联性强，存在明确的正相关关系，既容易获取，时效性又强，还不易做假，比较真实和及时地反映经济运行态势，是准确把握经济运行态势和趋势的重要依据。再如，中央强调宏观调控要努力推动经济"稳中有进"，在"进"字上下功夫。为了反映"进"的情况，更多地采用服务业占比、全社会劳动生产率、单位GDP能耗和新产业新业态生成等指标，来揭示转型升级方向，展现创新水平，体现经济发展质量。这些指标的选择、运用和组合，大大丰富了中国宏观经济运行的评价指标体系。

二是探索利用大数据，提高政府对宏观经济的分析能力和预测能力。随着互联网等新一代信息技术的发展，涉及生产经营销售活动的海量数据不断涌现。中国政府深刻把握高技术变革带来的这一重大机遇，对大数据的整合、分析、利用做出了系统部署。国务院相关部门采取多种方式开发社会上数量巨大、来源广泛、形式多样的大数据，并与政府信息整合，构建大数据经济分析模型，对国民经济各领域

① 马建堂.新常态下我国宏观调控思路和方式的重大创新[N].人民日报，2015-10-29(1).

的运行状况及时监测，提高了宏观调控的精准性和有效性。同时，运用大数据创新政府服务理念和服务方式。积极探索以国家统一的信用信息共享交换平台和体系建设，加强对市场主体的全生命周期监管。

三是加强政府宏观决策支撑系统建设，提高宏观调控的科学化、民主化。近年来，在中共中央、国务院的部署下，国家宏观决策系统建设进程加快，人口、法人单位、自然资源和空间地理、宏观经济等国家信息资源库加快建设，自然人和法人全社会统一代码正在形成，宏观决策支持系统的信息化水平不断提高。与此同时，宏观决策的民主化、科学化程度也在不断提高。一些重大政策措施出台前，通过多种方式广泛征求意见，特别是利用互联网征求百姓意见，扩大了公众参与范围，提高了民主化程度。一些重大改革举措和政策出台后，委托专业机构进行第三方评估，客观公正地分析进展，指出问题，提出建议，对宏观决策的科学化发挥了重要作用。

第五节 党的十八大以来的对外开放理论创新

党的十八大以来，中国在对外开放理论方面也进行了创新。首先是进一步开拓对外开放合作的区域。在改革开放近40年来已经形成的主要对外合作区域如北美、欧洲、东亚等基础上，进一步加强与中东欧、非洲等转型经济体和发展中国家的合作。如提出了“一带一路”倡议，进一步深化和具体化了“走出去”战略。其次是进一步深化改革，构建开放型经济新体制。如，加强“自贸区”建设就是中国新时期对外开放的一个重要探索。最后是积极参与国际经济金融治理。中国积极倡导并全面推进新的全球经济、金融治理。习近平指出，“要稳定推进国际经济金融体系改革，完善全球治理机制，为世界经济健康稳定增长提供保障”。

一、“走出去”战略

新形势下搭建中国参与全球经济治理的平台，“走出去”战略目标有了新发展。中国企业“走出去”，过去追求的目标只是为了开拓国内国外两个市场，利用国内国外两种资源，促进国际收支平衡。新形势下“走出去”战略还要求体现互利共赢，增加中国企业对外投资的东道国福利；同时还要为保障国家能源、粮食、食品安全做出贡献，把自身培育成为当代的跨国公司，构建自主的跨国生产经营价值链、整合全球资源，并成为人民币国际化进程中流通循环的重要载体。

二、“自贸区”战略

党的十八届三中全会《决定》提出，“坚持世界贸易体制规则，坚持双边、多边、区域次区域开放合作，扩大同各国各地区利益汇合点，以周边为基础加快实施自由贸易区战略”。“自贸区”战略成为中国对外开放理论中一个新的里程碑。中国目前实施的自由贸易区有两类，一类是中国单方自主的对境外所有经济体开放的自由贸易区，如中国（上海）自由贸易试验区；另一类是双边或区域的贸易投资自由化协议的自由贸易区。第一类自由贸易区包含了许多的对外开放的内容，其中最重要的是具有接受国际新规则压力测试的政策含义。目前已经取得突破性进展，中央经济工作会议提出要推广中国（上海）自由贸易试验区经验。第二类自由贸易区是推进贸易便利化改革，相互提供关税的最惠国待遇，在原有贸易规则基础上有选择地扩大少数领域的开放自由贸易区的意义，就在于表明中国有能力也有自信，全面地参与全球无论是多边还是诸边的高标准的自贸协定谈判。更具有历史标志性意义的是亚太自由贸易区议程的启动。2014年，在亚太经合组织（APEC）领导人非正式会议上，习近平提议启动亚太自由贸易区进程，这是第一次由中国首倡、中国设置议题、中国提出行动计划和时间表的国际经济治理新方案，也是未来中国在制定国际规则中占据主导地位的新标志，是具有历史标志性意义的事件。在战略上坚定大胆，在战术上做细做实，是习近平经济思想的鲜明特点。

三、“一带一路”倡议

“一带一路”倡议，是习近平的空间经济思想理论与实践的完美融合。建设“丝绸之路经济带”和“21世纪海上丝绸之路”，是中国主动应对全球形势深刻变化、统筹国内国际两个大局做出的重大战略决策，当前的亚欧国家都处于经济转型升级的关键阶段，需要进一步激发大区域域内发展活力与合作潜力。“一带一路”倡议的提出，契合沿线国家的共同需求，进一步推动实现区域内政策沟通、道路联通、贸易畅通、货币流通、民心相通，也是“新常态”下中国自身培育经济增长动力的新途径。中国通过“一带一路”倡议，可以撬动西部基础设施建设，扩大向西和向南的对外开放，带动中国过剩产能和优势产能（如高铁及相关的装备制造能力），开辟新的出口市场。中国实施“一带一路”建设，还有助于应对美国主导的试图绕开、孤立中国而推进的TPP（跨太平洋伙伴关系协议）、TTIP（跨大西洋贸易与投资伙伴协议），在国际经贸中抢占全球贸易新规则制定权。长期以来，中国的油气资源、矿产资源对国外的依存度较高，这些资源主要通过沿海海路进入中国，渠道较为单一。“一带一路”建设能增加大量有效的陆路资源进入通道，从而保障中国的能源安全，保障世界经济的稳定和安全。同时，亚洲基础设施投资银行和丝路基金等国际开发性金融机构的设立，也将是对全球经济治理和金融治理结构的一个补充，它有利于发展中国家在基础设施建设方面获得资金支持，从而改善和优化全球经济治理结构。“一带一路”倡议，集中体现了习近平的空间经济思想的大视野、大开放、大整合的特征，是对传统空间经济学理论的重大拓展，也转变了传统狭义的国内区域发展观，并对国内经济转型与区域转型产生了积极的重大影响。

一方面，从全球经济空间的大格局来看，“丝绸之路经济带”和“21世纪海上丝绸之路”最终形成欧亚非三大洲陆地与海上的大闭环；另一方面，“一带一路”的大空间，资源整合战略，也从根本上打破了国内原有的点状、块状的本位性区域发展模式。无论是原先的经济特区，还是新成立的自由贸易区，以及一批国家级新区，都是以单一区域为发展突破口的，而“一带一路”倡议彻底改变了原来点状、块状的格局，在东西向形成了一个互联互通的经济带，沿线的城市、省区占据不同等级的节点区域位置，在东部、南部沿海则串起了所有的港口及沿海城市，向东盟和中亚延伸，由此彻底改变中国传统的区域发展版图，国内所有地区性的、省域的区域一体化进程，都必须以区域经济一体化为核心主线，来全面融入“一带一路”的国家大开放倡议，由此建立起开放型经济的新体系、新体制和新优势。国家推进的长江经济带规划建设以及京津冀一体化等战略，都要全面体现大空间整合资源的精神，全面提升区域能级、经济质量和民生福利。面向“十三五”及今后更长一个时期，中国要把国内经济发展空间格局的优化，各地区的协调发展、协同发展，强化主体功能区的定位等战略行动，与“一带一路”倡议规划的实施、重大项目的推进，实行前瞻性的呼应与互动，分享“一带一路”发展的红利，同时以自身的创新驱动为“一带一路”倡议注入新的内涵，同步提升区域经济一体化的水平和质量。

第六节　党的十八大以来的经济发展理论创新

一、经济发展阶段理论创新：从“三期叠加”到经济“新常态”

对中国经济发展新态势的认识与把握，是党的十八大以来习近平一直高度关注的重大问题。就党的十八大之后国内经济大势和所处的阶段，以习近平同志为核心的党中央做出了“经济增长速度换挡期、结构调整阵痛期、前期刺激政策消化期”三期叠加的判断，这是对中国经济发展阶段性的理性认知，也是中国深化经济体制改革和制定重要经济政策的客观依据。充分认识和理解这一重大判断，是促进经济理论研究、正确处理现实经济生活中各种矛盾的基本前提。对中国“经济增长速度换挡期”的大势把握与战略判断，表明中国经济增长到了从高速换挡到中高速的发展阶段，结构调整成为最迫切的事情，这是一种高度战略把握下的理性选择。

进入2014年，面对“三期叠加”的现实挑战，习近平进一步提出对中国经济发展“总体”方式和方法的战略思维和顶层设计的“新常态”经济思想。2014年5月，习近平在河南考察工作时第一次提及新常态：“我国发展仍处于重要战略机遇期，我们要增强信心，从当前我国经济发展的阶段性特征出发，适应新常态，保持战略上的平常心态。”11月，习近平在亚太经合组织（APEC）工商领导人峰会上发表的《谋求持久发展 共筑亚太梦想》主旨演讲中，向包括130多家跨国公司领导人在内的世界工商领袖们，阐述了什么是经济新常态、新常态的新机遇、怎么适应新常态等关键点，表明“新常态”在给中国带来新的发展机遇的同时，也将为处于缓慢且脆弱复苏中的全球经济注入持久动力。2014年12月11日闭幕的中央经济工作会议首次明确“经济发展新常态”的九大趋势性变化，强调中国经济正在向形态更高级、分工更复杂、结构更合理的阶段演化，经济发展进入“新常态”：经济增速“正从高速增长转向中高速增长，经济发展方式正从规模速度型粗放增长转向质量效率型集约增长，经济结构正从增量扩能为主转向调整存量、做优增量并存的深度调整，经济发展动力正从传统增长点转向新的增长点。认识新常态，适应新常态，引领新常态，是当前和今后一个时期中国经济发展的大逻辑。”

习近平的“新常态”经济思想，是全面科学理解与引领中国经济发展走向的“总开关”和“金钥匙”。认真理解和遵循其思想要义，我们首先要走出高速增长的“纠结”，在保持合理增长速度的前提下，让经济运行处于合理区间，以保持经济总体的健康运行。

二、经济发展思想理论创新：五大发展理念

2015年10月，党的十八届五中全会提出五大发展理念：“坚持创新发展、协调发展、绿色发展、开放发展、共享发展，是关系我国发展全局的一场深刻变革。”五大发展理念是中国对经济社会发展规律的深入思考，为全面建成小康社会、向着第一个百年奋斗目标迈进，提供了理论指导和行动指南，是继科学发展观以来中国经济发展思想的重大理论创新。作为发展速度最快的超大型经济体，中国的发展是世界发展最重要的组成部分之一。中国的经济发展使1/5的世界人口、1/4的发展中国家人口和近3/5的下中等收入国家人口从中直接受益。中国作为世界东方的“发展极”，对世界发展的辐射作用越来越强。近年来，中国在世界经济最困难的时刻，承担起拉动增长的重任。2009年到2011年间，中国对世界经济增长的贡献率达到50%以上。目前，中国经济增速虽有所放缓，但对世界经济增长的贡献率仍在30%以上，是对世界经济增长贡献最大的国家，是世界经济重要动力源。[①]未来，中国的发展也描绘着世界的方向，如此巨大的体量与规模，中国选择什么样的发展思想，对于世界而言都会产生举足轻重的影响。

马克思曾说：“人的思维是否具有客观的真理性，这不是一个理论的问题，而

① 任仲平.论贯彻和落实五大发展理念：关系发展全局的深刻变革.[N]人民日报，2015-12-18(1).

是一个实践的问题。”五大发展理念作为未来中国发展的战略性、纲领性、引领性认识源于对中国与世界的深切把握。中国还“面临诸多矛盾叠加、风险隐患增多的严峻挑战”，根本原因都在于，过往的发展方式已难以为继。发展理念源于发展实践，反过来又给发展实践以深刻影响。在这样的历史关口，需要用新的发展思路寻找新出路、以新理念引领新发展，五大发展理念恰逢其时。坚持创新发展，才能避免动力衰退，低水平循环的“平庸之路”；坚持协调发展，才能避免畸轻畸重、顾此失彼的“失衡之路”；坚持绿色发展，才能避免资源枯竭、环境恶化的“透支之路”；坚持开放发展，才能避免画地为牢、自我设限的“封闭之路”；坚持共享发展，才能避免贫富分化、社会动荡的“风险之路”。[①]“创新、协调、绿色、开放、共享”的五大发展理念是一场“关系发展全局的深刻变革”，针对中国发展中的突出矛盾，回答中国当前最为紧迫的现实问题。在“五位一体”的总体布局中，五大发展理念是价值层面的思想引领；在“四个全面”战略布局中，五大发展理念是实践层面的行动指南。

三、经济发展结构理论创新：供给侧结构性改革理论

2015年中央经济工作会议指出：“明年及今后一个时期，要在适度扩大总需求的同时，着力加强供给侧结构性改革，实施相互配合的五大政策支柱。”“着力加强结构性改革，在适度扩大总需求的同时，去产能、去库存、去杠杆、降成本、补短板，提高供给体系质量和效率，提高投资有效性，加快培育新的发展动能，改造提升传统比较优势，增强持续增长动力，推动我国社会生产力水平整体改善，努力实现“十三五”时期经济社会发展的良好开局。”

中国供给侧结构性改革从供给和需求两个视角重新梳理和反思经典经济学理论供给经济学和需求经济学，把经济分析和经济政策重点放在供给侧。从西方经济学理论看，供给经济学关注的是生产力和经济长期发展能力，供给侧管理针对长期制度和结构问题；需求经济学关注短期经济增长问题，需求侧管理强调短期有效性。

① 任仲平.论贯彻和落实五大发展理念：关系发展全局的深刻变革.[N]人民日报，2015-12-18（1）.

从理论演变看，供给侧和需求侧的经济学研究路径呈现合流趋势，一些经济学理论开始关注供给侧不同要素与总需求之间的相互影响等方面，强调供给侧和需求侧政策的互相配合、互相补充。同时，超越市场供需分析的结构主义经济学、创新发展理论等经济理论，其最终落脚点回归到影响经济结构和供给需求结构，拓展了影响经济发展的制度内涵。从中国经济学理论看，经济理论研究主流经过了从以关注供给制度改革为重点的供给侧研究向以关注需求管理为重点的需求侧研究。供给经济学理论研究主要集中在所有制和产权、现代企业制度、生产要素供给效率等方面；需求经济学理论研究主要集中于收入分配制度、政府的作用、比较优势等方面。总之，经济学界针对供给侧、需求侧和结构方面的理论研究和探索，都为中国供给侧结构性改革理论的形成打下了深厚的基础。

中国供给侧结构性改革理论是中国特色社会主义政治经济学的重要组成部分，具有不同于西方供给经济学派以及西方结构主义思想的特征。供给侧结构性改革的目的是在稳定和扩大社会总需求的前提下，通过全面深化改革，最大限度地释放生产力，提升经济增长质量效益，增强持续增长动力，从而实现经济高效持续增长。供给侧结构性改革包含了“供给侧＋结构性＋改革”三个维度的内容。“供给侧”是指着眼于供给侧和生产侧的管理和制度建设，提升资源要素供给质量效益和产出水平；“结构性”是指实现结构优化调整，化解结构性问题，提升资源要素的配置效率，实现经济社会协调发展；“改革”是原有制度改革和新制度构建，构建有助于进一步解放和发展生产力的制度保障。①同时，中国供给侧结构性改革需要从市场和政府两个层面加以驱动，既要充分发挥市场在资源要素配置中的决定性作用，又要充分发挥政府在改革推动和宏观调控方面的作用。市场的作用是促进供给侧结构性改革的内生动力，政府的作用是促进供给侧结构性改革的外部助力。可见，中国供给侧结构性改革是基于当前中国经济发展结构和改革实践的综合理论创新，其理论基础是中国特色社会主义政治经济学范畴。

① 肖林.新供给经济学：供给侧结构性改革经济学思想与理论创新［J］.科学发展，2016（5）：7–10.

四、经济发展动力理论创新：培育经济增长新动能

随着全球创新创业进入高度密集活跃期，人才、知识、技术、资本等创新资源全球流动的速度、范围和规模达到空前水平，创新模式发生重大变化，生产、流通、分配、消费的新模式快速形成，尤其是中国经济增长进入新常态，过去刺激经济发展的“三驾马车”都显得疲软，因此中国急需培育经济增长新动能。2016年以来，中国经济运行总体平稳、稳中有进，新经济发展起到了重要支撑作用。高技术产业和装备制造业快速发展，上半年工业机器人增长28.2%，新能源汽车产量增长88.7%，智能电视增长20.5%。“互联网+”加快了与工业、服务业的融合发展，网上商品和服务零售额增长28.2%，快递业务增长55.4%。大众创业、万众创新蓬勃发展，全国新设市场主体日均超过4万户，其中新登记企业日均1.4万户。[①]在经济发展新动能加快壮大的同时，技术创新供给不足、制度创新供给不够等制约因素凸显，迫切需要加快理论创的新步伐，指导中国经济发展的新形势。

2017年1月13日，国务院办公厅签发〔2017〕4号文件《国务院办公厅关于创新管理优化服务培育壮大经济发展新动能加快新旧动能接续转换的意见》（下称《意见》），是国家首次对培育经济增长新动能做出的系统阐释，《意见》从基本内涵、指导思想、基本原则、目标任务等几个方面对我国经济增长新动能做了长远规划。

1. 新动能是对传统动能的理论创新。国务院发展研究中心主任李伟认为：新动能不仅是经济增长的动力，也是优化经济结构、化解各类风险的动力。新动能要有量和质的要求，并非所有的新现象都是新动能。[②]国务院发展研究中心副主任张军扩认为：新动能是指新的生产方式和经济发展推动方式。不是简单地指新业态、新产业，而是转型升级期能够带动经济的动能都是新动能。既包括新技术、新业态、新产业，也包括传统产业的提质增效；既包括供给侧的结构升级，也包括需求侧的潜

① 田如柱、金辉.发展新经济 壮大新动能 推动新发展[N]经济参考报，2016-8-11(1).

② 李伟.壮大做优提升实体经济，培育经济增长新动力.[EB/OL].(2016-11-16)[2017-01-20].http: //mp.weixin.qq.com/s? __biz=MzAwODI3MTcwOA==&mid=2652192552&idx=3&sn=5ab9a1e93b0369f533d07cce3818d2fb&chksm=8090fd1bb7e7740dacd0dc107fe1c66b97faf6b1d47e3bf6ff1fb7a9723316f8d5854a66a6cc&mpshare=1&scene=23&srcid=0418xERJMQc2islFW3SFRKpg#rd.

力释放。[①]在2017年政府工作报告中，李克强总理强调：我们说要发展“新经济”是要培育新动能，“新经济”的覆盖面和内涵是很广泛的，它涉及一、二、三产业，不仅仅是指三产中的“互联网+”、物联网、云计算、电子商务等新兴产业和业态，也包括工业制造当中的智能制造、大规模的定制化生产等，还涉及一产当中像有利于推进适度规模经营的家庭农场、股份合作制，农村一、二、三产融合发展，等等。2017年4月18日，李克强总理在“贯彻新发展理念 培育发展新动能”座谈会上进一步强调新动能覆盖一、二、三产业，重点是以技术创新为引领，以新技术、新产业、新业态、新模式为核心，以知识、技术、信息、数据等新生产要素为支撑，体现了新生产力发展趋势，是实体经济发展升级的强大动力。综上，从内涵上看新动能是对传统动能的理论创新，是对新的生产方式、要素、结构以及传统结构、要素释放的新活力的理论概括，是转型期一切能够推动经济增长的动力因素。

2. 培育新动能是深入实施创新驱动发展战略的理论延伸。《意见》指出培育新动能要牢固树立和贯彻落实“创新、协调、绿色、开放、共享”的发展理念，坚持以推进供给侧结构性改革为主线，着力振兴实体经济，深入实施创新驱动发展战略，大力推进大众创业万众创新；深化简政放权、放管结合、优化服务改革，进一步优化公共服务、创新行政管理，与时俱进、顺势而为、主动求变，促进制度创新与技术创新的融合互动、供给与需求的有效衔接、新动能培育与传统动能改造提升的协调互动。[②]培育新动能要深入实施创新驱动发展。强化鼓励创新、宽容失败的意识。摆脱跟随发展的路径依赖，着力原始创新和颠覆性创新，保护和激发干事创业的积极性和创造性，主动构建激发创新活力、推广创新成果、支持业态创新的体制机制，以更大的力度促进知识和智力资源尽快实现经济价值，加快塑造更多依靠创新驱动、更多发挥先发优势的引领型发展新格局。培育新动能要优化服务理念。强化主动服务、效率优先的意识，更好发挥政府在新动能培育中的作用。大幅减少

① 张军扩.着力培养经济增长新动能.[EB/OL].（2017-2-27）[2017-03-03].http: //mp.weixin.qq.com/s? __biz=MzAwODI3MTcwOA==&mid=2652192740&idx=1&sn=0960f034b2295d3c02bbc5e2dadf7c94&chksm=8090fdd7b7e774c168244b7783def19ef5e6a2e050f261a024feda99a2519c0b2efbb909b93a&mpshare=1&scene=23&srcid=0418IDDBIzXEllfcOpkyywZY#rd.

② 国务院办公厅.国务院办公厅关于创新管理优化服务培育壮大经济发展新动能加快新旧动能接续转换的意见.[EB/OL].（ 2017-1-13）[2017-01-20] http: //www.gov.cn/zhengce/content/2017-01/20/content_5161614.htm.

事前行政审批、健全事中事后监管，变管理为服务，进一步提升行政审批、法规调整、政策支持、标准规范、资源开放等方面政府服务的科学性、灵活性和针对性。创新服务机制，推进重心下移，及时主动解决阻碍新动能释放的矛盾问题，提供更加便捷高效的政府服务。培育新动能要着力融合发展。强化向实体经济聚力发力的意识，提升新动能对传统动能的带动作用。以提高质量和核心竞争力为中心，加快利用新技术、新业态改造提升传统产业，创造更多适应市场需求的新产品、新模式，促进覆盖一、二、三产业的实体经济蓬勃发展。培育新动能要坚持底线思维。强化开放共治与防控风险并重的意识，推进以信用管理为基础，以防范区域性、系统性风险和保护消费者合法权益为底线的新型管理模式，为释放新动能创造更加广阔的空间。

关于如何发展新动能，李克强进一步指出：一是必须坚持“增量崛起”与“存量变革”并举，既要培育发展前景广阔的新兴产业，也要化解淘汰过剩落后产能、运用新技术改造提升传统产业，实现“老树发新枝”，促进社会生产力整体跃升。二是要推动有效投资和消费升级互促共进，把国内巨大市场需求作为“导航灯”，大力补上短板，促进产品和服务创新，实现更高水平上的供需结构的匹配和优化。三是不仅立足国内市场，也要主动参与国际竞争，抓住世界新一轮科技革命和产业变革机遇，积极培育对外开放新优势，拓展发展空间。

党的十八大以来，中国经济理论创新进入了巅峰期，众多理论创新成果伴随着中国改革发展实践孕育而生，同时又指导着中国的改革和建设走向新的历史征程。

第三章 文化创新探索与前瞻

第一节 文化创新的内涵和意义

一、文化创新的内涵

文化是人类智慧的结晶，就其本质而言，文化是指人类在社会实践过程中所获得的物质、精神的生产能力和创造的物质、精神财富的总和。创新就是创造新的事物，是扬弃。创新是人类特有的认识能力和实践能力，是人的主观能动性的高级表现形式，是推动民族进步和社会发展的不竭动力。文化创新就是人们在社会实践和文化传承的基础上，依据时代的特征，构建文化的新理论、新内容、新制度、新技术，赋予文化时代性的变革。这种变革不是对传统的否定，而是对传统的重塑，取其精华，去其糟粕，进而形成符合时代发展要求的新文化。具体而言，文化创新主要包括以下几个方面。

1. 文化理论创新

文化理论创新是文化创新的基石。每一个时代都要有适应时代要求的文化理论来推动文化发展。自中国共产党成立以来，中国的文化建设便是在马克思主义理论的指导下进行的。马克思主义既是文化建设的行动指南，也是文化建设的首要内容，决定了文化建设的基本属性。马克思主义是一个开放的体系，与时俱进是它的理论品质。这就要求我们用与时俱进的态度来对待马克思主义，随着实践的发展总结新经验、开拓新视野，在继承的基础上不断开创马克思主义的新境界。从党的文化理论建设进程来看，党的文化理论建设起始于半殖民地半封建文化，经历了新民主主义文化、社会主义文化、中国特色社会主义先进文化的发展历程。可以说，每一次文化的革命性探索和转型，都是在坚持马克思主义的指导下完成的文化理论飞跃，都是马克思主义中国化的不断深入发展。在当代中国，文化理论创新就是发展中国特色社会主义先进文化，即“面向现代化、面向世界、面向未来的，民族的科学的大众的社会主义文化”[①]。

2. 文化体制创新

文化体制创新是文化创新的切入点和重心。体制创新概括而言是指在改革、完善原有的体制、机制的基础上，依据经济、政治、文化和社会发展的客观要求而制定新的制度的过程。体制创新能够有效地规范人们的社会生活，协调好各方面的利益关系，激发人们的创造力，整合各种力量进而形成推动社会进步的巨大合力。文化体制是文化价值的制度表现，包括管理、决策、用人、监督、评价等诸多环节。文化体制是否适应社会发展要求，直接决定了文化事业和文化产业的发展。在计划经济时代，中国的文化体制是高度集中的文化管理制度，是计划经济的文化体现。由于文化体制一经形成就具有相对稳定的特征，当社会经济、政治等管理体制发生变革时，文化体制变革并未一定紧随其后，这就导致原有的文化体制渗透在现有的社会生活之中，在一定程度上制约了经济、政治、文化、社会的发展。因此，文化体制改革和创新是文化创新的切入点和重心，其目标是要建立能为文化发展提供制度保障和支撑的，与现代化和市场经济相适应的，促进社会全面进步的现代文化体制。改革开放以来，中国的文化建设取得了巨大成就，文化事业和文化产业快速发展，但我们也应看到，文化赖以生存的经济、政治等环境已经发生了深刻变化，文化体制若不相应改革和创新，便会阻碍自身的发展。文化体制改革和创新是解放和发展文化生产力，增强文化发展活力，推动文化创新，进而推动社会主义文化大发展大繁荣的根本出路。

3. 文化内容创新

文化内容创新是文化创新的中心环节。文化内容是文化的构成，也是文化的具体表现。文化的内容创新就是实现文化的思想内容和精神价值上的突破与变革，特别是对符合社会发展要求的思想导向和精神追求的肯定，有利于引导人们形成正确

---

① 党的十五大报告［R］.1997.

的世界观、人生观、价值观，引领社会风尚。因此，文化创新要以思想内容和精神境界提升为先导，“以科学的理论武装人，以正确的舆论引导人，以高尚的精神塑造人，以优秀的作品鼓舞人，在全社会形成积极向上的精神追求和健康文明的生活方式”。中华民族经过千百年来的积累所形成的独具特色的中国传统文化是文化内容创新的基础，然而时代在发展，传统文化需要与时代特征相结合，与其他民族和国家的优秀文化相借鉴，才能获得新的生长点。文化内容的创新，就是在继承中国优秀的传统文化的基础上，吸收借鉴人类所创造的一切文明成果，使之具有鲜明的时代特色、民族特色、实践特色。

二、文化创新的意义

创新是文化发展的主要方式，只有不断解放和发展文化生产力，创新文化发展方式，为民族文化注入新鲜血液，文化才能获得持续发展的不竭动力。可以说，文化创新不仅是中国共产党高度的文化自觉和文化自信的集中体现，更是实现社会主义文化强国战略目标的必经之路，具有重要的战略意义。

1. 文化创新是提升国家文化软实力的重要途径

随着中国社会主义现代化事业的不断进步和全球化进程的加快，提升国家文化软实力已经成为重大的时代课题。文化软实力作为综合国力的重要标志，它是一个民族和国家文化的吸引力、凝聚力、影响力、竞争力的集中体现。文化软实力不是自然而然产生的，而是需要由内力和外力相互结合而成的文化建设来推动文化软实力的生成与提升。文化创新便是文化建设的重要内容之一。“创新是一个民族进步的灵魂，是一个国家兴旺发达的不竭动力”[①]，创新体现了一个民族文化的生命力和创造力，是民族文化发展的内在动力，是提升国家文化软实力的重要途径。就国内而言，文化创新符合需要是提升文化软实力的重中之重。文化创新不是无源之水，无本之木，它源于积累，源于实践，源于生活，依托于中国悠久灿烂的文化历史，立足于中国特色社会主义建设的实际，是历史与现实结合中的创新，既体现了时代

① 党的十六大报告[R].2002.

发展的特征，又符合人民日益增长的精神文化需要。文化创新要坚持从具体国情出发，从人民的实际出发，贴近实际、贴近群众、贴近生活，不断创造出符合社会实践和生活本色的富有中华民族特色的文化成果。只有这样的文化创新，才能够体现鲜明的时代特征，反映社会生活的本质，体现人们的精神创造成果，进而不断增强文化的凝聚力和吸引力，提升文化软实力。就国际而言，文化生产力的创新发展是文化软实力提升的关键途径。随着高新技术产业的飞速发展，文化的载体和传播方式已经发生深刻变革，特别是互联网的发展，创新了文化生产方式，培育了新的文化业态，使文化在世界范围内高速度无国界地流动。创新文化生产方式，解放和发展了文化生产力，是提升文化软实力的本质所在。

2. 文化创新是建设社会主义先进文化的客观要求

文化发展是一个不断创新的过程。在这个过程中，我们不断反思文化的历史，总结文化发展的经验，展望文化发展的未来，在文化实践中赋予文化时代特征。社会主义先进文化代表了当代中国文化的发展方向，是面向现代化、面向世界、面向未来的，民族的科学的大众的社会主义文化。社会主义先进文化之所以先进，其中的一个重要原因就是它具有与时俱进的品质，是创新型文化。没有创新，何谈发展；没有发展，便会倒退。文化创新不仅是文化自身发展的内在动力，也是建设社会主义先进文化的客观要求。其一，在建设社会主义先进文化的进程中，我们既要批判地继承中国传统文化，又要时刻把握时代发展的脉搏和契机，既要继承历史又要突破陈规，在遵循文化发展的客观规律的基础上，在传统与现代的对接和转换中实现文化创新，不断丰富和发展社会主义先进文化。其二，文化创新的源泉是亿万人民的实践活动，其宗旨是满足人民日益增长的精神文化需要。在社会主义先进文化建设的实践中，要尊重人民的首创精神，让一切文化创造源泉充分涌流，激发全民族的创造活力，使文化发展符合最广大人民的利益和愿望，开创社会主义先进文化建设的新局面。其三，社会主义先进文化是世界文化的组成部分，文化创新是社会主义先进文化自立于世界文化之林的基础。世界文化的多元发展为社会主义先进文化发展提供了广阔空间，社会主义先进文化肩负着在世界文化浪潮中特别是西方文化的强势冲击下如何自强以及如何充分发挥其独特功能的双重使命。这就要求社会主义先进文化必须与时俱进，不断创新发展，既抵御了西方文化的侵蚀，又为世界文化的多元发展做出贡献；既增强“免疫力”，又提升影响力。

3. 文化创新是树立高度的文化自觉与文化自信的有效机制

文化自觉是指生活在一定文化中的人对其文化有“自知之明”，明白它的来历、形成过程、所具有的特色和它的发展的趋向，不带任何“文化回归”的意思，不是要“复旧”，同时也不主张“全盘西化”或“全盘他化”。自知之明是为了加强对文化转型的自主能力，取得决定适应新环境、新时代文化选择的自主地位。这就是说，我们要对本民族文化的过去、现在和未来有清醒的认识，有自知之明。文化自觉是文化的自我认知，是文化创新的基础。只有在透彻地了解自己的前提下，才能加强文化在新时期转型的自主能力，创造出符合时代发展要求的新型文化。文化自信是对民族文化历史的充分肯定，对民族文化的未来发展充满信心。“文化自信，是一个国家、一个民族、一个政党对自身文化价值的充分肯定，对自身的文化生命力的坚定信念。只有对自己文化有坚定的信心，才能获得坚持坚守的从容，鼓起奋发进取的勇气，焕发创新创造的活力。”文化创新是文化的内容、形式、体制、思维方式等一系列文化构成要素的变革，其出发点就是高度的文化自觉与文化自信。也就是说，文化创新是在对文化核心价值的坚守、对文化内在精神的传承、对文化生命力充分肯定的基础上，批判地借鉴人类创造的一切优秀文化成果，汲取时代发展的精华，实现文化的现代转型。如果对文化没有自知之明，对文化历史和前途缺乏信心，文化创新自然也就失去了心理依据。这不仅会导致文化的发展随波逐流，更有甚者会致使民族文化因失去发展依据和动力而被湮没。因此，文化创新是树立高度的文化自觉和文化自信的有效机制。文化创新既是对文化传统的认知、认同和审思，也是对文化未来的憧憬、追求和实践。

第二节　中国文化创新的推进

中国文化起源甚早，在其形成和发展过程中，虽然时常面临周边少数民族的侵扰和威胁，不断受到来自异域文化的挑战，有些时候甚至濒临灭亡的境地，但都因为中国文化顽强的生命力而得以传承下来。

中国历史上虽数度出现少数民族入主中原的情况，但游牧文明与农耕文明的竞争结果都是先进的中原文明战胜了落后的游牧文明。农耕文明与游牧文明的竞争是中国文化发展的一个重要方面，但“因为传统中国民族主义的宽仁，以及中国文化的博大深厚，这些冲突常能在中国文化的熏濡下得到解决”。

至于外来文化的入侵，中国文化虽经历了巨大的挫折和落差，但也以中国文化的胜出而告终，这在很大程度上得益于中国文化的开放性和吸收性。中国文化史上早期出现的如佛教文明的进入，中国文化与外来文化在碰撞冲突中，最终实现了外来文化的中国化和文化的重新整合，从而使中国文化绵绵不绝，得以长久持续。佛教的进入是中国文化发展的一件大事，它虽在特定时期为统治者所依赖，但最终还是没有取儒家而代之。佛教，乃至后来的基督教进入中国后都被迫中国化，以更好地适应中国文化的基本思想和内涵，实现广泛的传播。佛教在不断地变革中与道家、儒家文化共同构成中国传统文化的主要组成部分。

鸦片战争爆发，西方文明的入侵是中国文化面临的一个生死转折点，中国文化依靠其良好的韧性再次实现了一次伟大的转变，虽然有对中国传统文化的抛弃甚至否定，以及后来资产阶级思想在中国的广泛传播，西方科技文明和价值观念的进入，这些都没能从根本上改变中国文化的地位，在它们的冲突中，都以中国文化对外来文化的吸收和融合而告终，而影响最为深远的便是马克思主义的传播和新民主主义文化的创建。以马克思主义为指导思想的中国共产党人，站在时代和历史的高度，科学地将马克思主义的基本原理与中国的具体实际相结合，对中国文化的创新发展道路做出了科学的诠释，做到了对“文化保守主义”和“全盘西化”两种极端观点的扬弃，创造了新民主主义的先进文化，实现了中国文化的创新发展，为中国文化的继续创新指明了前进方向。

新中国的成立标志着中国历史进入了一个崭新的时代，其中文化的创新和重建是整个社会重建的重要组成部分，由此马克思主义思想成为全国范围内的指导思想和主流意识形态。在文化建设的方针上，毛泽东提出了繁荣科学和艺术的“百花齐放、百家争鸣”的“双百”方针；在对待传统文化和外来文化的关系上，毛泽东提出了“古为今用、洋为中用、推陈出新”的方针，极大地推动了中国传统文化的现代转型，促进了中国文化的创新发展。党的十一届三中全会之后，中国进入了社会主义文化发展的新时期，邓小平创造性地提出精神文明建设的理论，丰富和发展了马克思主义的文化理论，使中国特色社会主义文化建设的理论与实践进入了新的发展阶段。此后，江泽民、胡锦涛提出了一系列新形势下不断加强文化建设的理论，促进了中国文化的创新发展。

党的十八大以来，中国共产党文化创新建设的新发展，与新时期国内外形势的发展变化相适应。以习近平同志为核心的党中央，不断提出文化创新发展的新思想、新观点，将中国的文化创新推到了一个新的高度。

文化对经济和政治的发展有巨大的反作用，越来越成为综合国力竞争的重要因素。一个国家的综合实力不再局限于经济和政治的发展程度，更加体现在文化的发展水平上。比如，国家文化产业和科技、教育的高速发展，以及国民素质的不断提高等都意味着综合国力的提升。文化的发展也能促进经济水平的提高，它以文化产业、文化产品等形式带来巨大的经济效益。中国经济与社会的可持续发展同样需要先进文化的支撑。世界文化迅速发展的同时，中国的文化发展也面临新的挑战。党的十八大以来，中国文化安全问题日益突出。由于国家之间文化交流日益频繁，因此西方国家通过潜移默化的方式向中国传播西方资本主义的价值观念和思想观点，西方国家的影视剧、流行歌曲、饮食文化等受到中国部分群众的追捧，这在一定程度上冲击了中国文化产业的发展，也干预和威胁了中国大众的社会生活。而中国的优秀传统文化和主流文化发挥的影响也受到削弱。面对新时期中国文化建设面临的机遇和挑战，党立足实际，沉着应对，提出了 系列促进文化健康科学发展的思想政策。

一、积极培育和践行社会主义核心价值观

文化的多元化决定了价值观的多样性，社会主义核心价值观是在尊重差异、包容多样的原则下，对古今中外优秀价值观吸收借鉴的基础上形成的，是当代中国社会主义意识形态的本质体现。学习和实践社会主义核心价值观，有利于提高国家文化软实力，引领各种社会思潮，激发全社会民族文化创造的活力，更好地把全国人民团结到社会主义现代化建设的道路上。习近平在主持中共中央政治局第十三次集体学习时指出，“核心价值观是文化软实力的灵魂、文化软实力建设的重点。这

是决定文化性质和方向的最深层次要素。一个国家的文化软实力，从根本上说，取决于其核心价值观的生命力、凝聚力、感召力”。因此，社会主义核心价值观是提升国家文化软实力的关键。并且，习近平指出，“培育和弘扬社会主义核心价值观，有效整合社会意识，是社会系统得以正常运转、社会秩序得以有效保护的重要途径，也是国家治理体系和治理能力的重要方面。”社会主义核心价值观的内容在党的十八大上被明确表达出来，即“倡导富强、民主、文明、和谐，倡导自由、平等、公正、法治，倡导爱国、敬业、诚信、友善”。从国家、社会、个人三个层面回答了建设什么样的国家，建设什么样的社会以及培育什么样的公民的重大问题。社会主义核心价值观的本质特征是人民性，这意味着人民的根本利益和意志是社会主义核心价值观所蕴含的基本价值追求。国家的富强和民主，是实现人民利益的基础和关键；社会的自由和平等是保障人民权益的外部条件；公民的敬业和诚信精神是实现人民意志的内在要求。只有三个方面共同努力，才能真正维护人民的利益。社会主义核心价值观具有开放性，表明这是一个开放的价值体系，无论是其理论内容，还是其思想形式，都是随着时代的发展，不断地充实和丰富。所以，在学习和实践社会主义核心价值观的过程中，应该从实际出发，把“尊重差异、包容多样”的原则贯彻到实际工作中。社会主义核心价值观重在实践。首先，必须立足中华优秀传统文化。“深入挖掘和阐发中华优秀传统文化讲仁爱、重民本、守诚信、崇正义、尚和合、求大同的时代价值，使中华优秀传统文化成为涵养社会主义核心价值观的重要源泉。”其次，要将社会主义核心价值观贯穿于社会生活的各方面。逐渐健全各行业的规章制度，完善市民公约、乡规民约、学生守则等行为准则，使社会主义核心价值观成为人们日常工作生活的基本遵循。再次，发挥政策的导向作用，使社会各方面的政策都有利于社会主义核心价值观的培育和发展。同时，要用法律来推动核心价值观的建设，将社会主义核心价值观内化为人们自觉的行为标准。

二、提出中国梦战略思想

2012年11月29日，习近平总书记在参观《复兴之路》展览时发表了鼓舞人心的讲话，他指出：“现在，大家都在讨论中国梦，我以为，实现中华民族的伟大复兴，就是中华民族近代以来最伟大的梦想。”梦想给人以巨大希望，中国梦的含义就是实现中华民族的伟大复兴。这不仅是国家强盛、民族复兴的梦，同时也是中国人民生活幸福，人生出彩的梦。国家富强、民族振兴、人民幸福这三者不是彼此分割、孤立存在的，而是紧密联系、内在统一的。国家强盛包括国家富裕和国家强大，是实现中国梦最重要的前提，是民族振兴和人民幸福的基础条件。在实现国家富强的同时，实现民族振兴是实现中国梦的内在要求。实现人民幸福是实现中国梦的根基和最终目标，人民幸福是国家富强、民族振兴的归宿，无论是国家富强梦还是民族振兴梦，归根结底都是为了实现人民幸福梦。实现中国梦必须走中国道路，必须弘扬中国精神，必须凝聚中国力量。“三个必须”揭示出实现中国梦的路径。首先，中国道路指中国特色社会主义道路，中国的发展进步不仅要坚持社会主义的方向，更要实事求是，从中国的实际国情出发。其次，中国精神是以爱国主义为核心的民族精神和以改革创新为核心的时代精神。这种精神是中国道路和中国模式的精神内涵，体现着社会主义核心价值观。中国精神是国家和民族发展进步的凝聚力和推进器。最后，中国力量是指中国各族人民大团结的力量。中国梦的实现，关键要依靠广大人民群众。人民群众是历史的创造者，也是实现中国梦的中坚力量。凝聚中国力量必须依靠人民群众，调动人民群众实现中国梦的积极性、主动性和创造性。

三、推进文化体制机制创新

党的十八届三中全会通过的《中共中央关于全面深化改革若干重大问题的决定》将推进文化体制机制创新作为深化改革的一项重要内容。习近平指出，“深化文化体制改革，推动社会主义文化大发展大繁荣，增强全民族文化创造力，推动文化事业全面繁荣、文化产业快速发展”[①]。虽然近年来，中国文化产业和文化事业得到了长足的发展，但文化发展中依然存在很多问题，文化管理体制封闭落后，文化产业规模和文化影响力还很薄弱，公共文化服务还不能完全满足人民群众的需要，

① 习近平在2013年十八届中央政治局第十二次集体学习时的讲话[EB/OL].2013.

文化走出去的效果不明显等问题依然突出。因此，党需要从制度层面和文化体制方面进行根本性变革，来推进文化建设科学化发展。党的十八届三中全会围绕完善文化管理体制，建立健全现代文化市场体系，构建现代公共文化服务体系和理顺内宣外宣体制等方面进行了全面部署。在推进文化体制改革过程中，要“把握好意识形态属性和产业属性、社会效益和经济效益的关系，始终坚持社会主义先进文化前进方向，始终把社会效益放在首位”。总之，文化体制机制创新，要坚持马克思主义的指导，保持社会主义先进文化的发展方向，实现人的全面发展进步。

四、巩固壮大主流思想舆论

思想舆论是思想文化传播的主要渠道，巩固壮大主流思想舆论，是社会主义文化建设的重要任务。习近平指出：“坚持团结稳定鼓劲、正面宣传为主，是宣传思想工作必须遵循的重要方针。我们正在进行具有许多新的历史特点的伟大斗争，面临的挑战和困难前所未有，必须坚持巩固壮大主流思想舆论，弘扬主旋律，传播正能量，激发全社会团结奋进的强大力量。”[①]首先，坚持正面宣传为主。在新形势下，坚持和发展中国特色社会主义、实现中华民族伟大复兴的中国梦，是全党全国各族人民的共同理想，是当代中国发展进步的鲜明主题。宣传思想工作要牢牢把握这个主题，把加强中国特色社会主义和中国梦的宣传教育，作为巩固壮大主流思想舆论的核心内容。其次，提高宣传的质量和水平，增强吸引力和感染力。在宣传思想工作中，把握“时”，即强化时效意识，抢占时机制高点，最大限度地挤压负面信息和错误思想观点的空间；把握“度”，就是要把握好舆论引导工作发挥积极作用的内在尺度，使舆论引导不与党管媒体的原则和党的宣传方针相背离，保证舆论引导工作适度而不过度；把握“效”，从实际效果出发，遵循传播规律，改进传播方式，增强传播艺术。最后，掌控互联网这个重要的舆论阵地。互联网已经成为舆论的主战场，越来越多的人把互联网作为获取信息的主渠道，因此我们应把握互联网的意识形态属性和媒体属性。要把网上舆论斗争作为宣传思想文化工作的重点来

① 习近平在2013年8月在全国宣传思想工作会议上的讲话［EB/OL］.2013.

抓，加大力量投入，防范和遏制网上攻击和渗透行为。依法加强网络社会管理，规范网络传播秩序，加大对网络谣言的整治力度，保证网络空间的健康发展。

第三节　中国文化创新的成功经验和不足

一、中国文化创新的成功经验

1. 中国近现代两次先进文化的创造

综观人类社会的发展史，任何社会的发展和进步都离不开先进文化的导引。近代西方由封建社会步入资本主义社会，是文艺复兴运动以及随后的新教改革运动所倡导的先进文化奠定的思想基础。而近代中华民族在中西对撞中失败，从根本上来说是建设文化的失败。从洋务运动到辛亥革命，从器的层面到制度层面变革的失败，提出了文化层面创新的根本要求。许多先进分子前仆后继，从魏源、康有为、梁启超到孙中山的探索，终于认识到了创造先进文化的意义。但是，由旧的资产阶级思想理论指导的新文化运动，无法开辟中国先进文化的前进方向，当然也不可能给中国社会发展带来新的面貌，新文化运动随之一片迷惘。五四运动后，真正给中国社会创造了先进文化，从而推动中国社会进步发生质的变化的是中国共产党。在中国共产党领导中国人民进行社会改造的历程中，实现了中国先进文化发展创新的两次历史性飞跃，两次历史性飞跃是新中国成立以来我党进行文化建设和创新的成功经验。

第一次历史性飞跃的标志是新民主主义文化的构建。以毛泽东为核心的党的第一代中央领导集体，用马克思列宁主义这个人类历史上最先进的思想武器作为指导，抓住近代中国反帝反封建的根本任务，构建了先进的“人民大众的反帝反封建的”新民主主义文化，为中国社会的发展指明了正确的前进方向，使近代以来一直困扰中华民族的“中国向何处去”问题得以圆满解决。历史证明：新民主主义文化作为近代以来中国先进文化创造的第一次历史性飞跃，为动员中华民族的一切力量，在中国共产党领导下，夺取新民主主义革命和社会主义革命的伟大胜利，推动社会的历史性进步，起到了不可磨灭的作用。

第二次历史性飞跃是在党的十一届三中全会后，以邓小平为核心的党的第二代中央领导集体，纠正了“左”倾错误和“以阶级斗争为纲”的文化前进范式，开创了以经济建设为中心的建设中国特色社会主义文化的前进方向，并紧紧抓住先进文化决定着一个政党、一个国家和民族兴衰存亡的根本问题，提出了以培养造就“四有”新人为根本任务和目标的社会主义精神文明建设的理论，丰富和发展了毛泽东的新民主主义文化理论和社会主义文化建设思想，为社会主义现代化建设提供了强大的精神动力和智力保障。沿着邓小平开辟的中国特色社会主义文化建设的前进方向，以江泽民为核心的党的第三代中央领导集体站在时代的高度，用开放的眼光，在新的历史条件下，面向21世纪知识经济时代和日趋激烈的国际竞争环境，以创新为灵魂，在总结新中国成立以来特别是党的十一届三中全会以来文化建设的历史经验基础上，提出了建设中国特色社会主义文化的总体构想，这就是：“以马克思主义为指导，以培养有理想、有道德、有文化、有纪律的公民为目标，发展面向现代化、面向世界、面向未来的，民族的科学的大众的社会主义文化。”

中国共产党的两次先进文化的创造，为中国社会的进步开辟了光明通道，当今在我们全面建成小康社会，开创中国特色社会主义事业新局面的新时期，生产力的发展，社会的进步，将更加紧密地和先进文化联系在一起。

2. 党的十八大以来的文化创新成就

“十二五”以来特别是党的十八大以来，中共中央、国务院高度重视文化建设，做出了系列重大决策部署。党的十七届六中全会通过了《中共中央关于深化文化体制改革推动社会主义文化大发展大繁荣若干重大问题的决定》。党的十八大从实现“两个一百年”奋斗目标的高度，提出建设社会主义文化强国的战略任务。党的十八届三中全会将深化文化体制改革作为全面深化改革的一个重要方面做出部署。党的十八届四中全会将文化法治建设作为全面依法治国的重要方面做出部署。特别是习近平总书记多次就文化建设做出重要讲话，为社会主义文化建设指明了方向，提供了遵循，大大提高了全党全社会对社会主义文化建设的认识，大大增强了全党全社会的文化自觉和文化自信。

党的十八大以来，文化建设的最重要的成就，就是不断巩固和拓展了中国特色社会主义文化发展道路。这条道路的理论指导，就是中国特色社会主义理论，特别是习近平总书记系列重要讲话；这条道路的核心，就是社会主义核心价值观；这条道路的动力，就是不断深化文化体制改革；这条道路的目的，就是促进社会主义文化大发展大繁荣，为人民群众提供更好更多的精神文化产品，不断满足人民群众的精神文化需求。文化的建设创新在以下几个方面取得了显著成效。

（1）文艺领域取得显著成效

习近平总书记在文艺工作座谈会上的重要讲话，深刻论述了文艺工作的重要地位和重要作用，全面分析了文艺工作的形势，深刻阐述了做好文艺工作的基本原则，明确了文艺工作的任务，对文艺工作提出了新要求新期待。学习习近平总书记在文艺工作座谈会上的讲话，有六个“牢牢把握”十分重要：一要牢牢把握文艺之位，就是文艺的重要地位。文艺是时代前进的号角，最能代表一个时代的风貌，最能引领一个时代的风气。实现“两个一百年”奋斗目标、实现中华民族伟大复兴的中国梦，文艺的作用不可替代，文艺工作者大有可为。二要牢牢把握文艺之魂，就是要大力弘扬社会主义核心价值观，大力弘扬中华优秀传统文化，大力弘扬民族精神和时代精神。三要牢牢把握文艺之本，就是人民。四要牢牢把握文艺之源，就是生活。五要牢牢把握文艺之质，就是要注重艺术的质量。六要牢牢把握文艺之效，就是要始终把社会效益放在首位，实现社会效益与经济效益相统一。

讲话发表以来，文艺战线认真学习贯彻习近平总书记重要讲话精神，文艺形势出现了可喜的变化。一是低俗媚俗文艺作品得到遏制。“以人民为中心”的创作导向越来越成为文艺界的共识。文艺环境趋于健康，“明规矩”走高，“潜规则”减少。二是大批作家艺术家深入生活、扎根人民，其丰富性、深入性、持续性近年少有。三是天价片酬降温，文艺市场逐渐回归理性和平衡。四是文艺工作者不仅注重艺术水准的提高，更关注自身高尚品德和健康情趣的养成，注重以严谨的职业操守树立良好的社会形象。五是文艺作品急功近利、粗制滥造的现象开始得到扭转。秉持“慢工出细活”“十年磨一剑”精品意识的文艺作品更多地受到关注和好评。六是大力改革文艺评奖制度。全面清理整顿文艺评奖，取消了一批、精简压缩了一批，总体减少60%以上。同时，严格评奖标准，规范评奖程序，严肃评奖纪律，杜绝不正之风。七是大力扭转文艺评论风气，对各种不良艺术作品、现象、思潮敢于表明态度，在大是大非问题上敢于表明立场，“让人民满意”越来越成为文艺作品的评价标准。八是国家对文艺创作的支持力度逐渐加大，出台了更健全的法律法规，制定了更加有效的方针政策，采取了更有力的扶持措施。比如，出台支持戏曲传承发展的政策，并即将出台电影产业促进法。[①]

总体来说，党的十八大以来特别是习近平总书记在文艺工作座谈会上的讲话发表以来，广大文艺工作者的创造活力不断迸发，创作力度明显加大，中国文艺呈现出繁荣发展的生动景象。

（2）公共文化服务体系建设取得显著成效

党的十八大以来，党中央对建设公共文化服务体系高度重视。党的十七届六中全会提出要大力发展公益性文化事业、保障人民基本文化权益。党的十八大提出要加快推进文化惠民工程，推动公共文化服务设施向社会免费开放。党的十八届三中全会提出“建立健全现代公共文化服务体系”。党的十八届四中全会提出，要制定公共文化服务保障法。2015年初，中共中央办公厅、国务院办公厅印发《关于加快构建现代公共文化服务体系的意见》，对现代公共文化服务体系建设进行了顶层设计。中国公共文化服务体系建设取得了显著成效。

第一个成就，是形成了公共文化服务体系建设的基本思路。概括起来就是“一个目标”“四个坚持”。一个目标：到2020年基本建成现代公共文化服务体系。四个坚持：一是坚持正确导向。要以社会主义核心价值观为引领，发展先进文化，创新传统文化，扶持通俗文化，引导流行文化，改造落后文化，抵制有害文化。二是坚持政府主导。政府要制定标准、制定政策，加大投入，推进基本公共文化服务标准化、均等化。三是坚持社会参与。要引入市场机制，激发各类社会主体参与公共文化服务的积极性，形成政府、社会、市场三者之间的良性互动，变政府“独唱”为政府与社会“合唱”。四是坚持共建共享。特别是要改变多头投入、重复建设的情况。

第二个成就，是初步建成了包括国家、省、地市、县、乡、村和城市社区在内的六级公共文化服务网络。这个网络体系包括三大类：一类是群众走进来享受的公共文化服务，如博物馆、图书馆、美术馆、科技馆、文化宫等，保证群众的读书

① 雒树刚：我国文化改革发展取得辉煌成就［N］.中国经济网–《经济日报》，2015–10.

权、鉴赏权等基本权益；一类是群众坐在家里享受的公共文化服务，主要是通过农村广播电视村村通、户户通工程，让农村群众在家里免费听广播、看电视；一类是活跃群众文化生活的公共文化服务，主要是各级的文化馆和乡镇（街道）文化站、村（社区）文化室。

第三个成就，是农村公共文化服务能力大大增强。主要是通过五大工程，迅速提升了农村公共文化服务能力。一是农村广播电视村村通、户户通工程，现在广播电视覆盖率已达98%。二是乡镇综合文化站工程，在“十二五”期间已实现乡乡设有文化站，全国有4万多个乡镇综合文化站。三是农村电影放映工程，保证农民每个月能免费看一场电影。全国每年为农民放映800多万场。四是农家书屋工程，全国有60多万个农家书屋。五是农村数字文化工程，通过互联网将文化信息送到村一级。

第四个成就，是公共文化服务活力进一步增强。比如，针对公共文化机构活力不强的问题，探索建立公共文化服务机构理事会制度。针对公共文化服务不适销不对路的问题，变政府“端菜”为群众“点菜”。针对基层文化站不懂管理、不会管理的问题，引入社会力量和专业公司进行管理。针对基层缺乏文化人才的问题，建立健全文化志愿服务制度，壮大文化志愿者队伍。

（3）加强文化遗产保护、弘扬中华优秀传统文化方面取得显著成效

中华民族有着悠久的历史，有着丰富的文化遗产，可以说数不尽数。中华优秀传统文化是中华民族的精神命脉，是中华民族伟大复兴的坚强基石，也是中华民族在世界文化激荡中站稳脚跟的坚实根基。党历来高度重视中华优秀传统文化保护传承工作。党的十八大强调要建设中华优秀传统文化传承体系，弘扬中华优秀传统文化。习近平总书记多次就保护和弘扬中华优秀传统文化发表重要讲话，强调要像爱护生命一样保护文物，要发挥好文物对于弘扬中华优秀传统文化的重要作用，让收藏在博物馆里的文物、陈列在广阔大地上的遗产、书写在古籍里的文字都活起来。①

一是理清家底。中国现有不可移动文化遗产76万多处，其中全国重点文物保护单位4200多处；可移动文物4000多万件，其中国家评定的珍贵文物有417万件。非物

① 2014年2月25日，习近平总书记在首都北京考察工作时强调：“历史文化是城市的灵魂，要像爱惜自己的生命一样保护好城市历史文化遗产。”［EB/OL］.2014.

质文化遗产项目近56万项，其中国家级非物质文化遗产1370多项。截至2017年7月，中国列入世界自然和文化遗产名录的文化遗产有52项，与意大利并列世界第一。列入世界非物质文化遗产名录的有39项，位居世界第一。二是加快立法。目前，文化领域的法律有三部，其中有两部是文化遗产方面的，分别是《文物保护法》和《非物质文化遗产法》。前者是1982年颁布的，后者是"十二五"期间2011年颁布的。这充分表明了中央对文化遗产法治建设的重视。三是加大文物保护力度。中央财政每年投入80多亿元对国宝级文物进行保护。按照"保护为主，抢救第一，合理利用，加强管理"的方针，我们重点加强了防火、防盗、防破坏。四是千方百计让文物活起来。国家对博物馆、展览馆、美术馆、爱国主义教育基地实行免费开放，就是要吸引观众多到博物馆去参观，接受中华传统文化的教育。五是追讨流失海外的文物。已经有一些成功返回国内的案例，但总体来说任务还很艰巨。

（4）对外及对港澳台文化交流取得了显著成就

文化在国际交往中发挥着越来越重要的作用，对于构建新型国际关系起着不可替代的作用。同时，各国综合实力竞争日益激烈，文化交流交融交锋更加频繁。以价值认同和文化影响为核心的文化软实力竞争日益凸显，文化软实力正逐渐成为国家发展的"硬支撑"。

党的十八大以来，对外及对港澳台文化交流向全方位、多层次、宽领域不断拓展，中华文化走出去步伐加快，文化交流活动丰富多彩，取得显著成效。①

一是对外文化工作影响覆盖全球。中国已与157个国家签署了文化合作协定，初步形成了覆盖世界主要国家和地区的政府间文化交流与合作网络。"欢乐春节""中国文化年（节）"等各种文化品牌活动遍及全球，成为向世界各国展示中华文化魅力的重要平台。海外中国文化中心数量到"十二五"期末增加到25个。在134个国家和地区建立了495所孔子学院和1000多个中小学孔子课堂。主流媒体国际传播能力不断提升，对外广播和电视在播出语种、播出时间和发射功率等方面取得突破性进展，节目和频道在境外覆盖范围进一步扩大。二是围绕"一带一路"倡议大力开展对外文化工作。开创了丝绸之路国际艺术节、丝绸之路国际电影节、丝绸

① 十八大以来我国文化改革发展的辉煌成就[N].光明网-《光明日报》，2015-10-10.

之路文化之旅、海上丝绸之路国际艺术节等品牌活动，提升了中华文化在沿线国家的影响力，夯实了中国与沿线国家长期友好、合作共赢的民意基础。三是对外文化工作内涵不断丰富与深化。中俄、中美、中欧、中阿、中非等人文交流合作机制向更高层次发展。通过搭建深层次思想对话平台，促进了中外智库和学界交流，一支对我友好、为我发声的国际“中国学”队伍正在逐渐形成。四是对外文化贸易体系逐步建立。“十二五”期间，中国对外文化贸易快速发展，对外文化贸易更加多元丰富，民营资本开始成为推动文化产品和服务的重要力量。五是对港澳台文化工作日益深化。坚持以文促情、以文聚心，对港澳台的交流渠道不断拓展，交流形式与内涵更加丰富。对台文化工作的文化和社会基础不断夯实，以文化认同促进民族认同和国家认同，文化成为维系两岸同胞亲情的重要纽带。

可以说，我们的对外及对港澳台文化交流在配合国家外交大局、祖国和平统一大业、提高文化软实力方面发挥了积极作用，为中国在世界舞台上赢得了更多的理解、尊重和信任，全方位展示了文化中国的形象，提升了中华文化的国际影响力。

二、中国文化创新的不足

文化的大繁荣大发展以文化产业的兴盛为前提，这需要进一步积极推动文化体制改革，促进文化产业发展。中国是文化资源大国，中华民族的文化源远流长，然而资源大国并不等同于产业大国与文化强国，中国文化产品的进口远远大于出口，现实中充斥着外来文化的舶来品和替代品。因此，中国文化产业发展就不能一味地抱残守缺，总认为中国是文化大国，只要开发本国的文化资源，就会成为产业大国。应该清醒地认识到，文化资源不等于文化产业，文化资源必须经过创新、创意后才能转换为产品、产业。文化产业发展的关键不在于文化资源的多少，而在于文化创新、创造的程度。因此，要实现文化的繁荣，一方面必须在文化资源的基础上进行创新，使传统文化时代化；另一方面，中国文化产业的发展必须保持自己的民族特性。党的十八大报告指出，建设社会主义文化强国必须通过建设面向现代化、面向世界、面向未来的，民族的科学的大众的社会主义文化。这也就表明了文化创新的宏观目标与具体尺度。“面向现代化、面向世界、面向未来”是文化创新的目标，文化应该符合时代的特征，这样才能走向世界，才有发展的前景。“民族的、科学的、大众的”说明文化创新以文化的民族性为前提，越是民族的就越是世界的；需要注意创新的手段，科学地借助文化产业化的市场规律和创造大众喜闻乐见的反映当代人的生活的文化。中国的文化产业正在不断发展的过程中，尚未发展成熟，在此过程中出现了一些创新的误区，这些误区对于文化建设来说，往往是致命的。

1. 主旋律的文化产品模式化

主流文化作为在社会经济与政治上居统治地位的阶级、阶层利益反映的思想文化，是居于社会生活主体地位的文化形态。主旋律是正统意识形态的文化表现形式，以突出执政党的领导、弘扬革命传统、倡导社会主义精神文明为根本特征。不可否认，主流文化弘扬的主旋律有助于改变唯利是图、金钱至上等消极生活价值观，但倡导主旋律的很多影片、电视剧市场反应平平，这表明主旋律的产品的创作方式存在一些问题，缺乏新颖有趣的表现方式和善于创新的人才。多年不变的僵化模式、刻板生硬的面孔正在丧失自身的影响力和感召力，主流文化要发挥其导向作用，就要改变这种文化生产方式，代之以切合实际，以大众易于接受、乐于接受、能够内化于行的方式来宣扬积极向上的价值观。

2. 文化事业发展不平衡，城乡差距不断拉大

主要表现在：第一，城乡文化发展政策失衡，农村基础设施建设严重不足。第二，城乡文化资金投入失衡，农村文化事业发展缓慢。第三，城乡居民收入不平衡，文化消费差距不断扩大。第四，城乡文化体制改革失衡，农村文化体制改革落后，无法适应农村文化事业发展的要求。对此，党的十八大报告指出，“要坚持面向基层、服务群众，加快推进重点文化惠民工程，加大对农村和欠发达地区文化建设的帮扶力度。”

3. 文化资源丰富而开发不足

中国有着丰富、优秀的文化遗产，这是举世公认的。在文化产业化过程中，如何充分挖掘丰富的文化资源，是一个十分重要的问题。我们的文化产业，在产业规模、产品质量、资源绩效、市场竞争力上和美国、日本、韩国等国家相比存在很大的差距。这说明文化资源大国并不等于文化产业强国。在文化资源呈散落状分布基础上进行的单一文化产品开发，无法形成产业规模及规模效益。作为现代社会生活的一部分，文化需求和文化消费无论呈现怎样的多样性，但它的基本趋向只能是现代生活期望的满足和补充。如何从消费市场和现代产业角度提炼文化资源的市场价值要素，进行有效的开发和利用？这是中国文化产业发展必须思考的问题。中国文化产业的未来，必将建立在对文化资源进行产业整合的基础上。

4. 肆意戏说历史与篡改历史

不同于主旋律的“正襟危坐”，近年来不少抗日剧由于其情节过度夸张、无逻辑性而饱受非议，历史遭到戏说甚至是胡说，这是另一种形式的创新枯竭。编剧创作人员的天马行空，究其原因，大都是出于追求经济利润之故。只要有看点，能吸引眼球，哪怕没有逻辑性，无任何道理，不管多么脱离现实，都会付诸生产。文化产业的一个内在目的就是追求利润，因此在建设社会主义精神文明的过程中，要适度限制资本逻辑的暴虐，分清文化产业与文化事业的界限，将文化产品的经济利益与社会利益有机协调起来，使主流文化与大众文化之间形成良性的互动，从而走出一条具有中国特色的文化创新之路。

5. “抄袭文化”大量涌现

这里的抄袭，并不是单纯意义上的照搬原文，而是指文化的复制与模仿。文化跟风的表现存在于各行各业。在旅游业方面，很多地区都模仿一个模式搞旅游。以“红色旅游”为例，领导人的故居、办公地点都成了千篇一律的旧桌椅板凳的陈设室。这不但没有发挥有效的教育作用，反而造成了红色文化资源的大量浪费。在电视产业方面，目前盛行的不是抗日剧就是宫廷斗争戏，其中不乏各种夸张，不依据事实添加的情节，易使少年儿童对历史产生错误的理解与认识。从2013年风靡中国的《爸爸去哪儿》到现在的《爸爸回来了》不是对国外综艺节目的版权购买编制，就是单纯地进行模仿，致使中国电视文化业严重缺乏原创作品。

创新是民族向前发展的原动力，创造力的减弱意味着故步自封，意味着发展的瓶颈，文化的创造力减弱不仅意味着文化的影响力趋弱，也必然会延缓、甚至桎梏经济的发展。中国现在的“山寨”、造假之风严重干扰了市场经济的正常运作秩序，很多缺乏新意的影视剧和书籍泛滥，不乏一些抄袭国外经典影视节目的题材，大量假冒伪劣的商品充斥于市场，“Made in China”（中国制造）在国外甚至受到怀疑与歧视，这些现象都折射出了文化创新性的不足。由于缺乏文化的创新性，实体产业只能“贴牌”生产一些附加值很低的产品，或是抄袭，或是造假。毫无疑问的是，假的、“山寨”的产品从长远来看，缺乏市场竞争力，也不利于经济的可持续性发展。

6. 文化体制改革发展滞后

中国的文化体制是在计划经济条件下形成的，最大的问题就是党政机关、企事业单位混在一起，职责不清，管理不顺。所以要解放和发展生产力，首先要创新管理机制，突破旧的管理模式。旧的管理模式是一个僵化的、腐朽的适用于计划经济条件下的文化发展模式，出现了许多事业性质、企业化管理的机构，这是一个落后的管理模式，结果导致人往事业靠，当干部当领导；钱往企业靠，多收入的分红。应明确政企职责，使得政企良性管理，真正解放文化生产力。中国文化单位是按照行政级次配备的，实际上是行政部门和地方部门的附属机构，没有实际权力和独立经营能力，这些文化单位体制不顺、机制不治、发展动力不足。这就使得这些文化单位始终不能发挥作用，不能发展，而发展的重点就是创新，没有了文化产品创新也就没有市场价值。目前中国的文化产业集中度低、规模小、结构也不合理，企业布局分散且势力弱小。产业配套、产品结构也存在严重的结构性弊端，由此导致条块分割、部门所有、地区垄断、封锁经营等落后的发展方式。产业内部活力不强，进入和退出机制不健全，体制性障碍没有消除，没有摆脱计划经济的影响。

7. 文化产业政策滞后

中国提出发展文化产业的战略后，制定了各种各样的文化产业发展政策。但是，有些政策是滞后的。这些政策在某种意义上起着将中国的文化事业平稳地过渡到文化产业的作用，而对于文化产业的突破性发展的作用不大。文化政策与其他政策的国际化程度相比，仍然是落后的。在文化产业政策上，还没有顾及提升文化产业在国民经济中的比重的层面，文化产业政策与文化产业战略不配套。文化体制改革的实践结果与预期目标出入较大。出现了一些文化主体的发展与文化体制改革相背离的事实。一是文化主体之间行业发展不均衡，从而制约了一些行业的产业化进程。二是投资文化产业的资金风险加大。而文化投融资体制改革是实现中国文化产业跨越式发展的关键环节。三是文化事业单位内部改革成为文化产业化的阻力。

第四节 未来中国文化创新的展望

党的十八大报告指出：“建设社会主义文化强国，关键是增强全民族文化创造活力。要深化文化体制改革，解放和发展文化生产力，发扬学术民主、艺术民主，为人民提供广阔文化舞台，让一切文化创造源泉充分涌流，开创全民族文化创造活力持续迸发、社会文化生活更加丰富多彩、人民基本文化权益得到更好保障、人民思想道德素质和科学文化素质全面提高、中华文化国际影响力不断增强的新局面。”文化创新，是党依据全面建成小康社会和实现中华民族伟大复兴而提出的重要战略任务，是建设社会主义文化强国的关键所在。针对中国文化创新的不足，在未来的中国文化创新之路上，必须做到以下七个方面。

一、根植中华文明，主动出击学习

文化要创新，一定是一个承古惠今、博采众长的过程，它既需要眼观六路、耳听八方，也需要继承中华文明的精粹。党的十八大以来，习近平总书记在多个场合谈到中国传统文化，表达了自己对传统文化、传统思想价值体系的认同与尊崇。中华文明博大精深，在世界文明史上独树一帜，中国文化资源丰富，文明成果显著，文化的创新必须要着眼于文化继承。正所谓“取其精华，去其糟粕”方能“推陈出新，革故鼎新”，根植传统文化，批判继承传统文化，不断注入时代精神，文化创新才不会成为空谈。

世界文化多元共生，不同民族之间文化交流碰撞，更是文化创新的必经之路。在互联网的影响下，信息流通、文化交流早已突破了时间和空间的局限。近年来，中国的对外文化交流不断深化，无论是海外中国文化中心建设，还是与其他国家的文化交流年，抑或是文化市场上流通的各类文化产品，文化交流的深度、广度也在逐渐拓宽，这正是学习各民族优秀文化成果的过程。文化创新不能“闭门造车”，而要“眼观六路、耳听八方”，在交流与借鉴优秀文化成果的基础上为我所用，方可以实现本民族文化的创新。

二、加强顶层设计，更新规划思路

“创新、协调、绿色、开放、共享”，是“十三五”规划建议提出的发展理念，其中更是强调应把创新置于“贯彻党和国家一切工作”的首要位置。当前，中国已经迈入了国民经济增速换挡的新常态阶段，与之相匹配，必须要在顶层设计和整体规划中进行调整，贯彻继续推进文化产业成为国民经济支柱性产业的总体目标。政府在文化创新中起到了保驾护航的导向性角色，需要在文化创新中发挥引导、规范作用。一方面，政府应当充分发挥主动性，通过政策的科学制定与更新进行好顶层设计工作，为文化创新营造良好氛围与发展空间，引导文化产业在市场中明确发展方向，把关文化产业内容创新的核心价值，在公共文化事业与文化产业双效统一的前提下进行文化创新；另一方面，政府要从更实际和有效的角度出发，及时转变陈旧的规划思路和方式，根据不同地域的实际情况和不同群体的文化需求，确保支撑文化创新的规划切实落地执行。

三、体制机制创新，盘活文化市场

文化产业的繁荣发展，是文化创新的重要抓手。文化产业的体制机制创新包含了四个方面的内容。第一，在文化管理体制上，要按照政企分开、政事分开的原则，推动政府部门由办文化向管文化转变；第二，在构建现代文化市场体系中，鼓励各类市场主体公平竞争、优胜劣汰，促进文化资源在全国范围内流动；第三，在公共文化服务体系中，既要坚定不移地确保公共文化建设普及最广大人民群众，也要引入竞争机制，由此催生出更多满足人民群众不同需求的公共文化产品；第四，在深化国有文化企业改革中，既要支持龙头企业、重点项目以创新为动力，不断提高研发生产和市场开拓能力。

此外，文化创新的动力来源于市场，随着人民群众精神文化需求日益呈现出多元化的特征，反过来推动着文化供给端的不断革新。要充分发挥市场在文化资源配置中的决定性作用，在形成统一开放、竞争有序的文化市场体系的基础上构建新型文化体制机制，只有这样才能激发全民族的文化创造力，实现文化的大发展大繁荣。

四、坚持内容为主，侧重供给发力

文化创新的关键在于文化内容的创新，随着人民群众对文化产品和服务的需求日益多元化和精良化，必须要深耕文化内容。既要继承民族优秀文化传统，确保社会主义核心价值观在文化中的引领和导向作用，同时也要借鉴世界其他国家的优秀文明成果，以新的时代内涵来提升文化产品的高度，注重内容的原创性和独特性，彰显民族特色和时代特色。在强调供给侧改革的大背景下，文化创新需着眼于市场需求，充分了解不同人群对文化的感知和消费能力，从而促进资源优化配置和整合，有的放矢地从供给端发力，提高文化产品的质量和附加值，催生出更多新的文化消费形态。

五、紧跟发展新象，拓宽发展空间

近年来，随着“一带一路”建设、京津冀协同发展、长江经济带建设等一系列与文化产业息息相关的发展建设的开展，着实为文化产业的转型升级创造了极佳的区域发展空间。与此同时，数字技术的突飞猛进、“互联网+”时代的到来，引起了科技创新的革命和发展观念的变革，互联网文化产业、移动互联网文化产业成为最主要的产业形态，为文化创新带来了千载难逢的机遇。在这样的背景下，一方面应利用好经济带沿线城市的地理优势，发挥城市群的辐射带动作用，以城市文化产业带动农村文化产业发展，缩小城乡差距。扩大对外开放合作，挖掘传统文化的现代活力和国际影响力，鼓励文创企业积极开展文化交流；另一方面，要充分认识到互联网对于传统文化内容和业态的重塑作用，利用互联网平台，实现文化、艺术、科技、人才、资金的“自由连接”，改造文化产品创作、生产、传播和消费等环节，在良好的文化创新生态体系里，打造泛文化产业生态链，并做好数据挖掘等技术储备，让基于互联网的文化内容更加丰富和多元化。

六、深化融汇互通，推动业态更新

文化产业已不再是作为单一的产业形态存在于人民群众的生活中，而是以其极强的亲和力、包容性与金融关联、与旅游融合、与科技嫁接、与互联网共生，不断催生新业态。这些新业态就是文化创新的外在呈现，为我们的生产、生活带来了可观的变化。在"十三五"时期，文化产业的融合发展将迎来2.0时代，文化产业"协同作战""融合发展"将成为中流砥柱。跨界融合，科技和文化双轮驱动，"中国制造"向"中国创造"的转型正在路上。要让文化创意和相关产业能够实现无缝对接，积极探索促成文化新业态诞生的有效途径，推动形成多要素联动、多领域协同，对内可循环、可持续，对外形成强大的资源集聚效应的文化创新生态体系。对实现文化创意企业资产增值、延伸产业价值链、推动"中国制造"向"中国创造"转型具有重要意义。

七、把握双创红利，培育人才担当

自李克强总理发出"大众创业、万众创新"的号召以来，国家先后出台了多项政策支持创新、创业及人才培育。人才是文化创新的第一驱动，无论是"文化创意+"还是"互联网+"其实质都是要依靠人才的力量。因此，应当将人才的培养作为文化创新发展的重中之重和推动文化大发展大繁荣的重要基石。要培养同时具备专业素养和实际技能的文化创新人才队伍，首先，要对高校教育体系进行大刀阔斧的改革，推动建立科学的人才培养制度，把更多的自主权交还学校，鼓励高校毕业生创新、创业，为其提供更好的创新实践平台和创业渠道；其次，要建立科学的人才评价机制，弥补中国在人才评价标准、创新评价方式等方面的不足和缺失，尤其要注重人才创新成果的认定和保护机制的完善；最后，不能忽视全民创新的氛围营造，要通过创新激励机制和政策的切实落地，让文化创新因子在全社会范围内涌动。

文化创新有利于促进经济发展，凝聚民族精神，助力民族振兴；社会发展需要文化创新来推动，人们的精神素养需要文化创新来引领。但是文化创新是一个日积月累的长期积淀过程，绝不是一蹴而就的事情。因此，文化创新的研究不可能成为“完成时”，而是“永远在路上”。深入进行文化创新的研究，推进中国文化创新活动的有效进行任重而道远。

第四章　制度创新探索与前瞻

以习近平同志为核心的党中央强调，应对当前我国发展面临的一系列矛盾和挑战，关键在于全面深化改革，要处理好解放思想和实事求是的关系、整体推进和重点突破的关系、顶层设计和摸着石头过河的关系、胆子要大和步子要稳的关系、依法改革和先行改革的关系、改革发展稳定的关系。只有注重顶层设计，才能确立深化改革开放的正确方向和科学路径，有效防止出现全局性错误或颠覆性错误，或造成范围较大的不良后果，科学的顶层设计为具体领域的改革开放明确方向和指明路径。[①]由此可见，制度创新对中国经济社会的发展起着不可忽视的重要促进作用，而制度经济学则刚好为理解中国经济体制提供了一个新的视角。根据制度经济学的理论，合理有效的制度可以减少经济活动的不确定性，约束经济主体的机会行为倾向，降低市场交易费用，给人们提供关于行动的信息，最终促进经济主体之间的合作。制度处于不断变化发展之中，制度创新的过程是一个从制度均衡到制度非均衡再到新的制度均衡的动态发展过程。

制因创新理论将创新与制度结合起来，研究制度因素与经济绩效之间的关系，强调制度环境与制度安排对经济发展的重要性。习近平在省部级主要领导干部学习贯彻党的十八届三中全会精神全面深化改革专题研讨班开班式上的重要讲话指出，党的十八届三中全会提出的全面深化改革的总目标，就是完善和发展中国特色社会主义制度、推进国家治理体系和治理能力现代化。这是坚持和发展中国特色社会主义的必然要求，也是实现社会主义现代化的应有之义。[②]

---

① 裴珍珍.国社科院学部委员程恩富谈习近平关于经济发展的重要论述[N].经济日报，2015-10-15(13).

② 习近平在省部级主要领导干部学习贯彻十八届三中全会精神全面深化改革专题研讨班开班式上发表重要讲话[EB/OL].(2014-02-17)[2017-04-22]http://news.xinhuanet.com/photo/2014-02/17/c_119374303.htm.

本章通过梳理制度创新的相关理论，分析中国制度创新的重大举措与其带来的成绩和不足，从而为中国未来制度创新提出新的展望，并为本书后续内容奠定坚实而先进的理论基础。

第一节 制度创新的内涵和意义

创新及制度创新的理论体系主要由西方国家的学者提出。熊彼特最早提出了创新理论，将创新界定为经济概念。索洛、费里曼、坎宁安进一步对创新理论进行研究，为创新理论的发展奠定了基础。以诺斯为代表的制度创新学派，把创新与制度结合起来，阐述了制度创新的理论，其后新制度学派对制度创新进行了更为深入和全面的研究。

一、制度创新的内涵

美国经济学家戴维斯和诺斯于1971年出版了《制度变革和美国经济增长》一书，此书继承了熊彼特的创新理论，研究了制度变革的原因和过程，并提出了制度创新模型，补充和发展了熊彼特的制度创新学说。以诺斯为代表的制度创新学派，把创新与制度结合起来，研究制度因素与企业技术进步和经济绩效之间的关系，强调制度环境与制度安排对经济发展的重要性。可见，推进制度创新具有重要意义，制度创新是创新发展的保障。党的十八届五中全会也提出："必须把发展基点放在创新上，形成促进创新的体制架构，塑造更多依靠创新驱动、更多发挥先发优势的引领型发展。"①

诺斯认为，制度创新是使创新者获得追加利益的现存制度安排的一种变革。制度之所以会被创新，是因为创新的预期净收益大于预期的成本，而这些收益在现存的制度安排下是无法实现的。只有人为地、主动地变革现存制度中的障碍因素，才可能获得预期的收益。卢现祥对制度创新的内容进行了界定。他认为，制度创新是

① 武力.十八届五中全会提出新的发展目标，创新摆在核心位置[EB/OL].(2015-10-31)[2017-04-22]http://politics.people.com.cn/n/2015/1031/c1001-27760482.html.

指制度主体通过建立新的制度以获取追加利润的活动，包括产权制度创新、组织制度创新、管理制度创新和约束制度创新四个方面的内容。与制度创新非常密切的一个概念是制度变迁。制度创新的过程是制度失衡与制度均衡交替变化的过程，即制度的动态变化与发展过程。制度均衡状态的打破是制度变迁的起始，制度变迁是一个连续的制度创新过程。

制度创新取决于创新主体的意愿，它涉及制度变迁的成本收益分析。一般情况下，制度创新主体的行为选择取决于制度变迁的成本收益分析，当制度变迁的预期收益高于预期成本时，制度创新主体才具有提供制度安排的意愿。整体来看，新制度学派所提出的制度创新观点具有以下特点。

制度创新一般情况下是指行为主体通过建立新的制度以获得追加利润的活动，它包括以下三个方面：反映特定组织行为的变化；组织与其环境之间的相互关系的变化；组织在环境中的支配行为与相互关系规则的变化。

制度创新既包括根本制度的变革，也包括在根本制度不变这一前提下具体制度或者体制模式的转换。

制度创新是在既定的宪法秩序和规范性行为准则下，制度供给主体为解决制度供给不足而扩大制度供给以获取潜在受益的行为。

制度创新是指能使创新者获得追加利益而对现行制度进行变革的种种措施与对策。制度创新是一个演进的过程，包括制度的替代、转化和交易的过程。

自党的十八大以来，在习近平的讲话和相关报道中，“创新”一词出现超过千次，可见其受重视程度。这些论述，涵盖了创新的方方面面，包括科技、人才、文艺、军事等方面的创新，以及在理论、制度、实践上如何创新。正如习近平在新加坡国立大学的演讲中所说的：“坚持创新发展，就是要把创新摆在国家发展全局的核心位置，让创新贯穿国家一切工作，让创新在全社会蔚然成风。”①

① 任理轩.坚持创新发展——“五大发展理念”解读之一[N].人民日报，2015-12-18(7).

二、制度创新的内容

习近平指出："要着力实施创新驱动发展战略，抓住了创新，就抓住了牵动经济社会发展全局的'牛鼻子'。抓创新就是抓发展，谋创新就是谋未来。我们必须把发展基点放在创新上，通过创新培育发展新动力、塑造更多发挥先发优势的引领型发展，做到人有我有、人有我强、人强我优。"[①]可见，只有丰富了制度创新的内容，才能打开未来发展的新局面。

制度创新，作为一种制度变革，是由产权制度创新、组织制度创新、管理制度创新和约束制度创新等四个方面组成的。

产权制度创新是指产权的各项功能在不同的产权主体之间进行重新组合，以期更好地发挥产权的各项功能，最大限度地提高资源的使用效率。产权制度创新的目标包括产权关系明确化、产权结构多元化、出资者承担有限责任三个方面。产权制度创新使产权配置更具灵活性。企业作为产权关系的载体，其经营活动实际上就是各类独立的产权主体分工合作的过程。实现各类产权主体之间的最佳组合，只有通过市场选择和市场评价才能达到。现代企业产权制度强调产权的独立性，在市场经济条件下，以产权分工和产权市场化形成产权配置进入或退出的灵活性，为社会再生产资源配置优化选择创造了便利的条件和有效途径，只有在产权主体主动选择进入或退出的行为中，产权关系才不断得以调整和完善，从而奠定企业制度创新的产权基础。

组织制度的概念有广义和狭义之分，广义的组织制度是指根据任务与情景之间的关系采取恰当行动的规则和惯例的集合，狭义的组织制度是指与工作相关的规则和标准。组织制度创新包括企业组织制度创新、科技组织制度创新、产业组织制度创新、区域组织制度创新等内容。组织制度创新是指创造有价值的、适用的新产品、新思想、新程序或新工艺的过程，是个人和团队通过互动学习不断产生新想法（组织创新水平并不是二者的简单相加）并通过竞争和多重协调来安排创新主意和

① 习近平：抓住牵动经济社会发展全局的"牛鼻子"[EB/OL].（2016-04-12）[2017-04-22] http://zt.ccln.gov.cn/2016lh/djyc/42049.shtml.

创新实践的过程。

管理制度涵盖了现代企业经营思想、经营战略及领导制度、人才开发、激励机制、组织机构、管理标准及文化特色等。管理制度创新包括了质量管理创新、人事管理创新、营销管理创新、财务管理创新、薪酬管理创新、组织管理创新、战略管理创新、风险管理创新等内容。管理制度创新是企业面临的重要课题，是对旧的管理制度方法、观念进行清理，并按照新要求确立新制度、新方法、新观念的过程。管理制度创新只有通过建立完善的企业所有权与法人财产权相分离的法人治理结构，才能实现管理的专业化和制衡化，使之由原来的利益共同体导向向命运共同体导向转变。

约束制度是指，为规范组织成员行为和便于组织有序运转并充分发挥其作用而经法定程序制定和颁布执行的具有规范性要求、标准的规章制度和手段的总称。约束制度包括国家的法律法规、行业标准、组织内部的规章制度及各种形式的监督等。约束机制可以分为外生性和内生性两种。外生性约束机制是在经济、金融运行外部形成的，体现的是人的意志；内生性约束机制是在经济、金融运行过程中自然形成的，体现的是市场的逻辑。约束制度创新主要是指外生性约束制度创新。创造公平竞争环境，是约束制度创新的落脚点，竞争是市场经济的根本法则；形成自我约束机制，是约束制度创新的根本。在市场经济中，企业是具有独立法人权利的市场主体，有自主经营的权利，其行为在受到外在约束制度规范的同时主要靠自我约束，约束制度创新要充分体现法治原则，现代市场经济是一种法治经济，依法治理是一切领域尤其是经济领域管理活动的最高层次。

党的十八大强调，要把制度建设摆在突出位置，充分发挥我国社会主义政治制度优越性。我们要坚持以实践基础上的理论创新推动制度创新，坚持和完善现有制度，从实际出发，及时制定一些新的制度，构建系统完备、科学规范、运行有效的制度体系，使各方面制度更加成熟更加定型，为夺取中国特色社会主义新胜利提供更加有效的制度保障。①

① 习近平讲话读本：充分发挥我国社会主义政治制度优越性——关于发展社会主义民主政治和依法治国[N]. 人民日报，2014-07-08(9).

三、制度创新的过程

习近平在党的十八大之后曾提到："在90多年的奋斗历程中，我们党总是认真总结革命建设改革的成功经验，及时把党的实践创新、理论创新、制度创新的重要成果体现到党章中，从而使党章在推进党的事业、加强党的建设中发挥了重要指导作用。"[①]因此，要实现制度创新，我们必然要经历一个漫长的、不断发展和完善的过程。

戴维斯和诺斯认为，因为制度创新存在着一定的停滞问题，所以制度创新将是一个长期的过程。而造成这种时滞的主要原因有：制度上的创新是一个复杂而艰难的过程，这个过程本身需要一定的时间来进行；新旧制度的替换需要有一个磨合和适应的时期，这个时期可能很长，也可能很短；一种新制度的出现要受现在法律规定的活动范围制约，如果现存法律与某种新制度相抵触，就只有等法律变更后才能实行制度创新。

戴维斯和诺斯把制度创新的全过程分为五个阶段：形成"第一行动集团"阶段（"第一行动集团"是指那些能预见到潜在市场经济利益并认识到只有进行制度创新才能获得这种潜在利益的人）；"第一行动集团"提出制度创新方案阶段；"第一行动集团"对已提出的各种创新方案进行比较和选择的阶段；形成"第二行动集团"阶段（"第二行动集团"是指在制度创新过程中帮助"第一行动集团"获得经济利益的组织和个人）；"第一行动集团"同"第二行动集团"协作努力，实施制度创新并将制度创新变成现实的阶段。

四、 制度创新的意义

习近平指出："创新是一个民族进步的灵魂，是一个国家兴旺发达的不竭动力，也是中华民族最深沉的民族禀赋。在激烈的国际竞争中，惟创新者进，惟创新

---

① 习近平谈创新[N].人民日报海外版，2016-03-01(9).

者强，惟创新者胜。”[①]

在创新体系中，管理、技术、组织创新都离不开制度创新。制度创新在整个创新体系中居于基础地位。制度创新的意义可概括如下。

1. 有效地降低交易成本

有效的制度创新能够降低市场中的不确定性风险，抑制人的机会主义行为倾向，从而降低交易成本。当一种制度的存在不能很好地降低交易成本时，就会出现制度创新，从而更好地起到降低交易成本的作用。

2. 更好地为经济提供服务

舒尔茨认为，制度的功能就是为经济提供服务。每一种制度都有其特定的功能和经济价值。如货币的特性之一是提供便利；租赁、抵押货物和期货可以提供一种使交易费用降低的合约；市场可以提供信息；保险公司可以共担风险；学校可以提供公共服务等。每一种制度都有其特定的服务与功能，而制度创新则能够更好地为经济提供服务。

党的十八大提出的实施创新驱动发展战略，就是要推动以科技创新为核心的全面创新，坚持需求导向和产业化方向，坚持企业在创新中的主体地位，发挥市场在资源配置中的决定性作用和社会主义制度优势，增强科技进步对经济增长的贡献度，形成新的增长动力源泉，推动经济持续健康发展。

3. 为加强合作创造条件

传统经济学强调了经济当事人之间的竞争而忽视了合作。从这一角度来讲，可以说制度就是人们在社会分工与协作过程中经过多次博弈而达成的一系列契约的总和。制度为人们在广泛的社会分工中的合作提供了一个基本的框架，通过规范人们之间的相互关系以及减少信息成本和不确定性，从而促进了合作的顺利进行，而制度创新则能够进一步加强这种创新。

2013年，在亚太经合组织（APEC）工商领导人峰会上习近平提出：“亚太地区应该推动创新发展。单纯依靠财政刺激政策和非常规货币政策的增长不可持续，建立在过度资源消耗和环境污染基础上的增长得不偿失。我们既要创新发展思路，也

---

① 习近平谈“十三五”五大发展理念之一：创新发展篇[EB/OL].(2015-11-10)[2017-04-22]http://cpc.people.com.cn/xuexi/n/2015/1110/c385474-27727798.html.

要创新发展手段。要打破旧的思维定式和条条框框，坚持绿色发展、循环发展、低碳发展。要不断提高创新能力，用创新培育新兴产业，用创新发掘增长动力，用创新提升核心竞争力。”①

4. 创造持续的激励机制

所谓激励就是要使经济活动当事人达到这样一种状态：他具有从事某种经济活动的内在推动力，就是调动人们的积极性。正如习近平所言：“在激烈的国际竞争中，惟创新者进，惟创新者强，惟创新者胜。”②一个有效的制度，应明确界定行为主体获取与其努力相一致的收益的权利。随着制度环境的改变，只有不断地进行制度创新，才能为组织内部的主体提供一种持续不断的激励。

5. 推进外部利益内部化

新制度经济学认为，建立排他性产权制度的过程也就是将外部性内在化的过程。科斯在《联邦通讯录》中指出，只要产权不明确，外部性带来的危害是不可避免的，只有明确产权，才能消除外部性带来的危害。产权制度及其相应的制度创新有利于将外部收益内部化，这是新制度经济学关于制度创新的重要观点。可见，有效的制度创新能够推进外部利益内部化。

总体来说，制度创新的功能体现在以上几点，并通过上述内容为各主体提供有效信息和正向或反向的刺激，从而改变这个个体的行为，提高资源配置效率，促进社会进步。在2015年的一次讲话中，习近平说道：“世界经济长远发展的动力源自创新。总结历史经验，我们会发现，体制机制变革释放出的活力和创造力，科技进步造就的新产业和新产品，是历次重大危机后世界经济走出困境、实现复苏的根本。”③因此，为迎接知识经济时代的到来，我们在扎扎实实地搞好技术创新、知识创新的同时，必须要高度重视制度创新，把它放在十分突出的地位来加以研究和推进。

① 习近平.积极参与多边事务——深化改革开放，共创美好亚太[EB/OL].(2015-07-21)[2017-04-22]http://cpc.people.com.cn/xuexi/n/2015/0721/c397563-27338285.html.

② 习近平谈创新[N].人民日报海外版，2016-03-01(9).

③ 习近平.创新增长路径 共享发展成果——在二十国集团领导人第十次峰会第一阶段会议上关于世界经济形势的发言[EB/OL].(2015-11-06)[2017-04-22]http://politics.people.com.cn/n/2015/1116/c1024-27817591.html.

第二节　中国制度创新的重大举措

习近平指出，自力更生是中华民族自立于世界民族之林的奋斗基点，自主创新是我们攀登世界科技高峰的必由之路。[①]随着全球化的脚步、发展不断加快、深入，中国正在改变传统的权力运行机制、政治传播方式、政治组织结构和政治文化，全球化促使中国政府从传统的善政，走向现代的善治。中国近年来的制度创新带给政治生活的变化充分说明了这一点。

中国改革开放的过程，就是一个冲破自我封闭、努力走向世界的制度创新的过程。改革开放的总设计师邓小平把国内的改革与对外开放有机地结合在一起，反映出邓小平对我们所处这个时代的一种深刻把握：在经济全球化的背景下，国内事务与国际事务已经不可分割地联系在一起，国内的发展离不开对外开放，对外开放势必影响国内发展。

改革开放后中国政府先后签署一列国际人权公约，超越国界的普遍政治价值的存在已经开始为越来越多的中国人所接受。而公民的政治价值、政治意识和政治态度决定着其政治行为的性质和方式，改革开放以后中国公民政治文化的变化，必然导致社会政治生活的变化，也必然会通过政治生活的变化反映出来。20世纪80年代以来，中国政治的下述制度创新所带来的重要变化直接或间接反映了在全球化浪潮冲击下不断改变着的政治文化。

党和国家开始适度分离。改革伊始，党的领导人就把“党政分开”作为改革的重要内容，一度甚至作为政治体制改革的突破口。经过多年的努力，虽然远没有达到党政分开的理想目标，但毕竟取得了一些重要的进展。这方面最重要的两个进展是，第一，中国共产党正式宣布，当不得凌驾于法律之上，必须在国家法律的范围内活动。“新的党章关于‘党必须在宪法和法律的范围内活动’的规定，是一项极其重要的原则。从中央到基层所有党组织和党员的活动都不能同国家的宪法、法律相抵触，都只有模范地遵守宪法和法律的义务，而没有任何超越宪法和法律的特

① 中国科协党组.新时期推动科技创新的行动指南——深入学习贯彻习近平同志关于科技创新的重要论述[N].人民日报，2014-08-11(7).

权。”第二，党不再代替政府作为直接的行政管理机关。党的十三大政治报告专门论述了党政分开，党不得代替政府直接行使行政管理职能：政治体制改革的关键首先是党政分开，党政分开即党政职能分开。“党领导人民建立了国家政权、群众团体和各种经济文化组织，党组织应当保证政权组织充分发挥职能，应到充分尊重而不是包办群众团体以及事业单位的工作。”并且重申，党对国家的领导不是简单的行政领导而是“政治领导，即政治原则、政治方向、重大决策的领导和向国家政权机关推荐重要干部。” 2016年7月1日，习近平在庆祝中国共产党成立95周年大会上的讲话中指出：“我们要把完善和发展中国特色社会主义制度、推进国家治理体系和治理能力现代化作为全面深化改革的总目标，勇于推进理论创新、实践创新、制度创新以及其他各方面创新。”①经过几十年的不断努力，中国的政党制度在创新发展的过程中日益完善，并不断发挥着巨大的优越性。

地方政府制度创新。随着政治观念的转变和政治环境的转变，近些年来，地方政府特别是基层政府出现了一种制度创新的强大动力，创新成为一种自觉的行为，具体表现为以下几个方面。

一、政治透明方面

政务公开。即党政领导机关在制定重大政策之前广泛听取相关专家和群众对该项政策的意见和建议，并且在可能的情况下吸收有关人员参与决策的过程，避免重大决策过程的“拍脑袋”“一言党”，使政策在颁布和实行之前能够为公众所知。

警务公开。在涉及公民切身利益的治安、户政、拘留等问题上，使相关当事人知晓这些警政事务，并进行相应的警务监督。

司法公开。主要是公开审判，在一般民事和刑事案件审判时，允许公民旁听。

检务公开。即对当事人或公众公开相关的检察事务，并允许律师提前介入对犯罪嫌疑人的起诉过程。

任前公示。即党政权力部门的领导人在正式任命前，将拟任人选的有关情况公

① 习近平.在庆祝中国共产党成立95周年大会上的讲话[N].人民日报，2016-07-02(2).

布于众，在规定的期限内听取公众对候选人的意见。

政府上网。即通常所称的“电子政府”，政府在互联网上发布的政务信息，在网上办公，直接处理公务和接受公民访问。

二、行政服务方面

市长热线。设置24小时的市长专用热线电话，公民可直接通过电话对政府的政策和行为提出批评、意见和建议，由政府负责处理。

领导下访。即主要领导干部如市长、县长、乡镇长、书记，率领同级党政机关的主要负责人，定期到基层现场办公，听取公民的申诉、请求、建议，遇到能够当场解决的问题的，责成各部门当场解决；当场解决不了的，则限期解决或对当事人做出答复和解释。

扶贫济弱。政府制订具体的计划和措施，帮助贫困的群众或社会弱势群体在一定的期限内摆脱贫弱状态。

治安联防。建立社区巡逻制度、110接警制度，预防刑事犯罪。

全民教育。在农村和城市社区设立各种义务学校，免费为居民提供学习知识的机会，提高全民受教育水平。

三、干部选拔和权力制约方面

干部竞争上岗。公开发布领导岗位的招聘信息，鼓励有资格的公民前来应聘，公平竞争，择优录取。目前，公开选拔和竞争上岗的领导职务最高级别已到达厅局级干部。

乡镇长直接选举。在一些省市，近年来将直接选举从村民委员会主任向上扩展至乡镇长。如，四川省步云乡乡长的直接选举，深圳大鹏镇的“三轮两票”制选举镇长等创新举措。

公推公投：两票制。在一些基层，对党支部书记的候选人采取党内和党外共同推选的办法，党内选举和党外推选相结合。

行政诉讼。即通常所说的“民告官”，公民可以就违反法律、法规的政府行为向法院起诉，法院判决政府败诉的行政行为，公民有权要求政府对其侵权行为对公民造成的损失进行赔偿。

离任审计。党政干部在即将离开原领导职务之前，接受政府的财务审计，以确定其在任职期间是否在财务上违反国家的法律和党的纪律。

舆论监督。一些地方政府制定专门的法规，保证新闻媒体对政府行为的监督，特别是对政府官员违法乱纪行为的曝光和批评。

四、行政效率和廉洁自律方面

简化行政审批手续。许多地方政府提供“一条龙”的行政办公服务，缩短审批时间，减少行政成本。

强化行政责任。实行各种形式的承诺制度，避免出现相互推诿“踢皮球”的情况。

急事急办制度。针对一些政府公共服务方面的紧急事务，则需要打破正常的行政程序，具体问题，具体分析，随时处理。

党的十八届三中全会后各项制度建设进一步创新。习近平指出，面对新形势新任务新要求，全面深化改革，关键是要进一步形成公平竞争的发展环境，进一步增强经济社会发展活力，进一步提高政府效率和效能，进一步实现社会公平正义，进一步促进社会和谐稳定，进一步提高党的领导水平和执政能力。[①]一系列重大问题与重大举措方面的创新成果大致归纳如下。

1. 坚持和完善基本经济制度必须坚持“两个毫不动摇”

在功能定位上，明确公有制经济和非公有制经济都是社会主义市场经济的重要组成部分，都是中国经济社会发展的重要基础；在产权保护上，明确提出公有制经济财产权不可侵犯，非公有制经济财产权同样不可侵犯；在政策待遇上，强调坚持权利平等、机会平等、规则平等，实行统一的市场准入制度；鼓励非公有制企业参

① 习近平.关于《中共中央关于全面深化改革若干重大问题的决定》的说明[EB/OL].(2013-11-15)[2017-04-22] http://news.xinhuanet.com/politics/2013-11/15/c_118164294.htm.

与国有企业改革，鼓励发展非公有资本控股的混合所有制企业，鼓励有条件的私营企业建立现代企业制度。这一系列举措将推动非公有制经济健康发展。

2. 深化财税体制改革

要实施全面规范、公开透明的预算制度，适度加强中央事权和支出责任，将国防、外交、国家安全、全国统一市场规则和管理等作为中央事权；将部分社会保障、跨区域重大项目建设维护等作为中央和地方共同事权，逐步理顺事权关系；中央可通过安排转移支付将部分事权支出责任委托地方承担；对于跨区域且对其他地区影响较大的公共服务，中央通过转移支付承担一部分地方事权支出责任。

3. 健全城乡发展一体化体制机制

一是加快构建新型农业经营体系。主要是坚持家庭经营在农业中的基础性地位，鼓励土地承包经营权在公开市场上向专业大户、家庭农场、农民合作社、农业企业流转，鼓励农村发展合作经济，鼓励和引导工商资本到农村发展适合企业化经营的现代种养业，允许农民以土地承包经营权入股发展农业产业化经营等。二是赋予农民更多财产权利。主要是依法维护农民的土地承包经营权，保障农民集体经济组织成员权利，保障农户宅基地用益物权，慎重稳妥推进农民住房财产权抵押、担保、转让试点。三是推进城乡要素平等交换和公共资源均衡配置。主要是保障农民工同工同酬，保障农民公平分享土地增值收益；完善农业保险制度；鼓励社会资本投向农村建设，允许企业和社会组织在农村兴办各类事业；统筹城乡义务教育资源均衡配置，整合城乡居民基本养老保险制度、基本医疗保险制度，推进城乡最低生活保障制度统筹发展，稳步推进城镇基本公共服务常住人口全覆盖，把进城落户农民完全纳入城镇住房和社会保障体系。

4. 推进协商民主广泛多层制度化发展

即强调在党的领导下，以经济社会发展重大问题和涉及群众切身利益的实际问题为内容，在全社会开展广泛协商，坚持协商于决策之前和决策实施之中。要构建程序合理、环节完整的协商民主体系，拓宽国家政权机关、政协组织、党派团体、基层组织、社会组织的协商渠道；深入开展立法协商、行政协商、民主协商、参政协商、社会协商；发挥统一战线在协商民主中的重要作用，发挥人民政协作为协商民主重要渠道的作用，完善人民政协制度体系，规范协商内容、协商程序，拓展协商民主形式，更加活跃有序地组织专题协商、对口协商、界别协商、提案办理协商，增加协商密度，提高协商成效。

5. 改革司法体制和运行机制

中央对此出台了一系列相互关联的新举措，包括改革司法管理体制，推动省以下地方法院、检察院人财物统一管理，探索建立与行政区划适当分离的司法管辖制度；健全司法权力运行机制，完善主审法官、合议庭办案责任制，让审判者裁判、由裁判者负责；严格规范减刑、假释、保外就医程序；健全错案防止、纠正、责任追究机制，严格实行非法证据排除规则；建立涉法涉诉信访依法终结制度；废止劳动教养制度，完善对违法犯罪行为的惩治和矫正法律；等等。

6. 健全反腐败领导体制和工作机制

其主要内容是加强党对党风廉政建设和反腐败工作的统一领导，明确党委负主体责任、纪委负监督责任这一制度，制定实施切实可行的责任追究制度；健全反腐败领导体制和工作机制，改革和完善各级反腐败协调小组职能，规定查办腐败案件以上级纪委领导为主；体现强化上级纪委对下级纪委的领导，规定线索处置和案件查办在向同级党委报告的同时必须向上级纪委报告；全面落实中央纪委向中央一级党和国家机关派驻纪检机构，改进中央和省区市巡视制度，做到对地方、部门、企事业单位全覆盖。

7. 加快完善互联网管理领导体制

创新互联网管理领导体制，要求坚持积极利用、科学发展、依法管理、确保安全的方针，加大依法管理网络力度，完善互联网管理领导体制。目的是整合相关机构职能，形成从技术到内容、从日常安全到打击犯罪的互联网管理合力，确保网络的正确运行和安全。

8. 设立国家安全委员会

国家安全和社会稳定是改革发展的前提。只有国家安全和社会稳定，改革发展才能不断推进。当前，中国面临对外维护国家主权、安全、发展利益，对内维护政治安全和社会稳定的双重压力，各种可以预见和难以预见的风险因素明显增多。而我们的安全工作体制机制还不能完全适应维护国家安全的需要，需要搭建一个强有力的平台统筹国家安全工作。党的十八届三中全会提出设立国家安全委员会，加强对国家安全工作的集中统一领导，统筹协调涉及国家安全的重大事项和重要工作。

国家安全委员会的主要职责是制定和实施国家安全战略，推进国家安全法治建设，制定国家安全工作方针政策，研究解决国家安全工作中的重大问题。

9. 健全国家自然资源资产管理体制和完善自然资源监管体制

中国生态环境保护中存在的一些突出问题，在一定程度上与体制不健全有关，原因之一是全民所有自然资源资产的所有权人不到位，所有权人权益不落实。针对这一问题，党提出健全国家自然资源资产管理体制的要求。总的思路是按照所有者和管理者分开和一件事由一个部门管理的原则，落实全民所有自然资源资产所有权，建立统一行使全民所有自然资源资产所有权人职责的体制。

10. 成立中央全面深化改革领导小组

中央成立全面深化改革领导小组，负责改革总体设计、统筹协调、整体推进、督促落实。这是为了更好发挥党总揽全局、协调各方的领导核心作用，保证改革顺利推进和各项改革任务落实。

第三节　中国制度创新取得的成绩和不足

中国特色社会主义制度创新的过程也是中国社会发展不断取得进步的过程，是中国经济社会发展的历史规律性与中国共产党创造性相结合的产物。党的十八大报告指出："全面建成小康社会，必须以更大的政治勇气和智慧，不失时机深化重要领域改革，坚决破除一切妨碍科学发展的思想观念和体制机制弊端，构建系统完备、科学规范、运行有效的制度体系，使各方面制度更加成熟更加定型。"在践行党的十八大精神过程中，中国的制度创新迈上了一个新台阶。

一、经济制度创新

1. 农业经济制度

（1）农村基本经营制度创新

党的十八大报告首次提出改革征地制度，强调要"提高农民在土地增值收益中的分配比例”[①]。土地制度改革也成为党的十八大报告的主要亮点之一。

报告申明坚持和完善农村基本经营制度，依法维护农民土地承包经营权、宅基地使用权、集体收益分配权等。创新的重要成果包括：积极开展土地产权制度改革试点，着力形成产权明晰、权能明晰、权益保障、流转畅通、合理分配的农村集体土地产权制度；将农村土地流转与增减挂钩相结合，科学制定城乡土地利用总体规划；加快推进土地管理制度和农村土地股份制改革研究；围绕农村集体土地流转和宅基地管理，集中力量突破难点，以最大的改革共识保障宅基地的取得和退出，推动集体土地有序进入市场等。

2014年9月举行的中央全面深化改革领导小组第五次会议强调，要在坚持农村土地集体所有的前提下，促使承包权和经营权分离，形成所有权、承包权、经营权“三权分置”、经营权轮流转的格局。

“三权分置”坐实了农民集体所有权，做强了农民集体经济，它将农民承包经营权财产化，使农民得以摆脱土地的束缚，并让擅长种地者取得了土地使用权，实现了农地集约化和规模化经营。但也有专家指出，从目前情况而言，农地“三权分置”并不能解决当前农民土地权利不完整、缺乏制度保障的问题，也不涉及集体土地所有制改革问题，更多集中于提高规模经营深度和灵活性的问题。

（2）农业支持保护制度创新

农业支持保护制度是现代化国家农业政策的核心，是中国发展现代农业的必然要求。党的十八大以来，国家财政对“三农”的投入快速增长，农业补贴涵盖的范围越来越宽，构建了一套适合中国国情的比较完整的农业支持保护体系。

为了更加从容地解决“市场失灵”和“政府失灵”问题，我们发挥政府和市场的长处，摒弃政府和市场的短处，灵活创新农业支持保护制度，建立了农村农业投入稳定增长机制、农产品价格形成机制和农业补贴制度、农业可持续发展长效机制，实现了政府与市场作用的有机结合。

农业支持保护制度的实施也必然不是一帆风顺的，许多现实难题仍需花时间、花力气来攻克。如，农业经营主体扶持机制有待完善，登记注册制度与信息监测机

① 十八大报告首次写入征地制度改革内容[EB/OL].（2012-11-09）[2017-04-22] http://news.sina.com.cn/c/2012-11-09/050025540978.shtm.

制尚未建立，农村金融保险支持体系有待完善，新型职业农民培养机制有待完善等问题亟待解决。再如，配套法律制度供给不足。中国有关农业生产经营的制度供给不足，不仅表现在政策法规的颁布往往滞后于实践，还表现在即使颁布了相关政策，在实践中往往也因种种原因而难以落实。

（3）农村金融制度创新

《深化农村改革综合性实施方案》明确指出，必须不断创新农村金融服务模式，全面提升农村金融服务水平，促进普惠金融发展，加快建立适应中国农业生产特点的多层次、广覆盖、可持续、竞争适度、风险可控的现代农村金融体系。①

2014年12月，中国银监会先后发布三个指导性文件，从加大引进民间资本力度、稳步推进村镇银行全覆盖，到支持民间资本平等参与农村信用社产权改革，再到完善农村商业银行监督管理和考核机制。截至2014年10月底，全国已组建村镇银行1171家，已开业村镇银行总资产达到7279亿元。可见，中国农业金融制度创新取得了不小的成果。

农村金融制度创新的下一过程需要解决的问题也很多，这些问题的解决并非一朝一夕之力，而是要在经济社会不断完善、经济发展质量不断提高的基础上得以完成。"城乡二元"失衡长期得不到解决并日益加剧，难以形成金融资金流向"三农"的正向机制；当前农村的金融机构、产品及服务缺乏多样性，以至于现有农村金融体制机制无法满足现代农业及农村市场快速变化的金融需求；受中国农村土地制度的限制，农村家庭主要资产难以实现资本化，使得农村合作金融发展滞后；农业与农村金融的统筹协调弱，在全国层面缺乏统一的农村经济与农村金融协调发展机制。如不尽快走出当前所面临的发展困境，中国的"三农"问题必然也不会得到彻底解决。

2. 金融制度创新

党的十八大报告中对中国未来金融制度的发展提出了几个重要目标："深化金融体制改革，健全促进宏观经济稳定、支持实体经济发展的现代金融体系，加快发展多层次资本市场，稳步推进利率和汇率市场化改革，逐步实现人民币资本项目可

① 中共中央办公厅 国务院办公厅印发《深化农村改革综合性实施方案》[EB/OL].（2015-11-02）[2017-04-22] http://www.gov.cn/zhengce/2015-11/02/content_2958781.htm.

兑换。加快发展民营金融机构。完善金融监管，推进金融创新，提高银行、证券、保险等行业竞争力，维护金融稳定。”①

（1）竞争性金融体制的建立

随着多元化金融机构体系、多层次的金融市场体系以及分业经营与分业监管体系的建立和完善，在中国金融市场化改革的过程中，竞争性的金融体制日益确立。这一体制的创新不仅对中国金融制度创新起到了积极的推动作用，更为促进中国金融高效运行创造了条件。

（2）金融机构体系制度创新

首先，中央银行体制日趋完善，能够通过有效防范和化解潜在的系统性金融风险来维护国家金融秩序的稳定；其次，建立了政策性银行制度，这不仅可以弥补国家建设资金的不足，还能使政府用少量的资金支出引导较大的社会资金流向；再次，商业银行制度得以完善，四大国有商业银行在中国金融体系中占据重要地位，极大地促进了国民经济的运行与社会发展，其他商业银行机构随着市场发展的需求也充分发挥着银行业促进金融和经济发展的关键作用；最后，非银行金融机构制度得以完善，其迅速发展促使金融行业服务水平提高，完善了金融机构的组织体系，并最终形成了中国多元化、多样化的金融机构体系。

（3）金融市场体系制度创新

其一，资本市场的制度得以创新，建立了多层次的市场体系，信息披露准则全面更新，信息披露制度日臻完善，尤其随着创业板开启、新三板的运行以及沪港通的实施，结构合理、布局完善、功能齐备的多层次资本市场体系雏形终将在中国出现；其二，货币市场的制度得以创新。目前银行间债券市场已经成为发展最快、规模最大的资金市场；其三，汇率和期货市场的制度得以创新，有管理的浮动汇率制度初步形成，国内期货交易的规模也在稳步增长，相关法治建设仍在不断推进，投资者结构更是日益优化。

（4）金融宏观调控制度创新

经过多年的摸索，中国特色社会主义市场经济宏观调控体系已初步形成。中国

① 胡锦涛.坚定不移沿着中国特色社会主义道路前进，为全面建成小康社会而奋斗——在中国共产党第十八次全国代表大会上的报告[N].人民日报，2013-08-01(1).

宏观经济调控方式的建立，使经济管理摆脱了政府的纯粹干预，逐步实现了由直接管理为主向间接管理为主、由微观管理为主向宏观管理为主、由指令性计划为主向指导性计划为主的转变。

金融宏观调控手段发生了不小的转变，这也使得调控手段更为灵活、有效；宏观调控政策体系不断完善，并辅之以配套的宏观经济政策体系，实现了政府对国民经济的科学管理和有效调节。

（5）金融监管制度创新

第一，金融市场确立了“三足鼎立”的分业监管制度，三个监管部门各司其职并分工合作，提高了监管效率和监管的专业化水平；第二，确立了市场化的审慎监管方式，有助于中国金融体系增强对抗风险的能力；第三，强化了金融监管法律制度建设，《中华人民共和国商业银行法》《中华人民共和国保险法》《中华人民共和国票据法》《中华人民共和国证券法》以及《储蓄管理条例》《外汇管理条例》《金融机构管理规定》《贷款通则》等一系列法律、行政法规、金融规章的颁布，使中国金融监管制度走向了规范化的道路，金融法规建设不断完善，提高了监管的权威性，维护了金融秩序和金融体系，并为当局实施金融监管提供了充分的法律依据。

当然，我们除了正确认识目前金融制度创新取得的成果之外，还需要客观地认知到其中的问题与不足。如：理论研究不足，“顶层设计”缺失，没有实现微观金融主体的利益，国有银行的现代企业制度不够完善，金融市场制度缺乏活力等，这些问题都需要我们在新一轮的金融制度创新过程中逐一解决。

3. 企业制度创新——国企改革的制度创新

习近平多次强调，国有企业是壮大国家综合实力、保障人民共同利益的重要力量，必须理直气壮做强做优做大，不断增强活力、影响力、抗风险能力，实现国有资产保值增值。[①]李克强总理也指出，面对新常态、新形势，要认真贯彻党中央、国

① 习近平：理直气壮做强做优做大国有企业［EB/OL］.（2016-07-04）［2017-04-22］http://news.xinhuanet.com/fortune/2016-07/04/c_1119162333.htm.

务院决策部署，牢固树立新发展理念，坚持不懈推动国有企业改革。[①]习近平的重要指示和李克强的批示为国企改革指明了新的方向。

党的十八大以来，党中央召开了多次会议，部署国企改革，在一系列新政的实施下，中国国企改革取得了新进展。首先，党的十八届三中全会提出，推动国企完善现代企业制度，国有资本继续控股经营的自然垄断行业，实行以政企分开、政资分开、特许经营、政府监管为主要内容的改革，根据不同行业的特点实行网运分开、放开竞争性业务，推进公共资源配置市场化，并鼓励非公有制企业参与国企改革；其次，国资委开展了央企"四项改革"试点，包括改组国有资本投资公司试点、发展混合所有制经济试点、董事会实行高级管理人员选聘、业绩考核和薪酬管理职权试点以及派驻纪检组试点；同时，中央深改小组会议通过了关于央企主要负责人薪酬制度改革的方案，以适应国有资产管理体制和国有企业改革进程，逐步规范国有企业收入分配秩序，实现薪酬水平适当、结构合理、管理规范、监督有效，对不合理的偏高、过高收入进行调整。

面对错综复杂的国际与国内环境，国有企业仍然存在一些棘手的问题难以突破。当前，国企改革进入深化阶段，各种新问题也随之而来，公司治理结构不够完善，股权结构不够合理，国有股"一股独大"，国有企业家队伍素质参差不齐，职业经理人市场不够成熟，国有企业的政策性负担较重等问题亟待我们解决。

4. 对外开放制度创新——中国（上海）自由贸易试验区

当前，全球范围内自由贸易区的数量不断增加，自由化水平也显著提高。面对中国经济发展的新常态，中国所处的外贸发展环境机遇和挑战并存，加快实施自由贸易区战略无疑是中国适应经济全球化新趋势的客观要求，也是全面深化改革、构建开放型经济新体制的必然选择。

习近平指出，加快实施自由贸易区战略，是我国新一轮对外开放的重要内容，是中国积极运筹对外关系、实现对外战略目标的重要手段。[②]当前，中国已批准设立

① 李克强：以深化改革的红利增强国企活力和竞争力在推动我国经济提质增效中实现升级发展[EB/OL].（2015-09-20）[2017-04-22] http://www.gov.cn/guowuyuan/2015-09/20/content_2935535.htm.

② 习近平：加快实施自由贸易区战略 加快构建开放型经济新体制[EB/OL].（2014-12-06）[2017-04-22] http://news.xinhuanet.com/politics/2014-12/06/c_1113546075.htm.

的自由贸易试验区有：中国（上海）自由贸易试验区、中国（天津）自由贸易试验区、中国（广东）自由贸易试验区、中国（福建）自由贸易试验区等11个。

中国自由贸易试验区建设取得了不小的成果，在此以上海自由贸易区为例。上海自由贸易试验区运行四年，始终坚守国家所设立的基本目标。它成立的初衷并非对现有“综保区”的一种简单升级，而是国家对接国际投资贸易新规则时的一种制度创新。在上海自贸区的总体方案中，设定了五大目标，即加快政府职能转变，扩大投资领域开放，推进贸易发展方式转变，深化金融领域开放创新，完善法治领域制度保障。经过四年的实践，上海自贸区在加快政府职能转变方面取得了长足的进展，并建立了负面清单管理制度，探索了中国对外开放的新路径和新模式；同时，上海自贸区坚持循序渐进的开放原则，探索最佳的开放路径，使开放措施能够最大限度地得以实施；上海自贸区还坚持扩大开放与事中事后监管体制建设相结合，以保证业务范围扩大后的市场秩序。

诚然，上海自贸区在其他几个目标方面，或多或少都与当初预期达到的结果有一定差距，尤其是通过服务业的开放促进服务贸易的发展这一制度成效还不特别明显。因此，以国际服务贸易新规则来制定服务业开放的路线图，应当成为下一轮上海自贸试验区工作的重中之重。

二、其他领域制度创新

1. 文化制度创新

改革开放特别是党的十六大以来，我党始终把文化建设放在党和国家全局工作的重要战略地位。其中，文化制度创新是文化改革的重点，是文化发展的前提。

在改革实践中，中国积极推进经营性文化单位转企改制，国有文化单位市场主体缺失的状况得到明显改善。目前，全国经营性文化事业单位有4000多家，核销事业编制18万个以上，中国的文化产业正朝着更高目标健康有序发展。

中国正确区分了公益性文化事业和经营性文化产业，积极探索文化事业单位改革，不断创新公共文化服务运行机制，公共文化服务质量和水平明显提高。

党中央和国务院各部门先后制定了一系列支持改革试点和产业发展的政策措

施，如税收优惠政策、财政支持政策等，并积极探索市场化的文化投融资机制，探索以国有资本为主体，广泛吸纳社会资本，打造混合经济结构的文化市场战略投资者，并取得了显著的成效，促进了文化产业的快速成长。

各试点地区积极推动文化市场流通体制改革，着力发展连锁、物流等新兴文化流通组织业态，培育了市场流通主体，积极破除长期以来中国文化市场存在的各种弊端，促进了文化资源和要素的自由流动和优化组合，对于发展和完善中国的文化产品和要素市场，促进文化产业发展起到了积极的推动作用。

创新政府管理和市场监管体制，为文化管理体制方面的政出多门、职能交叉、条块分割以及市场监管中的“越位”“缺位”问题的解决起到了积极作用。

中国在开放文化市场投资准入门槛、发展民营和混合文化市场主体、调动全社会参与文化建设等方面取得了突破性的进展。至此，以公有制为主体、社会资本和外资广泛参与的文化产业发展格局初步形成，这也积极促进了中国文化产业快速、健康、有序发展。

文化制度改革是一项非常复杂、艰巨的系统工程，需要有诸多的配套措施。中国的文化制度创新起步较晚，创新的思想理论和工作准备不足，市场在文化资源和要素配置中的基础性作用也并未完全发挥，传统体制还没有完全退出历史舞台，管办不分、政企不分、政事不分、政资不分等顽疾还在影响着文化生产力的发展，这都是文化制度创新过程中所面临的问题与不足。

2. 社会制度创新

改革开放至党的十六大前，党和国家基于制度问题更带根本性、全局性、稳定性和长期性的深刻认识，先后创新了社会管理制度、社会保障制度、劳动就业制度、基础教育制度、医疗卫生制度等，顺应了政治、经济、文化体制创新的新形势和社会生活领域的新变化，形成和发展了符合当代中国国情、充满生机活力的新的体制机制，为中国经济繁荣发展、社会和谐稳定提供了有力的制度保障。党的十八大以来，党和国家更是大力推动和谐社会建设，继续深化社会制度的改革创新。

在创新社会管理制度方面，切实转变社会管理理念，初步形成了“党委领导、政府负责、社会协同、公众参与”的社会管理格局，进一步完善了社会管理制度体系，使中国在经济社会深刻变革和急剧转型的过程中，社会大局始终保持稳定。

在创新社会保障制度方面，进一步完善了城市各项社会保障制度，如企业职工养老制度改革、全面实施工伤保险制度等，并大力推进农村社会保障制度改革与建设，积极推进新农合医疗制度建设，进一步完善农村五保供养制度，这一系列的创新举措，使中国社会保障制度建设进入以政府基本公共服务均等化为主线统筹城乡、全面覆盖、健全体系、完善机制为主要目标和着力点的新阶段。

在创新劳动就业制度方面，中国确立了就业优先发展战略，实施了积极的就业政策，大力促进农村劳动力在非农产业转移就业，并同时努力建立健全公共就业服务体系。至此，市场机制已经在劳动力资源配置中发挥基础性作用，劳动者自主择业、市场调节就业、政府促进就业的就业机制框架基本形成，面向全体劳动者的职业培训体系基本建立，覆盖城乡的公共就业和人才服务体系基本形成。

在创新基础教育制度方面，中国建立了困难学生资助体系，继续实行城乡免费义务教育制度，建设城乡一体化义务教育机制，推进教育制度全面改革，这为推动教育的协调发展、促进教育公平、认真解决人民群众关心的教育热点难点问题起到了积极作用，创造了新时期基础教育又好又快发展的新局面。

在创新医疗卫生制度方面，中国加强了公共卫生服务体系建设，国家基本药物制度初步确立，医疗卫生服务体系日益健全，基层医疗卫生机构综合改革深入推进，公立医院改革试点积极推进，医疗卫生制度创新取得重大的阶段性成效。

中国社会制度创新虽已取得重大成果，但我们必须清醒地认识到，由于中国政治、经济、文化等领域发展的不协调，当前的社会制度还不完善，有许多不足，如城乡社会保障发展不平衡，管理服务体系不健全，“看病难、看病贵”问题仍未得到切实解决，体制性、结构性等深层次矛盾突出等。只有继续加强社会制度创新，深化社会体制改革，这些不足才能逐渐得以解决。

3. 生态文明制度创新

当前，面对能源资源相对不足、生态承载能力不强的现状，党的十八大明确指出，要大力推进生态文明建设，深入实施可持续发展战略，将生态文明建设上升到“五位一体”发展的战略高度，重新平衡社会经济发展与环境的关系。

中国生态文明制度创新成果大致总结如下。

覆盖法律法规、国家管理体制、社会生产领域等诸多方面的生态环境保护制度逐步形成，对中国社会生产过程中环保问题的解决起到了有效的促进作用。

科学的生态文明制度创新理论体系日益形成并不断完善，中国特色社会主义生态理论从最初的萌芽阶段发展形成相对成熟的生态文明建设理论体系。当前，保护环境已经成为了中国法律所规定的一项基本国策，这也表明了中国实行可持续发展战略和深入贯彻落实科学发展观的决心。种种制度创新成果都突出了对生态文明建设的重视程度，做到了推进现代化与建设生态文明的有机统一。

然而，从中国生态文明制度创新与建设过程和结果来看，在生态环境保护制度、生态环境管理体制建设以及生态文明制度创新社会意识等方面，现阶段仍旧存在许多问题需要解决。如，中国生态建设相关法律法规内容不完善，环境污染无法可依；生态环境管理体制不合理，现代公共治理体制不完善；生态文明制度创新社会意识缺乏，公众力量在环境保护方面所拥有的潜力未得到开发和重视等。

生态文明建设具有艰巨性、复杂性、创新性，我们必须加快生态文明制度创新，以便为生态文明建设的具体实践和现代化的快速发展提供有力的制度保障。

第四节　未来中国制度创新展望

党的十八大报告提出建设中国特色社会主义，总布局是经济建设、政治建设、文化建设、社会建设和生态文明建设五位一体。[①]“五位一体”总布局是一个有机整体，其中经济建设是根本，政治建设是保证，文化建设是灵魂，社会建设是条件，生态文明建设是基础。因此，中国未来的制度创新便应从这五个方面继续推进并不断深化，增强创新意识，开阔创新视角，拓宽创新领域，优化创新质量，把中国特色社会主义理论体系与中国制度体系创新有机结合，科学把握中国特色社会主义制度体系的内在要求，全面认识中国特色社会主义制度体系的内涵和特点，力求使各项制度创新成果更加符合新时期中国社会主义建设的规律和时代要求，切实解决现代化建设中的各种矛盾问题，推动中国社会生产的持续发展。

首先，未来中国特色社会主义制度的创新要继续拓宽创新的视角以及创新的领

① 柴逸扉.五位一体，伟大事业的总体布局［N］.人民日报海外版，2016-01-30（1）.

域，要做到政治、经济、文化、社会和生态文明制度的全覆盖，以便能够更大限度地有效调节经济社会生活；既要着重建设政治文明、物质文明、精神文明、社会文明和生态文明，又要提高对中国特色社会主义建设规律和对中国制度创新重要性的认识，加快建设经济文明和军事文明等方面的建设，以便实现对生产关系和经济制度以及军事建设和国防制度的进一步创新；与此同时，作为中国特色社会主义制度创新的重要内容的社会主义市场经济制度、民主政治制度、先进文化制度、和谐社会制度等，也要继续不遗余力地加快推进，最终形成完整、科学、高效、务实的现代化制度体系。

其次，中国特色社会主义“五位一体”协调发展所需构建的制度若要在当前进一步得以创新，必须以更加完善的上层建筑为保障，只有衔接好基本制度与一般制度，才能更好地发挥中国制度体系总揽全局的作用。在中国特色社会主义制度创新过程中，各项上层建筑的完善都离不开中国的基本经济制度。在未来的社会主义事业建设过程中，我们每时每刻都应处理好基本经济制度的建设，为政治制度、文化制度、社会制度、生态文明制度的创新指明方向，奠定坚实的基础。

最后，我们在以往的创新实践中不难发现，要建设行之有效的制度体系，就需要博采众长，充分发挥社会主义各项制度的优势。中国当前的经济、政治、文化、社会和生态文明制度均体现着社会主义制度的优越性，要进一步创新中国特色社会主义制度，就要做到从根本上符合社会主义各种矛盾运动发展的内在规律。只有这样，中国未来的制度体系创新才能做到与中国国情相适应、与实践相结合、与发展相促进，从而推动中国民生经济、民主法治、文化传播、社会运行以及生态文明的又好又快发展，并最终实现社会主义现代化建设的可持续发展。

第五章 管理创新探索与前瞻

管理创新是创新体系的重要内容，随着经济、技术和社会发展，整个社会体系更加复杂，尤其是经济全球化发展的今天，整个管理难度在不断增加，这就需要不断进行管理创新变革，且管理创新与科技发展也是相辅相成的，信息技术引领的现代科技的发展以及经济全球化的进程，推动了管理创新，管理创新同时也会加速技术革命。

第一节 管理创新的内涵和意义

一、管理创新的内涵

1. 管理创新的含义

管理创新（Management Innovation）是管理与创新的有机融合，管理创新最重要的是在组织高管层面有完善的计划与实施步骤，以及对可能出现的障碍与阻力有清醒认识。管理创新是指组织形成创造性思想并将其转换为有用的产品、服务或作业方法的过程。即富有创造力的组织能够不断地将创造性思想转变为某种有用的结果。当管理者说到要将组织变革得更富有创造性的时候，他们通常指的就是要激发创新。可以给管理创新下这样一个定义，那就是，管理创新是指管理者采用一种新的更有效的资源整合和协调范式，以促进企业管理系统综合效率和效益目标实现的过程，或者说是一个新的管理思想从提出到首次付诸实施并取得预期效益的非连续性创新过程。[①]这个定义，一方面强调了管理创新的功能，指出管理创新着眼于更有

① 王建民. 管理创新领域的构造及现实选择［J］. 北京市经济管理干部学院学报，2003，（3）：3-10.

效地整合协调资源以实现目标，不仅注重创新，也注重企业管理系统综合目标的实现，从而把管理创新与其他创新区别开来；另一方面也指出了管理创新是一个从新思想提出到付诸实施并取得预期效益的过程，这一过程是非连续性的，但却是有规律可循的，从而为研究管理创新的特点和规律奠定了基础。

2. 管理创新的特征

管理创新是企业在激烈的市场竞争中求生存谋发展的必然选择，是增强企业生机与活力的基本驱动力。为了更有效地开展管理创新，有必要了解管理创新的特性，以利于因势利导。管理创新属于创新的一种，故管理创新具有管理的一般特征。（1）变革性。不管是整体创新，还是局部创新，只要涉及系统活动的某些内容、某些要素的性质或其相互组合的方式等变动，无一不是变革旧事物，推陈出新。（2）价值性。企业创新就是运用管理知识与技术改变资源产出，并给消费者创造更高的价值与满足感。创新活动源于社会实践，又向社会提供新的贡献，这正是创新的主要内涵和作用。（3）先行性。先发优势不仅是战争中的制胜法宝，也同样是创新活动体现价值的必要条件。它要求创新成果与旧事物相比较更先进，在思维方式、实用价值上领先一步。如果创新只有变革性和价值性而无先行性，就不可能最终战胜旧事物，因为在某种意义上，先行就是创新。（4）持续性。创新是一种动态性的活动，而企业则是一个不断与外界环境进行物质、能量和信息交换的动态开放系统。①

同时管理创新活动还具有（区别于管理的）如下主要特征。

（1）管理创新具有高风险性

管理创新活动涉及许多相关环节和众多影响因素，从而使管理创新的过程和结果均呈现出不确定性，这就意味着管理创新具有较大的风险。具体表现在：一是管理创新内容的复杂性。管理创新既要反映人与物的关系，合理组织生产力，又要体现人与人的关系，正确处理生产关系。这样就使得管理创新具有组织生产力和处理生产关系的双重功能，必然要涉及技术创新和制度创新两大领域，并且具有技术创新和制度创新的某些特点，从而使管理创新变得更为复杂。二是管理创新投入回报

① 林海芬、苏敬勤. 中国企业管理创新理论研究视角与方法综述[J]. 研究与发展管理，2014，26（2）：110-119.

的不确定性。管理创新需要大量的投入，如人员培训、组织机构调整及管理制度制定等，这些投入能否顺利实现价值补偿，受到许多不确定性因素的影响，既有来自管理创新本身的不确定性，也有来自市场、社会、政治等因素的不确定性，所有这些不确定性都可能使管理创新的投入难以得到回报。三是管理创新效果的难以度量性。管理归根到底是对人的管理，是通过他人来做好工作的职能。管理创新的效果要通过他人的劳动表现出来，并凝结了他人脑力和体力的消耗，从而使管理创新的效果表现出间接性与模糊性。不仅如此，管理创新的效果往往具有一定的滞后性，既可能表现为某项管理创新对当前有益，但却以牺牲长远利益为代价；也可能当前收益并不明显，但长期看却可能极有裨益。正如彼得·德鲁克所说的，“管理效益在很大程度上是指为今天的企业的未来做好准备，企业当前效益的好或坏在很大程度上是前几年管理所造成的结果。”管理创新效果的这种间接性与滞后性就使得管理创新活动具有较大的风险。四是管理创新的不可实验性。任何管理创新都是在现实的企业中进行的，它不可能像技术创新那样借助于一定的实验条件重复进行，也不可能像制度创新那样进行“先试点、后推广”，只能在一个需要创新的企业的现实环境内进行，这无疑更增加了管理创新的风险性。①

（2）管理创新具有破坏性

管理创新的效应是双重的，它既可能产生积极的扩张效应，也可能产生消极的破坏效应。具有积极效应的管理创新，能够通过对生产要素的新的组合实现产出的质的提高和量的增长。企业在开展管理创新时，最为关注的也往往是管理创新的这种积极效应。但是，并非所有的管理创新都能够产生积极的扩张效应，有时一些管理创新也会产生消极的破坏效应，即企业对生产要素的新的组合不仅没有带来产出质的提高和量的增长，反而导致了产出质与量的下降，导致企业现有能力和资源的毁坏。如组织的创新可能会使企业现有的资源、能力和知识低劣地满足市场需要，或者根本无法满足市场需要，甚至使企业的能力和知识完全过时。这种破坏性的管理创新会给企业带来巨大威胁，有时甚至会使企业在破坏中遭到毁灭。而熊彼特则认为，“创造性破坏”是经济发展的推进器，它对竞争的影响是通过重铸竞争优势

① 王建民. 论管理创新的基本特征及内容体系［J］. 北京劳动保障职业学院学报，2013，（4）：19–23.

的实现基础而实现的，这就是人们通常所说的“洗牌效应”。有的“创造性破坏”影响如此深远、广泛，以至它们常常能创造出一个新的产业或者毁坏一个现有的产业。[①]由此看来，创新的破坏效应对社会经济发展是有益的，但对企业来说，它并不总是福音。

（3）管理创新具有系统性

企业是由多种要素构成的综合体，企业生产经营活动是由许多环节构成的，管理创新涵盖了企业生产经营活动的整个过程，它是一个完整的链条，而不是其中的某一项活动或某一个环节，这其中的任何一个环节出现失误，都会对创新的整体结果产生负面影响。所以，管理创新是一个系统工程。企业的整体经营目标统率企业的各种创新活动，企业管理创新活动只是企业经营活动的组成部分，是企业经营系统的子系统。而且企业的管理创新不是一时之需、权宜之计，而是在企业整体经营的框架下，建立完整、稳定和高效的企业创新机制。企业的管理创新活动受企业资源和能力的制约，同时创新规划一经确定，又决定了创新资源和能力的运用。整体提高企业创新的素质和能力。企业创新的实现依赖于企业管理创新的整体素质和能力，这既取决于各种创新资源，如创新的知识来源、技术条件、创新者素质等的品质状况，也取决于各种资源的组合关系，还取决于管理创新过程各环节的有效组织。创新系统各构成要素、局部环节的改善提高，应置于系统整体之下，实现与系统整体的协调发展。在创新过程中，不仅要注重局部管理方式、方法的创新，更要注重管理系统的整体配合与协调，只有通过管理创新实现系统的整体优化，才能发挥管理创新的应有成效。[②]

（4）管理创新具有动态性

现代企业是一个不断与外界环境进行物质、能量、信息交换的动态开放系统，在这种动态开放系统中所进行的管理创新活动也必然具有动态性，它表明管理创新活动的逻辑和轨迹不是一种简单的重复，而是根植于内外环境变化的一种能动性的动态创造过程。正如彼得·德鲁克所指出的：“企业管理不是一种官僚性的行政工作，它必须是创新性的，而不是适应性的工作。”而托马斯·彼得斯则把“不断创

① 张晶. 论管理创新［J］.现代情报，2004，（12）：94-195，198.

② 王国顺. 企业创新的系统性［J］. 技术经济与管理研究，1999，（4），64-65.

新”作为管理的一项重要原则。由此足以说明管理活动本身就是一个不断维持和创新的动态过程，它不像技术创新那样具有明确的终点，也不像制度创新具有时代性、阶段性，管理创新具有动态性和持续性。[①]除了外部环境变化带给管理创新的动态性以外，企业的资源，包括企业的人、财、物、信息等资源也处于动态的变化之中，这些变化的资源也会引起管理创新的动态性。

3. 管理创新的内容

管理创新是企业为更加有效地利用资源和提升组织绩效，进而实现组织系统预定目标而对企业原有管理活动或过程进行有效的变革，是企业追求卓越的一种求变管理模式。根据荆树伟博士的总结，管理创新的有效变革是指企业形成了推动企业不断向发展目标靠近的新理念、新组织、新经营管理模式、新市场、新生产方式方法、新过程、新服务、新文化、新的商业模式、新绩效管理机制等“软件”内容。与企业管理活动或过程有关内容的有效变革。管理创新的内容主要包括八种情况：（1）提出一种新的管理目标、经营思路和经营理念，并加以有效实施，即管理观念创新；（2）创设一个新的组织机构或调整原组织机构，并使其有效运转，即管理组织创新；（3）提出一种新的管理方式、方法和技能，即管理方法创新；（4）推进一种新的企业文化，即管理文化创新；（5）完善一项制度体系建设，并加以有效实施，即管理制度创新；（6）开发了一种新的产品服务市场，即市场创新；（7）设计了一种新的商业模式，并加以有效实施，即商业模式创新；（8）推进一项有效的创新绩效管理体系，即创新绩效管理。[②]下面就几个主要方面进行阐述。

（1）管理观念创新

观念是行为的先导，它驱动、支配并制约着行为。行为的创新首先是观念的创新，没有创新的观念就不会产生创新的行为，可以说观念创新是行为创新的灵魂。企业要想进行管理创新，也必须首先实现观念创新。所谓观念创新，是指形成能够比以前更好地适应环境的变化并能更有效地整合资源的新思想、新概念或新构想的活动，它是以前所没有的、能充分反映并满足人们某种物质或精神需要的意念或构想。对企业管理活动来说，管理观念的创新主要包括以下几种情况：提出一种新的

① 陈洪侠、邢宝君.信息社会的企业管理创新［J］.现代管理科学，2004，（8）：20-22.

② 荆树伟、牛占文.企业管理创新的概念及内容界定［J］.中国管理科学，2014，（S1）：654-658.

经营方针及经营战略；产生一种新的管理思路并把它付诸实施；采用一种新的经营管理策略；采用一种新的管理方式和方法；提出一种新的经营管理哲学或理念；采用一种新的企业发展方式等。观念创新既包括员工个人的观念创新，也包括企业整个组织的观念创新。这两个方面的观念创新相互联系、相互影响，个人观念创新服务服从于组织观念创新，并对组织观念创新产生推动或阻碍作用；组织观念创新体现着观念创新的方向，并对个人观念创新产生引导、整合或抑制作用。但是，无论是个人观念创新还是组织观念创新，它们都是对客观环境变化的一种能动反映，是主动适应客观环境变化的结果。由于变化是客观环境的本质特征，所以观念创新也没有止境。根据观念创新与环境变化之间的关系，可以将观念创新简单概括为三种基本类型：一是超前型，即观念创新领先于环境变化，在时间上有一个提前量，能够随时应付环境的变化；二是同步型，即观念创新与环境变化同步，能随着客观环境的变化及时进行观念创新；三是滞后型，即观念创新落后于环境变化，观念落后于时代，少变、慢变或不变。作为管理者应该自觉地进行观念创新，力求超前，至少同步，绝不滞后。但这并不是说观念创新越超前越好、越新越好，一味超前创新，并非都是好事，轻则会增加创新成本，重则会导致各种传统观念的反对和抵制，反而可能延误创新时机。

（2）管理组织创新

组织有两层含义，一是作为名词特性的组织，它是指一群人为了实现共同目标按照一定的规则组成的一个团体。在这个团体内部有明确的分工和相应的职权关系，有一定的机构和信息沟通网络，它们共同构成了组织成员活动有序化的支撑体系。二是作为动词特性的组织，它是指通过分工协作对组织资源进行有效整合以更好地实现组织目标的活动。名词性的组织是管理活动的载体，动词性的组织则是管理的重要职能或活动。由此可见，不管是名词性的组织还是动词性的组织，它们都属于管理的范畴，自然组织创新也属于管理创新的内容。由于组织目标和整合资源的方式方法不断发生变化，也必然要求组织不断地进行创新。组织创新包括组织机构创新和管理制度创新，也正是在管理制度这个层面上，组织创新与制度创新存在着内容交叉。组织创新主要包括以下几种情况：提出一种新的组织理念；采用一种新的组织机构形式；采用一种新的组织沟通网络；采用一种新的职责权限划分方法；设计一种新的管理制度，并有效实施；提出一种组织学习的有效形式等。[1]

（3）管理方式方法创新

管理方式方法既是进行管理创新的重要手段，也是管理创新的直接成果。它直接影响着资源配置的效率和效益，是企业实现资源有效配置的必要条件。第二次世界大战以来，许多管理学家、企业家把科学技术成果广泛引入企业管理之中，创造了许多旨在提高资源配置效率和效益的现代管理方法，如线性规划、目标管理、全面质量管理、网络计划技术、库存管理、决策技术、市场预测技术等等。这些方法的产生和运用，对企业提高资源利用的效率和效益都产生了十分重要的推动作用。管理方式方法的创新，可以有两个主要方面：一是单一性的管理方式方法创新，如库存管理法、设备目视管理法等；另一是综合性的管理方式方法创新，如MRP及MRPⅡ、TQC、JIT等。目前管理界比较流行的管理方式方法创新是企业流程再造，这种创新的实质是对信息化条件下的企业业务流程进行重新组合，是对传统分工体系及信息技术条件下的生产流程和管理流程的改造性创新。管理方式方法创新，概括起来主要有以下几种情况：采用一种新的管理手段；实行一种新的管理方式；提出一种新的资源利用措施；采用一种更有效的业务流程；创设一种新的工作方式等。

（4）管理模式创新

所谓管理模式，是指基于整体的一整套相互联系的观念、制度和管理方式方法的总称。这个整体可以是一个国家、一个区域、一个企业乃至企业内的某个具体管理领域，在企业层次上产生的一整套相互联系的观念、制度和管理方式方法就构成了企业管理模式，如集成管理、危机管理、企业再造等；同样，在企业内的某个领域所产生的一整套相互联系的观念、制度和管理方式方法就构成了领域管理模式，如生产管理模式、财务管理模式、人事管理模式等。由此可见，管理模式既有宏观管理模式（如国家管理模式），也有微观管理模式（如企业管理模式）；既有整体管理模式，也有局部管理模式，它是一个非常宽泛的概念。但是，不管哪一种管理模式，相互联系的管理方式方法都是构成管理模式的基础，离开具有可操作性的一

① 高卫平. 知识管理组织创新的基点［J］.商业时代，2009，（24）：44-46.

系列管理方式方法，管理模式就不能称之为模式，只能是一种管理理念和思路。需要指出的是，并不是所有的管理方式方法都是管理模式的基础，只有那些彼此相互联系并能与观念、制度构成一个有机整体的管理方式方法才是管理模式的基础，那些互不关联、彼此独立的管理方式方法也仅仅是一般意义上的方式方法而已。但是，管理模式与管理方式方法也是有区别的，管理模式具有综合性，着重于内容的落实与贯彻，是围绕一定的管理内容而建立的一系列规则、范式和操作规程；管理方式方法则相对地具有单一性，它是企业资源整合过程中所使用的工具和具体方法。管理模式既是管理创新的条件也是管理结果。所谓管理模式创新就是用新的先进的管理模式来代替陈旧落后的管理模式。一般说来，管理模式创新具体可以包括以下几个方面：企业管理的综合性创新；企业中某一管理领域中的综合性创新；管理方式、方法和管理手段的综合性创新等。①

4. 管理创新的阶段

一般来说，管理创新过程包含四个阶段。

第一阶段：对现状的不满

在几乎所有的案例中，管理创新的动机都源于对公司现状的不满：或是公司遇到危机，或是商业环境变化以及新竞争者出现而形成战略型威胁，或是某些人对操作性问题产生抱怨。例如，Litton互联产品公司是一家为计算机组装主板系统的工厂，位于苏格兰的Glenrothes。1991年，George Black受命负责这家工厂的战略转型。他说：“我们曾是一家前途黯淡的公司，与竞争对手相比，我们的组装工作毫无特色。唯一的解决办法就是采取新的工作方式，为客户提供新的服务。这是一种刻意的颠覆，也许有些冒险，但我们别无选择。”很快，Black推行了新的业务单元架构方案。每个业务单元中的员工都致力于满足某一个客户的所有需要。他们学习制造、销售、服务等一系列技能。这次创新使得客户反响获得极大改善，员工流动率也大大降低。当然，不论出于哪一种原因，管理创新都在挑战组织的某种形式，它更容易产生于紧要关头。

① 余义勇、段云龙. 大数据时代下企业管理模式创新研究［J］. 技术与创新管理，2016，(3)：302-307.

第二阶段：从其他来源寻找灵感

管理创新者的灵感可能来自其他社会体系的成功经验，也可能来自那些未经证实却非常有吸引力的新观念。有些灵感源自管理思想家和管理宗师。1987年，Murray Wallace出任了惠灵顿保险公司的CEO。在惠灵顿危机四伏的关键时候，Wallace读到了汤姆·彼得斯的新作《混沌中的繁荣》（Thrivingon Chaos）。他将书中的高度分权原则转化为一种可操作的模式，这就是人们熟知的“惠灵顿革命”。Wallace的新模式令公司的利润率大幅增长。还有些灵感来自无关的组织和社会体系。20世纪90年代初，总部位于丹麦哥本哈根的助听器公司奥迪康推行了一种激进的组织模型：没有正式的层级和汇报关系；资源分配是围绕项目小组展开的；组织是完全开放的。几年后，奥迪康取得了巨大的利润增长。而这个灵感却来源于公司CEO——Lars Kolind曾经参与过的美国童子军运动。Kolind说：“童子军有一种很强的志愿性。当他们集合起来，就能有效合作而不存在任何等级关系。这里也没有钩心斗角、尔虞我诈，大家目标一致。这段经历让我重视为员工设定一个明确的‘意义’，这种意义远远超越了养家糊口。同时，建立一个鼓励志愿行为和自我激励的体系。”

此外，有些灵感来自背景非凡的管理创新者，他们通常拥有丰富的工作经验。一个有趣的例子是ADI的经理Art Schneiderman，平衡计分卡的原型就是出自他的手笔。在斯隆管理学院攻读MBA课程时，Schneiderman深受Jay Forrester系统动态观念的影响。加入ADI前，他在贝恩咨询公司做了六年的战略咨询顾问，负责贝恩在日本的质量管理项目。Schneiderman深刻地了解日本企业，并用系统的视角看待组织的各项职能。因此，当ADI的CEO Ray Stata请他为公司开发一种生产质量改进流程的时候，他很快就设计出了一整套的矩阵，涵盖了各种财务和非财务指标。

这三个例子说明了一个简单的道理：管理创新的灵感很难从公司的内部产生。很多公司盲目对标或观察竞争者的行为，导致整个产业的竞争高度趋同。只有通过从其他来源获得灵感，公司的管理创新者们才能够开创出真正全新的东西。

第三阶段：创新活动

管理创新人员将各种不满的要素、灵感以及解决方案组合在一起，组合方式通常并非一蹴而就，而是重复、渐进的，但多数管理创新者都能找到一个清楚的推动事件，从而将创新进行下去。

第四阶段：争取内部和外部的认可

与其他创新一样，管理创新也存在风险巨大、回报不确定的问题。很多人无法理解创新的潜在收益，或者担心创新失败会对公司产生负面影响，因而会竭力抵制创新。而且，在实施之前，我们很难准确判断创新的收益是否高于成本。因此，对于管理创新人员来说，一个关键阶段就是争取他人对新创意的认可。

在管理创新的最初阶段，获得组织内部的接受比获得外部人士的支持更为关键。这个过程需要明确的拥护者。如果有一个威望较高的高管参与创新的发起，就会大有裨益。另外，只有尽快取得成果才能证明创新的有效性，然而许多管理创新往往在数年后才有结果。因此，创建一个支持同盟并将创新推广到组织中非常重要。管理创新的另一个特征是需要获得“外部认可”，以说明这项创新获得了独立观察者的印证。在尚且无法通过数据证明管理创新的有效性时，高层管理人员通常会寻求外部认可来促进内部变革。

二、管理创新的意义

持续动态的经济社会竞争环境使企业间竞争加剧，并给企业的生存与发展带来了挑战。如何应对当前经济社会竞争环境的动态变化，已成为学术界和企业界关注的热点问题之一。普遍认为，创新是企业在持续动态环境中生存与发展的有力武器，企业要在激烈的竞争中占据有利地位，必须进行不断的创新。然而，企业创新是一个系统工程，不仅要求企业具有创新意识，而且还要有一个完整的创新体系。创新体系中的各种创新活动都是在一定的管理环境下，通过具体的管理职能来实现其创新的，尤其是在技术趋同化日益明显的今天，更是如此。因此，企业管理创新成为企业适应持续动态的经济社会环境变化、提升企业核心竞争力和旺盛生命力的重要途径。

管理创新已成为现代管理的重要因素。管理创新对社会政治、经济、文化三大结构的作用和影响已在管理创新所涉及的几种社会关系中有所讲述。需要强调的是，管理创新作为生产力运筹性因素，加入到管理系统发展的动力体系中来，可以从以下几个方面来分析其作用。

1. 管理创新对创新实践具有指导作用

管理创新是一个由思想到实践的全过程，首先一个创新思想是对管理存在的能动的反映。管理创新作为创新意识又属于管理意识的范畴，从先进和落后角度来分析，管理创新是先进的管理意识，是对原来管理思想的批判继承和辩证地否定。管理创新是在一定的管理存在基础上产生和形成的，是对管理存在高层次的、本质的反映。管理创新反映管理存在这一基本功能，决定了管理的历史性和具体性。社会的管理存在、管理活动是历史的、具体的、发展变化的。作为对管理存在、管理活动之反映的管理创新意识也必然是历史的、具体的、发展变化的。社会历史条件不同，社会物质资料生产方式不同，社会管理实践的性质和水平不同，管理也就不同。总之，管理是历史的、具体的，因而对管理不能做抽象的、超历史的把握，只有把它置于它所赖以产生的具体的、历史的条件中，才能真正理解它，并使其发挥应有的作用。

管理创新意识反映管理存在的历史性、具体性这一事实告诉我们，作为现代的管理主体，必须跟上时代的步伐，掌握体现时代管理水平的进步的管理意识，充分地发挥先进的管理意识对管理实践的巨大反作用，才能推动管理存在的发展。否则，将被落后于时代的管理意识所束缚，必将给管理带来消极的后果。管理创新意识具有深入地反映管理存在这种认识功能，使掌握一定管理意识的管理主体成为能动的管理主体，能够用有意识地反映管理存在的先进的管理理论指导管理实践，并为管理其他功能的实现创造必要的前提。

2. 管理创新对系统具有整体推动、关系协调、单新体制的作用

一项管理创新，无论发生在什么样的系统，无论其作用是在一个点、一条流程线、一个管理面，还是在全局，管理创新都会使这个点、这条线、这个层面得到长足的发展而影响到全局。系统论认为系统的主要特点是整体性特点，整体的功能大于部分的功能之和。这 ·观点用于指导管理实践叫作“造势” ，也就是从局部走向整体，扩大整体的优势，在系统内创造一种气氛、一种态势，使得系统中的每个个体都为某种共同的目标而努力。当然这种共同目标客观上应是组织目标和组织内个体目标的协调结果，管理的作用就是通过管理者所制定的政策和所建立的机制，调动所有人的积极性，来烘托和创造出这种气氛、态势。在这种态势下，组织的思想、观念和意识等可以较容易地为大多数人、甚至是全部人所接受。这样，每个人（至少是大多数人）都可在其所处的点上或线上充分发挥作用，从而对整个单位有整体推动作用。作为具有整体推动作用的管理创新理论，对群体和个体的调控作用，是通过个体管理创新意识和群体管理创新意识的相互作用体现出来的。因此，正确认识和把握个体管理创新意识和群体管理创新意识的关系，对于发挥管理创新意识的调控功能具有重要意义。在现实的管理活动中，管理主体的理智、情感、意识等共同参与控制和调节人的管理行为。管理意识可以说是各种要素、各种形式构成的整体系统。因此，在管理活动中，管理意识的各种要素、各种形式必然作为相互作用的有机整体影响人的行为，显示其调节和控制作用。当然，管理创新意识是管理意识中的理性因素，是从事物的本质、规律性的方面反映管理实践的过程。在指导管理实践的过程中，这种理性起根本性的指导作用，但也不排除非理性因素对管理实践的影响，非理性因素主要是指情感、态度、素质等。在管理活动中，管理主体应努力使管理活动的调控更具自觉性，即加强调控中理性成分的作用，但这并不意味着完全排除非理性因素的作用，纯粹的“理性人”是搞不好管理的，而应以理性因素（管理理论）统率非理性因素，使感情、愿望、信念、意志等非理性因素发挥积极的作用。管理的调控作用，不仅表现在对组织内部活动的调节、控制上，而且还表现在对组织存在环境的调控上。管理活动不能脱离环境而存在，它必须对系统自我存在和发展的环境与条件有充分的认识，才能有效地推动管理活动的开展和发展。①

第二节　中国管理创新的措施和影响

一、影响管理创新的因素

1. 文化因素

企业管理者及员工在特定的文化氛围中成长，既从这种文化中吸取养分，又

① 林海芬、苏敬勤. 中国企业管理创新理论研究视角与方法综述［J］. 研究与发展管理，2014，（2）：110–119.

受到这种文化的制约和束缚，其主导意识、价值观、行为模式，无不透出这种特定文化的底蕴，其创新目标、创新行为也必然受到这种特定文化的影响，最终导致创新成果也受其约束。我国优秀传统文化中有抑制现代创新意识的理念。如，中庸之道提倡不偏不倚、过犹不及，自己不思进取，还反对别人冒尖，“枪打出头鸟”，重义轻利，有识之士只图仕进，羞于从事经济活动。这种观念至今仍然让一些企业经营者带着一个似是而非且界限并不十分明确的义利标准，不能放开手脚，大胆创新，追求利润；重人治轻法治，不利于现代企业管理制度的建立。重视礼教，强调等级隶属关系，强烈的身份意识，不敢有超越常规的举动，桎梏了人们的创新热情及能力。另外，企业本身的文化是影响管理创新的重要因素。员工能否有创新意识，能否有效地发挥其创新能力，与一个企业是否有鼓励冒险、宽容失败的文化氛围有关。西方企业，员工思想活跃，新点子产生得多而快。而国内一些企业，提建议的员工往往被看作不安分，并加以约束，其结果只能是抑制创新，企业难免缺乏活力。

2. 企业的基础管理工作

企业具有比较规范健全的基础管理是管理创新能够顺利进行的重要保证。目前，国内企业要么规模太小，老板包揽一切；或者是民营企业，管理比较灵活，但家族制特征明显；要么是大中型企业，尤其是国有大中型企业，从总公司到子公司、到生产厂、到车间、到班组，从总经理到部门经理、到科室主任、到科员，至少都有四、五层组织机构，其严重的官僚化倾向，不仅迟滞了企业内部信息流动的速度，而且容易造成信息流动过程中的严重流失与失真，给企业决策与管理带来严重的隐患。根据有关部门对2585家亏损企业的调查，因内部管理不善而造成亏损的达2112家，占总数的81.7%。可见，企业内部管理不善、基础管理工作薄弱，是制约我国企业管理创新能力提升的一个重要因素。

3. 领导的创新意识及创新能力

企业主要领导的观念是一个企业的灵魂，是解决问题的总开关。观念创新是企业创新的先导，决定企业的生死存亡。企业的经营者应该主动进行观念创新，适应迅速变化的经营环境。观念的创新是没有止境的。一些企业领导遇到问题，习惯在自己熟悉的范围内寻找对策，而忽视企业经营环境已经发生、正在发生或将要发生变化，结果是“山重水复疑无路”；事实上只要跳出原有圈子，进行观念创新，就能“柳暗花明又一村”。目前，我国企业对资产运作、重组、营销、技术改造、产品创新等兴趣盎然，唯独对于管理难谈重视。企业愿意花大钱、投巨资奖励科研人员、销售人员，很少有企业重奖管理改革的有功人员。一般来说，企业领导也不会安排专人用专门的时间去研究如何把企业管理改革得更好、更科学、更合理完善，较少愿意花钱聘请外部管理、咨询专家协助诊断企业。

4. 员工的阻力

由于创新涉及利益的重新调整和分配，因而也会受到来自企业内部员工的阻力。因为他们担心失去现有的地位、收入、个人便利或其他看重的福利。这也是为什么老年员工比年轻员工更加反对变革。年老的员工一般对现有系统的投资更多，因此调整到变革状态时，失去的也越多。另外，有些员工对不确定性有一种天生的厌恶感。例如，在制造厂中引入复杂统计模型的质量控制方法，这意味着许多质量检验员需要学习新的方法。有的检验员可能担心自己学不会，因此对统计控制方法产生敌意，并在要求他们采用这一方法的时候表现出抵制的行为。再比如，企业要上ERP系统，很多难以学会使用该系统的员工就会竭力反对。

5. 企业外部因素

管理创新既促进社会生产力的发展，同时又受制于社会生产力的发展水平。首先，什么样的社会生产力产生什么样的管理需要，然后才谈得上管理创新。其次，生产力水平状况对企业创新主体的创新素质、能力的发挥也有约束作用，这是因为生产力水平约束着创新条件的具备程度。改革开放以来，我国的企业由计划经济时代的封闭式管理转变为社会主义市场经济的开放式管理，生产力获得了极大解放，但一些企业的管理思维还跟不上时代的步伐。如果企业继续沿袭传统的粗放式经营，则今后的发展道路将会越来越窄，直至难以存续。要想以低成本投入获得高产出和高效益，就要向集约型经营转变，进行科学管理，主动对管理观念、管理技能、管理手段等进行创新与变革。①

① 胡宝娣. 企业管理创新障碍因素分析［J］. 企业经济，2003，(8)：111-112.

二、中国管理创新的措施

我国十分重视创新，对于创新尤其是管理创新主要有以下几个方面的措施。

1. 重塑政府职能，推动企业管理创新的健康发展

在2014年11月的国务院常务会议上，李克强总理强调，要在加强监管的前提下，把能取消的前置审批项目尽量取消，“能给市场做的要尽量还给市场”。现实经济生活中，政府部门对该由企业自主管理的生产经营活动进行直接干预的现状未能改观，是企业管理创新的一大障碍。为适应社会主义市场经济的需要，对企业管理进行创新，我国政府对政府职能进行重塑，严格界定政府活动的领域，从制度上规范政府的行动。政府不再把企业当成行政机构的附属物，不再直接干预企业的生产经营和人、财、物管理以及分配、核算等具体的企业内部管理事务，而是把着力点放在为加强企业管理、进行管理创新积极创造良好的内外部环境上，即搞好宏观调控，做好规划、协调、服务、监督和政策引导。

2. 提高创新意识，建立高素质的企业家队伍

企业高层管理者是企业一系列创新活动的推动者和组织者。在公平竞争的市场经济条件下，企业创新的成败，在很大程度上取决于企业家的观念、素质和能力，尤其是企业家的创新观念。社会主义市场经济体制的建立和知识经济时代的到来，为中国企业家提供了施展才华的良好机会。因为改革越深入，市场竞争就越激烈，环境变化就越迅速，实施管理创新就越显得重要。国家在国有企业高级管理者选拔的过程中，拓宽企业家选拔的渠道，允许在海外引进人才，并对这些企业家进行培训。另外组织民营企业和中小企业的企业主进行交流考察，提供培训机会，打造我国的企业家队伍。

3. 重视创新文化及企业文化，培育良好的企业创新环境

我国提出的“大众创业、万众创新”被视作中国新常态下经济发展“双引擎”之一。美国当代管理学家彼得斯和沃特曼在《寻求优势》中指出：“成绩卓著的公司能够创造一种内容丰富、道德高尚而且为大家所接受的文化准则，一种紧密相连的环境结构，使职工们情绪饱满，互相适应和协调一致。他们有能力激发大批普通职工做出不同凡响的贡献，从而也就产生有高度价值的目标感，这种目标感来自对产品的热爱，提高质量，服务的愿望和鼓励革新，以及对每个人的贡献给予承认和荣誉。” 这一看法虽然是在表明企业文化对公司员工的巨大影响，却也表明了企业文化能够成为管理创新的重要氛围。

4. 成立了创业板市场，为创业提供融资保障

成立于1990年的深圳证券交易所，于2004年5月在深交所在主板市场内设立中小企业板块。设立中小企业板块，是分步推进创业板市场建设迈出的一个重要步骤，是党中央、国务院从促进经济的可持续发展和促进经济结构调整的大局出发做出的重要决策，也是贯彻落实党的十六届三中全会以及《国务院关于推进资本市场改革开放和稳定发展的若干意见》精神的一项具体部署。创业板市场（Growth Enterprise Market，GEM）是指专门协助高成长的新兴创新公司，特别是高科技公司筹资并进行资本运作的市场，有的也称作二板市场、另类股票市场、增长型股票市场等。它与大型成熟上市公司的主板市场不同，是一个前瞻性市场，注重公司的发展前景与增长潜力。创业板市场是一个高风险的市场，因此更加注重公司的信息披露。目前，我国对于创业支持的力度在加强。

三、中国管理创新的影响

1. 成长起来一批龙头企业

2016年财富世界500强榜单中，中国企业上榜数量再度增长至110家，13家中国公司首次上榜，其中包括电子商务公司京东、家电巨头美的集团，以及三大房地产公司：万科、大连万达、恒大；在数量上仅次于美国，位居第二，并将拥有52家上榜企业的第三名日本，远远甩在了身后。如果拉长时间轴线，可以显著看到的是，大约从2008年起，中国进入了世界500强追赶的狂飙突进阶段，2011年上榜企业数量首次超越了日本，并且差距在逐渐拉大，现在的中国，更多在向美国看齐。中国企业家联合会发布的一份分析报告得出这样的结论：中国500强与世界500强、中国企业和美国企业在世界500强中的数量差距和规模差距在慢慢缩小。

2. 涌现了一批企业家

随着我国企业的不断发展，也涌现出一批企业家，比如海尔集团的张瑞敏，联想集团的柳传志，阿里巴巴集团的马云，搜狐集团的张朝阳，等等，这些企业家在带领自己所管理的企业走向成功的同时，也成为各高校争相邀请的对象。他们的管理事迹甚至成为美国商学院案例教学的案例。在福布斯富豪榜上，进入榜单的中国企业家越来越多。另外，我们的企业家也经常进入到最具影响力的商业榜单中去。

3. 不断发展的中国经济

自1978年改革开放以来，我国经济已经保持了近40年的高速增长，这在世界经济史上是很少出现的。在2010年，我国更是超过了保持世界经济第二大国40余年的日本，成为世界上第二大经济体，并且在经济总量上不断缩小与世界第一经济体美国的差距。国家统计局发布数据初步核算，2016年我国国内生产总值（GDP）744127亿元，首次突破70万亿人民币，以市场汇率计算，2016年中国GDP总量相当于11.39万亿美元。2016年美国经济总量大约为18.56万亿美元，相当于中国的1.6倍。而在2008年时，美国的GDP是中国的4倍多。

4. 推动了我国科技水平的不断提高

近些年，我国不断增加的研发投入有力地推动了科技创新，取得了一系列令国人骄傲的自主创新成就："天神"太空对接、"嫦娥"成功探月、"蛟龙"载人潜海、万米钻机叩问"地宫"、运–20一飞冲天、"天河"重夺世界之冠；还有中微子振荡、量子反常霍尔效应、铁基超导材料等让世界瞩目的基础研究成果；还有高速铁路、4G通信、水电装备、高难度油气田井采、长距离燃气输运、海洋工程等领先世界的产业技术；更有华为、中兴、腾讯、航天科技、中联重科等具有全球影响力的创新型大企业，是"中国制造"向"中国智造"转型的代表。

第三节 中国管理创新的成功经验和不足

一、成功经验

1. 改革开放引入国外先进的管理理念

中国的改革开放不仅仅引入了国外资本，引入了国外的先进技术，还将国外的先进管理理念引入中国。中国由原来的计划经济时代逐渐转变为社会主义市场经济时代。我国进行了国企改革，建立健全现代企业制度；建立现代股票交易市场体系，进行人民币市场化和国际化改革。我国的创业板市场立足于我国国情、科技和产业基础，重点培育了一批高科技、战略性新兴产业公司。据统计，截至2016年12月31日，中小板、创业板公司共有1136家高新技术企业，占比为81.49%，其中拥有国家“火炬计划”项目的公司481家，拥有国家“863计划”项目的公司135家，获得国家创新基金支持的公司1094家。

改革开放使得外资企业进入中国的数量在不断增加，投资额也不断增大，世界500强企业中有九成以上企业在中国进行了投资，这些500强企业在我国设立各种分支机构超过3000家。这些企业的进入给中国带来了技术和先进的管理理念。

2. 研发投入不断增加形成的经济良性循环

国家统计局、科学技术部、财政部联合发布了《2015年全国科技经费投入统计公报》（以下简称《公报》）。数据显示，2015年我国研发经费支出规模达到14169.9亿元，比上年增长8.9%，较2011年翻了一番，支出规模仅次于美国稳居世界第二位。研究与试验发展（R&D）经费，指统计年度内全社会实际用于基础研究、应用研究和试验发展的经费支出。包括实际用于研究与试验发展活动的人员劳务费、原材料费、固定资产购建费、管理费及其他费用支出。[①]反映国家创新能力的重要指标——研发经费投入强度（R&D/GDP）达到2.07%，比上年提高0.05个百分点，“十二五”期间累计提升了0.36个百分点，保持了较快增长势头。研发投入强度是

---

① 国家统计局.2015年全国科技经费投入统计公报.［EB/OL］.（2016-11-11）［2016-11-11］. http: //www.stats.gov.cn/tjsj/zxfb/201611/t20161111_1427139.html.

指一个国家或地区的研发投入总量与GDP之比，是国际上通用的反映一个国家或地区研发能力的核心指标。根据经济合作与发展组织（OECD）公布的数据，2012年，中国将其GDP的1.98%投入到了研发当中，超过了欧盟28国1.96%的总体比例。

我国企业研发投入主体地位更加稳固，研发投入强度不断提升。2015年，我国企业研发经费达到10881.3亿元，比上年增长8.2%，对全社会研发经费增长的贡献达71.1%。企业研发经费占全社会比重为76.8%，是世界上少数超过75%的国家之一。2015年，我国规模以上工业企业研发投入强度（企业研发经费与主营业务收入之比）为0.9%，比上年提高了0.06个百分点。上述数据表明，随着创新驱动发展战略的深入实施，全社会研发投入力度不断加大，总体规模保持稳步增长态势，基础研究投入不断提升，企业创新主体地位将进一步增强。

研发投入的不断增加形成了良性循环，研发投入的增加提高了企业的经济效益，企业经济效益的提高为企业制度改革，增加研发投入打下基础。而这也增加了对管理创新方面的研究投入，使得管理创新方面的研究逐渐深入。

3. 加强教育投入和注重人才培养

梁启超在《少年中国说》中提出："故今日之责任不在他人，全在我少年。少年智则国智，少年富则国富；少年强则国强，少年独立则国独立；少年自由则国自由，少年进步则国进步；少年胜于欧洲，则国胜于欧洲，少年雄于地球，则国雄于地球。"习近平曾说过："少年强、青年强则中国强。""十年树木，百年树人。"改革开放以来，我国不断加大对教育的投入。1986年4月12日由第六届全国人大第四次会议通过的《中华人民共和国义务教育法》规定，国家实行九年制义务教育。要求省、自治区、直辖市根据该地区经济、文化发展状况，确定推行义务教育的步骤。该法于1986年7月1日起施行。这是新中国成立以来最重要的一部教育法，标志着中国已确立了义务教育制度。2005年12月，国务院下发了《关于深化农村义务教育经费保障机制改革的通知》，逐步将农村义务教育全面纳入公共财政保障范围，建立中央和地方分项目、按比例分担的农村义务教育经费保障新机制。这为义务教育立法打下了一个非常好的基础。2006年6月29日，《中华人民共和国义务教育法》由第十届全国人大常委会第二十二次会议通过修订。新修订的《义务教育法》中最终明确："国家将义务教育全面纳入财政保障范围，义务教育经费由国务院和地方各级人民政府依照本法规定予以保障”，完成了从“人民教育人民办”到“义务教育政府办”的真正转变。改革开放后，我国的高等教育也发展迅速，中国高等教育“体量”世界最大，人才培养为各行各业提供了强有力基础支撑。2015年，在学总规模3647万人（其中普通高校本专科2625万人），位居世界第一；各类高校2852所，位居世界第二；毛入学率 40%，高于全球平均水平以及全球中高收入国家平均水平。预计到2019年，高等教育毛入学率将达到50%以上，中国将进入高等教育普及化阶段。根据教育部、国家统计局、财政部共同发布的《2015年全国教育经费执行情况统计公告》，2015年全国教育经费总投入较上年的32806.46亿元增长10.13%。国家财政性教育经费为29221.45亿元，比上年的26420.58亿元增长10.60%，占GDP比例为4.26%，比上年的4.10%增加了0.16个百分点。这是2012年实现4%目标以来，连续第4年超过4%。全国公共财政教育支出为25861.87亿元，比上年增长14.55%，同口径增长9.41%，占公共财政支出比例为14.70%。

我国除了加强基础教育以外，还注重对高端人才的引进和培养，海外高层次人才引进计划（简称“千人计划”）主要是围绕国家发展战略目标，从2008年开始，在国家重点创新项目、学科、实验室以及中央企业和国有商业金融机构、以高新技术产业开发区为主的各类园区等，引进2000名左右人才并有重点地支持一批能够突破关键技术、发展高新产业、带动新兴学科的战略科学家和领军人才来华创新创业。从2011年开始，我国每年引进400名左右海外优秀青年人才，至2015年共引进2000人。2010年12月，中央人才工作协调小组批准通过了《青年海外高层次人才引进工作细则》，“青年千人计划”正式启动。中央人才工作协调小组办公室实施“青年千人计划”项目，大力引进一批有潜力的优秀青年人才，为今后10～20年中国科技、产业的跨越式发展提供支撑。另外，为回国创业的中国人及外国人提供很好的待遇，在落户以及子女教育等方面提供方便。

二、存在的不足

1. 科研和教育经费有待进一步加强

虽然目前我国的研发强度超过了2%，但是我国研发投入强度与发达国家相比还有很大的差距。2012年我国的研发投入强度能超过欧盟，是因为扩大后的欧盟中一些新成员国的研发投入强度较低，如克罗地亚只有0.75%，整体拉低了欧盟的这一数据。在欧盟成员国中，德国的科研投入强度就高达2.92%，不仅远高于我国现在的比重，也高于《国家中长期科技发展规划纲要（2006—2020年）》设定的到2020年达到2.5%的目标。其他发达国家，如美国、日本2011年的研发投入强度分别为3.2%、2.7%，都远高于我国。不仅如此，我国研发投入强度到2012年时都没有达到《国家中长期科技发展规划纲要（2006—2020年）》所设定的到2010年要达到2%的目标。另外，还有两个“偏低”值得重视：一是作为研发投入主力的企业投入强度偏低。我国规模以上工业企业的研发投入一般仅占主营业务收入的0.71%，而主要发达国家的这一比例为2.5%至4%。二是基础研究投入偏低。近年基础研究投入占全社会研发投入的比例一直徘徊在5%左右，而发达国家一般都在15%至20%。①

2. 创新的文化氛围还需要提高

由于受到计划经济的影响以及中国教育的问题，中国人往往创新意识不足。中国的家长对孩子说的最多的话就是：“孩子，要听话。”在家听父母的，在学校听老师的，这样就束缚了孩子的创造性。中国的传统文化讲究团队精神，人们害怕“枪打出头鸟”，太突出的人往往受到周围人的排挤和打压，久而久之形成不了好的创新文化，减弱了人们的创新动力。另外，目前对于管理创新研究的投入还比较少，人们对于管理创新的重要性认识不足。

3. 管理体制僵化和不健全

管理体制僵化主要指的是国有企业，国有企业的领导者在管理企业的过程中，受到很多限制和束缚，在现实管理工作中放不开手脚。同时，对于国有企业高层管理者的激励体制也比较僵化，严重影响了国有企业管理者的工作积极性，这使得国有企业管理者失去了管理创新的动力。而民营企业往往管理体制不健全，主要表现为“家族”和“亲缘化”特征，重要岗位由家族成员担任；实行集权式领导、专制式决策，通常将人伦道德视为普遍意义上的行为规范。民营企业试图用这种天然的血缘关系建立起一种信任关系，以保证企业资产的安全性。如果这种管理模式是为

① 中国科技部.理性看待我国研发投入强度首超欧盟：与发达国家差距仍然很大[EB/OL].（2014-01-28）[2014-01-28]. http://news.xinmin.cn/world/2014/01/28/23383671.html.

了"船小好掉头"的话，那么对处于初创阶段的企业来说，在某种程度上可以促进其发展；但如果"蛋糕"做大后，还是"一言堂""夫妻店""兄弟阵""父子兵"的话，一定会显得窘迫和力不从心了。家族式管理将成为制约企业发展的"瓶颈"。[①]

第四节　未来中国管理创新的发展思路

当前，中国经济面临复杂多变的国内外经济形势，从国家战略到企业营销策略，都离不开管理创新。创新是经济发展的内生动力，只有创新才能解决我国经济新常态中存在的问题，只有创新才能推动企业转型升级，只有创新才能推动经济持续发展。[②]未来中国管理创新需要从以下几个方面着力。

一、正确处理政府与市场的关系

市场经济就是资源配置市场化的经济。正确处理政府与市场的关系，解决好资源错配问题，是市场经济的本质要求。让市场在资源配置中发挥重要作用。但如何才能真正做到让市场配置资源，实现资源的合理配置，推动产业结构优化升级，经济发展方式得到早日转变。这些问题的解决，关键要处理好政府与市场的关系。现代市场经济发展的经验告诉我们，政府管理资源配置主要应该做两个方面的工作：一是为整个社会资源配置的正常运转创造良好的框架条件，而不要自己直接从事资源配置；二是根据市场竞争带来的弊端，制定相应的经济政策。这就是说，政府管理资源配置，一是维护制度条件，二要创造环境条件。所谓维护制度条件，主要是指体制问题。即尽可能由市场调配，必要时由政府支持。现阶段，我国处于完善社会主义市场经济的后改革时代，中国经济处在新常态过程中。在这一阶段，按现代市场经济的要求，我国政府与市场的关系还未完全理顺。从市场层面看，市场化程度低，市场经济发展不平衡，就全国而言将呈现多层次、多水平的市场经济状况。

① 范明. 民营科技企业的管理创新问题［J］. 中国软科学，1999，（9）：64-67，77.

② 盛亚. 创新管理：计划、组织、领导与控制［M］.浙江大学出版社，2016.

同时，市场环境急需改善，可以讲，在一定程度上具有非市场经济的外部环境。可见，容易出现市场失灵。从政府层面讲，由于我国长期实行计划经济，政府宏观调控的水平较低，时机把握不精准，手段不灵活，因而经常有越位、缺位和错位的状况。这一问题的解决关键是处理好政府与市场的关系。在市场经济条件下的资源配置过程，必须是“两只手”给力，即一只手是市场，另一只手是政府。市场给力主要解决的是资源配置的效率问题，政府调控主要解决的是资源配置的公平、公正问题。所谓创造环境条件，主要是指法治保障。在法治保障问题方面，要重视建立有序的、合理的和公平的竞争。为保证市场对资源配置的有序运行，政府必须通过经济手段、法律手段来规制破坏市场的行为，为市场配置资源创造良好的市场环境。当前，我国既要实行充分有效的竞争，又要保证市场信号真实。政府应在三个方面加强：首先，进一步完善市场体系，尽快实现统一、开放、竞争、有序的现代市场体系；其次，完善市场交易规则，规范市场交易行为，加强对产权和契约的保护，提高资源配置效率；最后，打破行政垄断、市场垄断、资源垄断行为，控制垄断价格，推进平均利润的形成，实现社会资源优化配置。

二、营造良好的管理创新社会环境

在现代市场经济条件下，经济发展的前提是市场要有活力，而市场的活力离不开企业家，离不开企业家精神。现阶段，我国经济发展方式要从要素驱动转向创新驱动。这种发展方式的转变，就更需要依赖人的因素。社会创新的发展，关键要注重培养企业家精神。企业家精神的核心就是创新。创新是经济社会发展的永恒动力，没有创新就谈不上经济的发展和社会的进步。当前中国经济的现实，要求政府必须高度重视创新，要积极关注：创新意识的培养，创新环境的营造，创新人才的激励。营造社会的创新环境，这是一项系统工程，需要社会各方面的能力和积极探索，才有实现的可能。一是从法律的层面保护好企业家的权利，为企业家的创新活动提供有效的法律保障；同时要使创新者获得一定的物质财富和精神需求。二是构建诚信制度体系，建设诚信文化，不断提升道德水准，提升企业经营者的市场意识、商业文化、价值观念。

三、加强管理创新方面的研究

管理创新也需要理念指导，除了实践，还需要理论支持，政府要拿出专项资金鼓励企业进行管理创新方面的研究。我国还要继续增加研发投入，这是增强自主创新能力的必要条件。同时，我们也必须承认这绝不是充分条件，研发投入强度与研发能力是不能直接画等号的，花钱是买不来创新的。近些年，我国研发投入的增长速度超过了经济发展的速度，近两年研发投入已超万亿元。仔细盘点近几年我国自主创新成果却发现，与这一投资规模相适应的高水平、高质量的尖端创新成果还是太少，我们产业的关键技术自给率仍然较低。所以，我们不仅要增加，更要用好研发投入资金。

四、结合企业实际进行管理创新

创新往往具有不可复制性，即使是同样一种管理方法上的创新，也要根据企业所处行业、企业的规模、企业的市场情况进行调整和改进。很多中国企业引进国际知名咨询公司，比如埃森哲、麦肯锡进行管理制度等方面的创新，但是成功的案例寥寥。所以，管理创新必须要在消化、借鉴的基础上，结合企业实际情况进行创新，切忌“拿来主义”。

五、企业的高层领导必须重视和支持

虽然说企业管理创新需要企业的全员参与，但是在东方文化的背景下，领导重视和支持的事情往往推行效率更高，推行效果更好。管理创新首先要求企业的高层人士具有创新的意识，在整个企业营造创新的文化和氛围，成立管理创新的机构，才能形成全员参与的局面。另外，企业应该在管理创新过程中给予适当的财务资金支持，以保障企业管理创新活动的开展和推行。

第六章 科技创新探索与前瞻

第一节 科技创新的内涵和意义

一、科技创新的内涵

“科技创新”概念目前在国内引用频率极高，但对于科技创新的内涵大多没给出充分阐述，有必要从指导实践出发，多层次、多角度对科技创新的内涵进行界定。否则，容易导致科技创新的“泛化”，使本来就十分有限的创新资源趋于分散，导致真正的科技创新得不到有效的集中支持。

科技创新是一个不断发展的概念，其内涵与外延与某一国家在一定时期的经济和社会发展背景密切相关。理解科技创新的内涵，首先要正确理解科技创新概念提出的时代背景。其次要考虑一国的基本国情、技术发展水平现状和战略目标；最后要把握不同层级政府的职责定位、产业特点和企业规模及企业现有创新能力的不同。

当代中国最基本的国情是我国正处于并将长期处于社会主义初级阶段。我国是一个发展中国家，地区发展不平衡，同时从制度层面看处于由传统计划经济体制向市场经济体制过渡时期。地区发展不平衡意味着需要结合不同地区的不同特点及不同发展水平来开展科技创新，应该因地制宜有重点地予以选择。中国处于由计划经济体制向市场经济体制转轨时期意味着现阶段无论从国家层面还是从企业层面，需要大力加强的仍是面向市场的创新意识，形成围绕市场需求开发新产品、在市场竞争中壮大企业竞争力、在满足市场需要与实现企业利润之间取得利益的平衡和循环，彻底改变传统计划经济体制下科技与经济结合不紧密的问题。理解科技创新内涵，还要将科技创新与政府、企业各自的职能相联系。企业作为市场经济的主体，衡量企业科技创新成功与否的最根本标准是取得市场的认可，为企业带来利润。从政府层面或国家层面看，科技创新最根本的任务是国家竞争力的加强，其实质是整合国内外科技资源为国家利益服务的能力。无论是本国哪个企业科技创新取得成功，只要这种创新增强了国家竞争力，就应当予以鼓励和支持。

综上所述，科技创新可做如下定义：科技创新是创新主体（国家、高等院校、科研院所、本土企业）为维护和保障国家整体利益，从提升竞争力和自身利益出发，根据创新主体形成竞争优势的需要，实现拥有科技知识产权的科学发现、技术突破、工艺改进和变革相关制度的行为。由此，科技创新的要素主要有四个方面①：第一，科技创新主体可从宏观和微观两个角度分为国家科技创新和企业科技创新两个层次，国家科技创新更多体现战略取向、政策方针、路径选择；企业科技创新更多体现着具体的技术创新活动。第二，科技创新从广义看，既包括科技技术创新，也包括科技制度创新，国家是科技制度创新的主体，企业是科技技术创新的主体。第三，科技创新的科技性主要体现在以我为主导进行创新，这种主导性从国家科技创新角度看，更多表现为主动发现制度上的不足并予以修正，以创造更好的创新环境的能力②。从企业科技创新角度看，更多表现为企业通过主动努力主导创新过程产生具有科技知识产权的创新成果，并形成创新能力和对技术的控制力，具有科技知识产权的创新成果和主导创新过程中形成的企业创新能力和技术。第四，无论是国家科技创新还是企业科技创新，共同特点是维护和增强国家在全球范围内的整体竞争力和整体利益，是国家利益的创造者和保障者，这是判断科技创新主体的重要标准。按照这个标准，外资控股的合资企业、外国独资企业以及外国在中国的研发机构主要服从和服务于外国跨国公司在全球范围内的战略竞争和利益需要，是中国国家利益的竞争者和挑战者，不是中国科技创新的主体。

---

① 胡鞍钢. 透视中国科技创新道路与机制［J］. 神州学人. 2014-11-18.

② 习近平谈“十三五”五大发展理论之一：创新发展篇［EB/OL］.（2015-11-10）［2015-11-10］. http: //cpc.people.com.cn.

二、科技创新的意义

1. 科技创新是国家经济增长的源泉

科技创新是人类财富之源，是经济增长的根本动力。1988年，邓小平同志提出“科学技术是第一生产力”这一战略性论断。回顾世界各国，尤其是发达国家的发展史乃至发展中国家的发展历程，各国的实践均证明：科技创新是人类创造财富和积累财富的根本所在。

研究表明，西方发达国家已走过生产要素和投资推动的粗放型经济增长阶段，进入到创新推动的集约型经济增长阶段。在这一阶段，通过科技创新，在资源稀缺的前提下重新组合生产要素并提高效率水平和人均产量水平，成为推动经济增长的主要方式。而中国的经济增长目前仍然处于粗放型经济增长模式，资源浪费已构成中国经济增长的严重障碍。

据统计，中国目前每万元国内生产总值的能源耗费为美国的5.45倍，日本的14.33倍，德国的10.86倍，甚至是印度的2.86倍。显而易见，如果不依靠科技创新重组生产要素、提高资源利用效率，中国的经济发展前景令人担忧，资源短缺将雪上加霜。所以，只有科技创新才能解决资源浪费，实现集约型经济增长。知识经济时代的竞争将更加激烈和残酷，中国只有大力推进科技创新才能在竞争中掌握主动，实施节约资源型战略，才能早日实现中华民族的伟大复兴。

2. 科技创新是引领经济新常态的第一动力

适应新常态、把握新常态、引领新常态，必须抓住转变经济发展方式这个主要矛盾。由主要依靠要素驱动转为主要依靠创新驱动，由粗放型发展转为集约型发展，最根本的是依靠科技创新，科技创新是推动经济转型升级、提质增效的第一动力。

科技是先进生产力的基因、提高经济质量和效益的引擎、转变生产方式和交换方式的芯片、创造新资源新要素的母机、提高全要素生产率的酵母、优化生态环境的杠杆，能够释放新需求、创造新供给。因此，习近平同志将科技创新提升为引领经济社会发展的“第一动力”，在当前就是引领经济新常态的“第一动力”。当今世界，各国在科技创新、产业变革上竞争激烈，科技呈加速发展态势。一国的生产力先进与否，不仅要看其经济总量大小，更要看其科技水平高低。例如，以色列是一个小国，但由于科技先进，经济竞争力位居世界前列。美国能够长期保持世界超强地位，除了经济实力强大，更重要的是拥有各种先进科技手段，科技创新能力强。从中国国内来看，哪个地方突出科技引领，哪个地方发展就快、竞争力就强，深圳就是一个突出例证。中国要在总体上赶追时代潮流，必须依靠优越制度及科技创新实现发展跨越和竞争力提升。这是大势所趋、客观规律使然。

3. 科技创新是企业提升竞争力、实现经济效益的助推剂

科技创新是企业的生命力。不创新，企业就不能生存，不持续创新，企业就难以发展。不创新就灭亡，对于企业来说是一条难以改变的规律。改革开放近40年，中国的经济发展迅速，综合国力得到极大提高。然而，一大批中国企业，尤其是国有大中型企业经济效益始终不高。其中的关键问题之一在于，企业没有充分利用科技创新来改善产品结构、增加产品附加值、提高产品质量，以适应市场的需求。中国家电名牌海尔集团通过科技创新，推动产品结构不断变化和产品附加值不断提高，在短短十五六年时间内，迅速成为中国家电品牌中的龙头企业。这是一个利用科技创新使企业的经济效益不断提高的典范。科技创新对企业来说，可能会牺牲一些眼前暂时性的利益，但科技创新对于企业的未来则是必不可少的、有长久之利的。

4. 全球经济变革对科技创新提出新要求

21世纪，全球经济的变化总体上可概括为全球化、信息化与知识化。在知识经济时代，科技创新的条件有着显著的变化，主要表现在：（1）科技创新从依赖于数据、信息，转而更借助于知识和智慧，同时需要各类知识的动态转换与流动。也就是说，未来科技创新将减少对“急功近利”式的、浅层的数据和信息的依靠，它更需要创造性和深思熟虑。（2）科技创新需要较强的智力资本，而非简单依靠物质的累积。开发和应用智力资本，是一个组织科技创新的重要条件。（3）科技创新依赖于人类学习能力的不断提升和动态调整。由于当代科技创新包括了各类知识，这些知识的掌握需要新的学习机制和新的学习方式才能实现。掌握新的学习机制和学习技能，并进行由浅至深的动态转换，将成为科技创新成败的关键。因此，科技创新是经济增长和企业创造财富的关键，是符合全球经济发展趋势的，也是企业获得持续竞争优势的主要源泉。未来成功的企业，属于那些深刻理解、关注并积极参与科技创新活动的企业，属于那些能够进行良好的科技创新管理的企业。

第二节　中国科技创新的重大举措

中国在科技创新方面的举措，已经涵盖了科研机构、高校、企业、中介机构等各类创新主体，覆盖了从基础研究、技术开发、技术转移到产业化等创新链各个环节，也包括了财政、税收、金融、知识产权等多样化工具。[①]

一、提升创新主体能力

第一，为深入实施科教兴国战略和人才强国战略，颁布了《国家中长期科学和技术发展规划纲要（2006—2020年）》和《关于充分发挥高等学校科技创新作用的若干意见》（国科发政字〔2002〕202号），实施了“985工程”，建设高水平研究型大学，支持大学开展科学研究，建设创新平台，引进人才，进行学科建设，鼓励高校的科技创新，从而提高高校科技创新能力和人才培养质量，充分发挥高校科技创新作用。多渠道增加高校科技创新工作的投入。国家通过平台建设、人才培养、科技项目等多种方式加大对高校科技创新工作的投入。教育、科技行政部门多渠道筹措经费设立创新基金，支持高校进行科学研究和技术开发，逐步加大对高校科研基地建设的支持力度，设立专项经费用于高校人才队伍建设。高校每年要从学校自筹经费中划出专款培育科技创新能力。

第二，确定企业是科技创新的主体，直接体现国家的科技创新能力。具体措施包括：一是完善了企业科技创新的各项政策和措施。开展了“国家技术创新工程”，重点推动创新型企业建设工作，开展产业技术创新战略联盟试点和科技帮扶中小企业工作；在企业建设国家重点实验室，对企业研究开发仪器设备，加速折旧，国有资本采取预算，支持中央企业提高创新能力；二是构建了开放式技术创新体系。建立高效、协同、开放的技术创新体系，对企业技术创新能力的提升至关重

① LIU, F, SIMON, D F, SUN, Y, Cao, C. China’s Innovation Policies: Evolution, Institutional Structure, and Trajectory [J]. *Research Policy*, 2011, 40: 917-931.

要；三是着力整合全球资源，开展深层次合作，积极利用海外科技资源，吸引海外人才，设立海外研发机构等；四是推进科技成果转化应用与知识产权管理保护。推动企业将科技成果尽快转化为现实生产力，努力解决产学研脱节等体制机制性障碍。

第三，建设宏大的科技人才队伍，实施“千人计划”“万人计划”、创新人才推进计划等重大人才工程，培养和引进高层次人才。国家自然科学基金设立了国家杰出青年科学基金，高校和科研机构实行以绩效工资和岗位工资为主要内容的收入分配制度。着力推进科技人才队伍和企业创新文化建设。科技人才是提高自主创新能力的关键所在。高度重视科技人才队伍建设，充分调动科研人员的积极性和创造性，努力打造层次分明、结构合理、素质高、能力强的创新人才梯队；依托重点工程和重大科技专项，培养和造就一批能够站在行业科技前沿、勇于开拓创新的领军人才；加大海外高科技人才吸引力度，发现和培育关键技术人才；通过校企合作、订单式培养，加强一线创新人才、青年科技人才和高技能人才队伍建设，特别注重挖掘和培育复合型科技管理人才，为引领企业科技创新储备力量。

二、促进科技创新活动

第一，实施国家科技计划，支持基础前沿研究，战略高技术研究和社会公益基础研究。第二，实施高新技术产业化政策，支持高新技术产业开发区、科技企业孵化器和大学科技园建设，为创业企业提供服务。第三，支持企业开展技术创新，实施企业研发费用扣除政策，引导企业增加研发投入，对高新技术企业、技术先进服务型企业实施税收优惠，建立科技型中小企业创新基金，对科技型中小企业以贷款贴息无偿资助、资本金投入等方式给予支持。

三、促进创新主体互动

第一，促进技术转移转化，对技术转移实行税收优惠，对科技成果转换人员给予奖励和股权分红激励，将财政科技项目知识产权授予承担单位，产学研结合，鼓励产学研共同承担国家科研项目，鼓励大学与企业共建产业技术创新联盟。

第二，建立产学研科技经济连接模式，推动科研成果转化能力。具体做法为：一是政府通过资助公共技术经济服务机构、扶持私营科技经济服务组织和鼓动企业使用科技经济服务等措施，大大推动科技经济组织的发展；二是制定相应的法律法规，促进省级与国家实验室的技术向工业企业的转让，以政策投入与引导为主体建立公共技术经济机构；三是建立多层次共存的科技经济产业体系；四是强化政策在科技经济产业中的引导地位；五是建立有效的信息数据库。

第三，建立产学研协同技术创新联盟运行机制，推动产业创新能力。具体做法为：一是以重点产业技术创新为协同创新联盟的核心。从提升重点产业和领域的技术创新能力与核心竞争力出发，形成协同创新的核心引导模式，促进企业、高校和科研院所在战略层面有效结合，突破重点产业发展的技术瓶颈和体制约束，形成一批引领产业技术创新的“联合舰队”，以增强产业自主创新能力；二是突出企业在产学研协同技术创新联盟中的主体地位。通过产学研联盟成员的优势互补和协同创新形成一种长效、稳定的共同体；三是以市场需求为导向，强化市场机制在协同技术创新联盟中的作用。产学研协同技术创新联盟以产业技术创新需求为基础，突破产业发展的关键技术，构建共性技术平台，凝聚和培育创新人才，加速技术推广应用和产业化；四是有效推动联盟效应向重点产业的相关产业扩散。围绕区域特色和支柱产业发展，在产学研协同技术创新联盟的基础上，努力构建区域创新体系；五是利益与风险匹配机制。通过契约关系建立共同投入、联合开发、利益共享、风险共担的机制。

第四，完善产学研合作实体模式，推动区域集群创新能力。从产业集群创新能力出发，建立以科技产业园为面、合作企业为点、构建科技产业链为线的产学研合作实体模式，推动区域集群创新能力。具体做法为：一是产学研各方主体共同建立以重点产业为核心的科技产业园区。围绕重点产业，形成研、产、贸相结合的科技产业园区，促进产学研协同技术创新联盟的高效运行，发挥集群创新效应；二是以产学研合作主体为主要参与人，建立股份制科技合作企业。以高校与科研院所的科技转化为基础，以技术研发与需求的各主体为参与者，建立股份制科技合作企业。高校和科研机构以高新技术成果折算成股份向企业投资入股，分享利益，共担风险；三是围绕科技产业链共建经济实体。扩展产业链，形成高校、科研机构与企业共同研制、开发、生产，组成研产销一体的科技产业实体。

四、优化市场环境

第一，拓宽融资渠道，形成多元化科技投融资体系。鼓励加大科技投入支持，政府设立创业投资基金，对风险投资企业给予税收优惠，鼓励银行业金融机构建立科技支行，建立创业板、场外交易市场，为科技型企业提供融资支持。具体而言，一是加大政府的科技投入。政府通过财政拨款、土地转换、税费免征等形式加大对科技的总投入，特别是加大对重要科研单位、重大科技项目、国家级实验室、研究开发中心等重点工程建设的投入；二是加大企业科技创新的投入。特别是对装备制造业企业加大消化吸收投入力度；三是促进银企对接，争取银行贷款；四是广开融资渠道，积极吸引社会资金。加快培育民间资本市场，引导更多的民营资本投入科技产业，通过信用制度的建立，推动各金融机构逐步加大对科技的贷款，以促进企业技术进步和高新技术产业发展作为融资服务的重点。扶持有竞争力和成长性好、有发展前景的高科技企业上市融资，鼓励具备条件的中小型科技企业进入二、三板市场；五是建立并吸纳风险投资，完善风险投资退出机制。通过政策的规范、制度的创新以及环境的改善，形成以融资市场建设为核心、以民间资本为主体的风险投资机制。各地成立创业投资行业协会，吸纳国内外创业投资公司，并提供投资交流信息。

第二，加强中介服务体系建设，创造良好的中介服务环境。一是加强科技创新服务平台建设，营造良好的创新创业基础环境。建立背靠政府，面向企业，依托大专院校、科研院所，服务于整体的技术支持、技术推广、技术贸易、信息服务、评估咨询、孵化器等中介服务机构；二是提升科技中介服务能力和水平。科技中介自身不断提高服务质量和水平，在科技创新中发挥桥梁、纽带的作用，推动科技成果的形成和产业化。大力培养骨干科技中介，并充分发挥其示范带动作用。在共同开发技术平台建设，服务设备购置、从业人员培训等方面加大支持力度，促进中介机构打造精品服务项目，提升服务质量和水平。

第三，完善科技市场体系，优化市场环境。一是加强科技市场体系建设。以产权交易市场建设为基础，在全国形成各类科技成果进行展示、交易的专业化与综合化相结合、实体与虚拟相结合的多层次市场体系；二是加强监管，营造公平竞争、公正诚信、健康有序的市场环境。

第四，强化人才的引进和培育。加大科技人才的培育力度，培养一批具有自主创新能力、具有战略眼光的高层次领军人才。有计划、有重点地培养和选拔各行业、各学科带头人才，加快对年轻高新技术人才的培养，使其尽快走上关键岗位。

第五，培育创新文化，形成优良的人文环境。努力树立全民创新意识，在全社会上上下下形成创新意识。

第三节　中国科技创新的经验和瓶颈

一、中国科技创新的经验

1. 采用“引进—消化—吸收—再创新”模式，实现科技追赶和赶超①

首先，先引进外部技术，在此基础上进行创新。20世纪50年代，中国主要引进苏联的技术，到了20世纪70年代，开始少规模地引进欧洲以及日本的技术。1978年以后，实行“拿来主义”，即引进最先进的技术，在此基础上加以创新。从经济学角度看，引进技术成本大大低于自主研发成本，同时与本国市场相适应，这是实现技术追赶最有效的途径。其次，在引进创新的基础之上发展集成创新，包括技术集成、设备集成、工艺集成、工程集成、产业集成，以及各种信息技术集成、管理方法集成、市场营销集成等。因此，集成创新机制实现了从技术产品集成到技术产品生产、服务集成，进而到行业、产业技术集成的转变。这与中国具有比较齐全完整的产业体系、科技体系、军工体系有关。最后，进行自主创新，即通过拥有自主知识产权的独特的核心技术以及在此基础上实现新产品的价值的过程。自主创新，对一个企业而言，是一个企业技术创新的核心能力，更是企业市场竞争的核心能力；对一个国家而言，是一个国家技术创新的核心能力，更是一个国家持续发展的核心

① TANG, M, HUSSLER, C. Betting on Indigenous Innovation or Relying on FDI: The Chinese Strategy for Catching-up［J］. *Technology in Society*, 2011, 30: 23-35.

能力。

正是在这种“引进—消化—吸收—再创新”模式下，中国实现了对欧美日等发达国家的快速科技追赶，在多领域实现了与世界先进科技并驾齐驱，并在少数领域成为引领者。中国的创新实际上是这样一个过程：先引进，消化吸收、本地化、本土化；然后再集成创新，从技术集成到产品集成、产业集成；随后再进入自主创新。

2. 大力吸引外国直接投资，实现外来技术与本国科技资本的有机结合[①]

中国通过吸引外国直接投资，把外国直接投资的技术和本国的人力资本特别是科技资本有机结合起来，释放科技机构和人员的创新潜力，增强利用全球创新资源的能力，实现了一个发展中国家跨越式的发展过程。

联合国2017年《全球投资趋势监测报告》显示，在2016年全球十大外资流入经济体中，中国排名第三位，仅次于美国和英国。而且，中国利用外资的结构继续优化，质量有所提高。流入服务业特别是高附加值服务业以及高技术制造业的外资继续增长，外资持续向资本和技术密集型产业以及高附加值领域倾斜，并继续从劳动密集型产业向外转移。联合国贸发会议预测，2017年中国经济增长将继续保持在全球较高水平，产业结构将持续升级，市场导向型外国投资有望保持增长。与此同时，随着中国外资管理体制改革不断深化，中国对外资开放的领域将进一步拓宽。这将为外资流入注入新的动力，中国仍将是对外资最具吸引力的投资目的地之一，2017年吸引外资将继续保持在高水平。

中国强调自主创新，不是关起门来搞创新。在经济全球化深入发展的大背景下，创新资源在世界范围内加快流动，各国经济科技联系更加紧密，任何一个国家都不可能孤立依靠自己的力量解决所有创新难题。中国一直致力于深化国际交流合作，充分利用和整合全球创新资源，在更高起点上推进自主创新。

3. 充分发挥了巨国规模效应优势，降低科技创新的经济成本

中国是一个世界大国，具有极为特殊的巨国规模效应优势，这是其他国家无法相比的。尽管科技创新开始的研发成本比较高，但随着市场规模扩大，越是满足市

① 陈建. 中国吸引外国直接投资创新[N]. 经济日报，2017-02-03(1).

场需求的技术创新，市场规模扩大的速度就越快，科技创新的成本也会迅速下降。巨大市场的规模效应不仅极大地降低了科技创新的经济成本，还极大地降低了科技创新扩散和应用的交易成本。中国许多企业利用这一规模效应特点，开始时采用免费试用或低费使用，然后成功地成长为世界级新兴企业。诸多跨国企业无法与中国本土企业竞争。

从投入来说，目前中国是世界第二大研发投入国，研发经费支出（按购买力平价计算）和美国的相对差距已经缩小到了2倍左右。其次是科技人力资源投入。主要包括两个方面，一是科技人员总量，1949年时，全国科技人员不超过5万人，但现在已经达到了5800万人，这其中从事研发活动的人员全时当量数（按万人年计算），已经相当于欧盟加上美国的总量。不仅中国科技人员的规模大、增长快，而且中国的科技人员劳动力成本相对于欧美日还是很低的，相对工作时间也是最多的，既具有成本优势，又具有效率优势。因此，在科技全球化、研发全球化的大趋势下，出现大量的全球科技企业向中国转移的现象，特别是外国的研发机构，尤其是世界500强企业在中国设立研发机构。从产出来说，第一是发明专利数，这代表一个国家的自主创新能力。中国是一个后发国家，中国的专利法1984年才颁布实施，而美国1790年就实施了专利法。因此，美国的专利数量在很长一段时间内保持世界第一，直到1968年才被日本超越，但是美国又在2006年反超了日本。从总量来看，2011年中国的发明专利申请量超过了美国，2012年中国的发明专利申请量相当于美国的1.2倍。中国下一步主要是在申请国际发明专利（PCT）方面赶日超美。中国用30多年的时间走完了美国220多年时间走过的道路，并将对世界做出更大的技术创新贡献。第二是发表于国际学术刊物的论文数量。1980年，中国发表的国际论文数量占世界总量的比重是可以忽略不计的，只有大约0.2%，和美国的差距极大，为198.5倍，但现在中国已经居美国之后排在了世界第二位，相对差距缩小为2倍。此外，中国发表的国际论文被引用率现在已经进入到世界第五位，可以说提前7年时间实现了《国家中长期科学和技术发展规划纲要（2006—2020年）》提出的量化核心指标。

4. 集中力量办大事

走科技创新道路发挥社会主义制度优势，集中力量办大事，这是中国科技创新的重要法宝。过去中国搞“两弹一星”等靠的是这一法宝，目前推进创新跨越也是靠这一法宝。中国利用社会主义市场经济条件，发挥优势，加强统筹协调，促进协同创新，优化创新环境，形成推进创新的强大合力。对一些方向明确、影响全局的项目，实施重大专项和重大工程，组织全社会力量来推动。

中国第一颗原子弹的研制工程是中国历史上第一项在国家层面组织的大科学工程。从1959年6月中央下决心独立自主研制原子弹开始，仅仅用了5年多的时间，就于1964年10月16日实现了原子弹爆炸试验成功，使科技、经济基础落后的中国一跃成为世界五个核大国之一。由于原子弹技术的复杂性和高度综合性，仅靠一个部门、一个单位很难完成任务，需要全国各方面的配合。当时，经中央批准成立了由周恩来总理领导，7位副总理、7位部长级干部参加的15人专门委员会，统筹协调国务院各有关部门和军队有关单位协同开展原子弹技术攻关，形成了以二机部221厂为核心，中科院、有关高校、有关部委研究机构和企业组成的协作配套科研生产体系，产学研相结合迅速解决了原子弹研制中的一个个难题，不仅大大缩短了原子弹的研制周期，而且辐射带动了国家有关科学技术领域的整体进步。据统计，全国先后有26个部（院）、20个省、市、自治区，900多家单位对221厂的研制会战全力配合，解决了近千项重大课题。首次原子弹试验中使用的测试设备、仪器、高能炸药和特殊的电子元器件，都是全国各地有关单位和工厂合作研制生产的。在党的统一领导下，全国一盘棋、大力协同、集智攻关，充分体现了社会主义制度集中力量办大事的优越性。

在中国历史上，第一次将科学实践活动上升到国家层面，以任务带学科，推动了全国科学技术体系的建立；第一次使高科技走出实验室发展达到国家工业规模，转化为强大的现实生产力，广泛带动了工业科技水平的提高；第一次使中国进入世界尖端科技前沿。这些经验对于当前实施创新驱动发展战略具有重要的启示和借鉴意义。

二、中国科技创新的瓶颈

1. 科技成果转化机制缺失

科技成果的转化机制是中国科技创新最薄弱的环节。第一，评价机制重前轻后，科研人员缺乏动力。科技人员的积极性是科技成果转化的基础要素。但当前中国对科技人员评价主要看前期研究成果，并由此给予职称认定，对成果是否能够转化缺乏足够重视，这种重前轻后的考核机制造成大量科技人员“重心前移”，大量科技成果“走不出”实验室。当前中国人才评价的流程为：申请项目，取得成果，获得学位，申请职称。科技人员的研究主要为了取得学位和职称，至于能否转化，收益归科研单位，与他们关系不大。此外，科研人员通过技术入股的方式把自己的成果变成实际产品的过程中存在着巨大的法律和政策风险。这导致很多科研人员只能把实验和论文当成毕生的追求，而无法实际把科技研究的成果转化成产品。所以，中国现在急需形成一个国家高度的顶层设计，用法律形式明确中国现行科研成果的所有权和转化后的效益分配权，解脱掉科研人员身上的“隐形枷锁”。

第二，衔接机制不够精细，空白地带无人填补。科技成果从实验室走向生产车间，仍有很长一段距离。目前，受科研单位资金不足、生产企业积极性不高等因素影响，科技成果转化过程中的“空白地带”无人填补，使得创新和发展“首尾不能相连”。科技产生的大量技术是需要加工的，即技术的二次开发，然后再进行中试、孵化。科研院所的技术只是一些思想和图纸，企业需要的是商品，必须要完成中间的衔接过程，衔接过程完成后，市场才能生产出商品，才能够推动社会的发展。目前，世界上科技转化较为成功的有两种模式：一是美国模式，即大型企业模式，企业负责把技术中试、孵化；二是欧洲模式，由于其中小企业特别多，技术转化靠大量的研究院所完成。欧洲大量的研究院所，一个重要功能就是中试、孵化。但在中国，既没有类似美国的大型企业做孵化，也没有类似欧洲的研究院所做孵化，造成孵化成为空白。中国的大型企业真正重视科技成果转化的并不多，尽管一些企业也建立了技术中心，但是这些技术人员和设备很少更新，研发能力非常有限。目前，虽然部分地区的政府建立了孵化园，但主要提供场所、税收等方面的优惠，并未起到应有的孵化作用。

第三，融资机制尚不完善，科技产业无法形成。由于科技研发往往需要较高的投入和较长的时限，普遍比其他企业更需要资金的支持。然而，由于中国融资机制存在结构性缺失问题，适合中小企业的天使投资、风投并不发达，导致科技企业普遍面临资金压力，上、中、下完善的产业链无法形成。一个完整的科技产业链条应该是：上游的科技研发、中游的技术孵化、下游的产品生产。各个产业链条都需要资金的投入，但目前上、中游的资金主要靠国家投入，而下游产业链则主要依靠市场投入，但因缺乏抵押和担保融资困难，部分中小微型企业经营困难。目前来说，投入科技创新方面的社会资金明显不够，虽然社会资本非常充足，但真正愿意进入小微型企业的微乎其微。资金方不愿意去做播种的事儿，就长不出树苗，大家都想去摘果子，却没有人愿意去种树。

2. 科技创新缺乏“工匠精神”

中国是一个科研大国，但在“工匠精神”培养上存在观念方面的问题。“工匠精神”是指工匠对自己的产品精雕细琢，精益求精的精神理念，这种精神体现在工匠对自己职业的尊重和自豪，也反映在对产品质量和工艺要求的虔诚上。“工匠精神”是科技创新的重要一环，因为科技创新要最终落实到产品，离不开一个高水平的生产环节；而一个具有高水平和“主动思考能力”的生产环节，又能不断地对科技进步提出反馈性的意见和建议。如果科研和生产形成良性活动，那么对于科技创新及其成果转化将具有巨大促进作用。

现代的科技创新活动不单单是科技工作者的事情，科技创新的工程特征催生了其社会性特征，每一项科技创新活动都不同程度地需要政府、企业、投资金融、法律等不同领域的支撑，所以科技创新通常以项目的形式开展。在这一点上，其已经和工程活动的内在逻辑越来越同质化。“工匠精神”的内涵除了精益求精、追求极致和卓越之外，还应该具有协作和配合的内在要求。科技创新更多时候作为一项“大工程”，存在着原材料、工艺、资金、环境、效益等方面的因素，工艺再好，没有合格的原材料，也是“巧妇难为无米之炊”；技术再先进，但是资金未到位或者难以持续，也不是一个好的创新项目。同样，科技创新活动如果对生态和环境带来很大的不可逆的破坏，那么也需要相关方面后续予以改进或者暂缓项目推进。“工匠精神”一个重要的特征是，不仅仅为了创造而创造，工匠创造活动应当和现实生活紧密地融合在一起。这种融合，可以是经世致用的，也可以是审美的。

李克强总理指出：“我们要用大批的技术人才作为支撑，让享誉全球的‘中国制造’升级为‘优质制造’。”[①]而在这个过程中，代表中国实力的制造工程，其顶级工艺技术确实十分精良，但对于更多的中国制造领域，比如手机、冰箱等，我们仍然缺乏响当当的“中国名片”，其背后所折射的，恰恰是基础制造业优质技术人才——大国工匠的缺失。

3. 教育理念存在偏差

教育的发展，尤其是基础教育的发展好坏与否，是决定国家任何一个领域发展的先决条件。中国当前的教育，存在着诸多误区，我们虽然在追求教育理念创新、方法创新、知识创新、人才创新，但一直没有真正地创新出来。中国的教育是什么呢？第一，我们是父母主导性的，小孩要学什么全是父母安排的，而不是孩子主导。第二，我们的目标性是非常强的，如果我们认为小孩子学点儿奥数，能够考上好一点的学校，小孩子学点儿钢琴有些益处，那么大家就都去学钢琴、学奥数。我们的小孩子就没有多样性，没有创造性，没有与生俱来的丰富性那种本性。所以，创造性从一开始就被扼杀了。中小学以考试为“指挥棒”。诸多问题使中国教育创新空间非常狭小。这种教育理念难以培养出真正的科学家和创新人才。第三，高校中行政化的教育管理体制下，行政权威凌驾于学术之上，不科学的目标培养管理模式，使许多大学生如大工厂里生产出来的标件，泯灭了自由的创造性。每年毕业这么多大学生，却出不了多少有创新能力的“乔布斯”式人才。技术创新能力较弱，而模仿跟风能力很强，这制约了中国生产在国际产业分工体系中地位的提升，使很多中国企业只能赚取廉价的加工费。缺乏创新意识，天赋的想象力难以充分释放，已影响到了中国的竞争力。可以说，“钱学森之问”始终是悬在中国教育者头上的一柄利剑！随着文化时代的来临，创新能力显得愈发重要。培育有创造性而非中规中矩的学生，需要社会合力推动下的大教育观的普及，需要改变既有的教育观念和思维。

① 梁军. 科技创新需要“工匠精神”[N]. 学习时代，2016-12-19（2）.

第四节　未来中国科技创新展望

一、中国科技创新的问题与差距

1. 研发的实际投入与发达国家存在一定差距

2015年中国的研发投入强度为2.1%，到2020年，能达到2.5%，与先进国家还有一定差距。如北欧，其研发投入已经达到3%到3.5%。值得注意的是，中国的研发经费包括企业从事基础研究、应用研究、试验发展、开发全新产品等活动过程中支付的劳务费、仪器设备和基础设施建设费用，而企业从事技术引进、购买新生产线和技术改造等活动及其产生的费用，并不能算是研发投入，也不是自主创新。但中国目前允许企业研发费用按150%的比例在税前扣除，因此很多企业把这些投入算成了研发费用，无非是为了合法避税。再者，很多企业的配套经费只是一张空头支票，仅在申报专项课题时提及这个数字概念，实际上从未到位。此外，地方政府科技配套资金不到位的情况也不鲜见，甚至存在截留挪用专项资金的现象。所以，中国实际研发投入并不高，研发投入泡沫相当严重。

2. 企业科技创新动力不足

中国企业科技创新动力不足有许多原因。第一，中国仍处在劳动密集型产业为主的经济发展阶段。目前，中国GDP更多依靠制造业和农业，这两个产业占GDP比重超过50%。中国低廉劳动力导致中国较高的劳动密集型产业占比。很多制造业企业根本不需要太多的研发投入就可以轻易地通过外贸赚到钱，导致企业科技创新动力不足。第二，知识产权保护不力问题。盗版、伪造和仿造非常多，严重地打击了创新型企业，破坏了整个市场秩序。比如，“喜羊羊”的产品本来挺好的，可是市场上90%的商品都是仿冒的。结果是，创新企业辛辛苦苦研发出来的产品，一面市，仿冒市场比真品市场还大，创新企业怎么干得下去？第三，企业自身没有成为科研的主体，希望科研院所拿出一个产品成果而不是实验室成果，而科研院所拿出来的都是实验室环境下的成果，并不是一个产品成果。这个转换环节企业不想做，也没有能力做；大学或科研院所也不想做，也没有能力做。从实验室成果到现实的产品成果中间有一个鸿沟，这个鸿沟就是障碍，不可逾越。

3. 科技成果转化不够充分

中国目前科技成果转化不够充分，科技进步贡献率也仍有待提升。中国科技成果转换率有着不同口径，总的来说还比较高，差不多是30%，广义的科技进步贡献率为55%。但先进国家这两项指标已经在60%到70%。中国核心技术、关键技术对外依存度为50%，而国际公认先进国家科技对外依存度不应超过30%。①

导致中国科技成果转化不充分的原因主要包括以下几点。首先，中国在科研投入上以国家为主。国家一般无法给科研工作者出具体题目，而只能是大类引导，在具体科研项目与方向选择上则更多依靠科研工作者本身的所学专长和研究兴趣，对现实产业需要、社会需要的考虑不够。这就导致很多科研项目只是为了科研而科研，解决现实问题和生产发展需要的目的性不强，缺乏足够的“落地”条件。其次，企业缺乏科研投入的动力。企业需求是科研成果转化最重要的动力。但中国一些企业更重视短期经济效益，科研投入一直处于较低水平。再次，科研成果评价导向存在偏差。无论是高校还是科研院所，科研成果评价体系中论文、奖项、科研项目数量的权重极高，而社会效益、经济效益指标相对欠缺。这导致科研人员对成果转化不上心。最后，配套制度机制不健全。实验室里的科研成果不是拿过来就能用的，转化为实用技术或产品是一个比较复杂的过程，不仅需要时间投入，需要巨大的人力和资金投入，而且存在失败的风险。中国从事科研成果转化的专业化中介组织还不健全，与技术创新相配套的风险投资制度尚不完善，缺乏促进技术与资金相结合的良好环境。

二、中国科技创新未来发展方向

推进科技创新，建设科技强国，必须选择好方向，确定好重点领域，实施科技攻坚。2016年5月30日，习近平在全国科技创新大会、两院院士大会、中国科协第九次全国代表大会上指出：“实现‘两个一百年’奋斗目标，实现中华民族伟大复兴

① 李志民. 人民日报热点辨析：以科研成果转化增强“第一动力”[N]. 人民日报，2016-08-29（1）.

的中国梦，必须坚持走中国特色自主创新道路，面向世界科技前沿、面向经济主战场、面向国家重大需求，加快各领域科技创新，掌握全球科技竞争先机。”[①]这“三个面向”为中国科技创新指明了主攻方向。

1. 面向世界科技前沿

加快科技创新，建设世界科技强国，必须审时度势，面向世界科技前沿，开展前瞻性的研究，加强对有望成为今后主流科技的研究和开发。中国科技界要坚定创新自信，坚定敢为天下先的志向，在独创独有上下功夫，勇于挑战最前沿的科学问题，提出更多原创理论，做出更多原创发现，力争在重要科技领域实现跨越发展，跟上甚至引领世界科技发展新方向，掌握新一轮全球科技竞争的战略主动。

科学技术是世界性、时代性的，发展科学技术必须具有全球视野、把握时代脉搏。历史经验表明，科技革命总是能够深刻改变世界发展格局。一些国家抓住科技革命的难得机遇，实现了经济实力、科技实力、国防实力迅速增强，综合国力快速提升。近代以后，由于国内外各种原因，中国屡次与科技革命失之交臂。当今世界，新一轮科技革命蓄势待发，物质结构、宇宙演化、生命起源、意识本质等一些重大科学问题的原创性突破正在开辟新前沿、新方向，一些重大颠覆性技术创新正在创造新产业、新业态，信息技术、生物技术、制造技术、新材料技术、新能源技术广泛渗透到几乎所有领域，带动了以绿色、智能、泛在为特征的群体性重大技术变革，大数据、云计算、移动互联网等新一代信息技术同机器人和智能制造技术相互融合步伐加快，科技创新链条更加灵巧，技术更新和成果转化更加快捷，产业更新换代不断加快，使社会生产和消费从工业化向自动化、智能化转变，社会生产力将再次大提高，劳动生产率将再次大飞跃。抓住新一轮科技革命和产业变革的重大机遇，就是要在新赛场建设之初就加入其中，甚至主导一些赛场建设，从而使我们成为新的竞赛规则的重要制定者、新的竞赛场地的重要主导者。

科技革命的发生不是偶然的，科技创新的不断出现与发展是科技革命发生的必然前提。科技创新的重大突破和加快应用极有可能重塑全球经济结构，使产业和经济竞争的赛场发生转换。面对科技创新发展新趋势，世界主要国家都在寻找科技创

① 习近平指出科技创新的三大方向[N].光明日报，2016-06-02(1).

新的突破口，抢占未来经济科技发展的先机。中国不能在这场科技创新的大赛场上落伍，必须迎头赶上、奋起直追、力争超越。中国广大科技工作者要敢于担当、勇于超越、找准方向、扭住不放，牢固树立敢为天下先的志向和信心，敢于走别人没有走过的路，在攻坚克难中追求卓越，勇于创造引领世界潮流的科技成果。

2. 面向经济主战场

科技要发展，必须要使用。科技水平已经成为影响世界经济周期最主要的变量之一，也是决定经济总量提升的最主要因素。每一次科技革命都会扩大经济总量，为经济发展带来一个黄金发展期。因此，要面向经济主战场，推动科技和经济社会发展的深度融合，打通从科技强到产业强、经济强、国家强的通道。科学研究既要追求知识和真理，也要服务于经济社会发展和广大人民群众。广大科技工作者要把论文写在祖国的大地上，把科技成果应用在实现现代化的伟大事业中。

面向经济主战场，加快科技创新，是保持中国经济持续健康发展的必然选择。经过改革开放近40年的努力，中国经济总量已经位居世界第二。但是，中国经济发展不少领域大而不强、大而不优。新形势下，长期以来主要依靠资源、资本、劳动力等要素投入支撑经济增长和规模扩张的方式已不可持续，中国发展正面临着动力转换、方式转变、结构调整的繁重任务。现在，中国低成本资源和要素投入形成的驱动力明显减弱，需要依靠更多更好的科技创新为经济发展注入新动力；社会发展面临人口老龄化、消除贫困、保障人民健康等多方面挑战，需要依靠更多更好的科技创新实现经济社会协调发展；生态文明发展面临日益严峻的环境污染，需要依靠更多更好的科技创新建设天蓝、地绿、水清的美丽中国；能源安全、粮食安全、网络安全、生态安全、生物安全、国防安全等风险压力不断增加，需要依靠更多更好的科技创新保障国家安全。创新发展注重的是解决发展动力问题。中国创新能力不强，科技发展水平总体不高，科技对经济社会发展的支撑能力不足，科技对经济增长的贡献率远低于发达国家水平。新一轮科技革命带来的是更加激烈的科技竞争，如果科技创新搞不上去，发展动力就不可能实现转换，中国在全球经济竞争中就会处于下风。促进科技和经济结合是改革创新的着力点，也是中国与发达国家差距较大的地方。要围绕产业链部署创新链，聚集产业发展需求，集成各类创新资源，着力突破共性关键技术，加快科技成果转化和产业化，培育产学研结合、上中下游衔接、大中小企业协同的良好创新格局。

服务经济社会发展主战场，必须加快推进科研成果转化。现在，科研成果转化周期越来越短，一项科研成果如果在转化周期内没有转化为生产力，其经济潜能就会很快衰减。科学研究不能仅满足于提出新想法，写出技术报告、发表科研论文、形成专利，更要密切结合到关键技术的研发过程中去，以科研成果快速转化为生产力为使命。科技创新绝不仅仅是实验室里的研究，而是必须将科技创新成果转化为推动经济社会发展的现实动力。科技成果只有同国家需要、人民要求、市场需求相结合，完成从科学研究、试验开发、推广应用的三级跳，才能真正实现创新价值、实现创新驱动发展。多年来，中国一直存在着科技成果向现实生产力转化不力、不顺、不畅的痼疾。这个问题解决不好，科研和经济始终是“两张皮”，科技创新效率就很难有一个大的提高。要深入研究和解决经济和产业发展亟须解决的科技问题，围绕促进转方式调结构、建设现代产业体系、培育战略性新兴产业、发展现代服务业等方面需求，推动科技成果转移转化，推动产业和产品向价值链中高端跃升。

3. 面向国家重大需求

当前，国家对战略科技支撑的需求比以往任何时期都更加迫切。科技创新必须把国家重大战略需求放在首位，为国家发展和民族复兴做出卓越贡献。党中央已经确定了中国科技面向2030年的长远战略，决定实施一批重大科技项目和工程，要加快推进，围绕国家重大战略需求，着力攻破关键核心技术，抢占事关长远和全局的科技战略制高点。

围绕国家战略需求，实施重大科技项目。落实创新驱动发展战略，必须把重要领域的科技创新摆在更加突出的地位，实施一批关系国家全局和长远的重大科技项目。这既有利于中国在战略必争领域打破重大关键核心技术受制于人的局面，更有利于开辟新的产业发展方向和重点领域、培育新的经济增长点。从20世纪上半叶开始，特别是一战和二战期间，重大科技工程逐渐成为科学的热点。“曼哈顿计划”“阿波罗登月计划”“人类基因组计划”等这些带有大科学时代标志的工程，让人们记忆深刻。就中国而言，“两弹一星”、载人航天、蛟龙号等一批耳熟能详、展示中国科研实力的工程已拔地而起。当前，在满足中国固有的重大需求的同时，新一轮科技和产业革命已经催生“互联网+”、智能制造等新产业新业态，同时也正在创造巨大新需求。2016年发布的《国家创新驱动发展战略纲要》指出：“坚持国家战略需求和科学探索目标相结合，加强对关系全局的科学问题研究部署，增强原始创新能力，提升中国科学发现、技术发明和产品产业创新的整体水平，支撑产业变革和保障国家安全。”中国确定要抓紧实施已有的16个“国家科技重大专项”，进一步“聚焦目标、突出重点，攻克高端通用芯片、高档数控机床、集成电路装备、宽带移动通信、油气田、核电站、水污染治理、转基因生物新品种、新药创制、传染病防治等方面的关键核心技术，加快形成若干战略性技术和战略性产品，培育新兴产业。”在此基础上，以2030年为时间节点，再选择一批体现国家战略意图的重大科技项目，力争有所突破。从更长远的战略需求出发，中国要坚持有所为有所不为，在航空发动机、量子通信、智能制造和机器人、深空深海探测、重点新材料和新能源、脑科学、健康保障等领域，再部署一批体现国家战略意图的重大科技项目。已经部署的项目和新部署的项目要形成梯次接续的系统布局，发挥市场经济条件下新型举国体制优势，集中力量、协同攻关，为攀登战略制高点、提高中国综合竞争力、保障国家安全提供支撑。

突破核心技术，抢占科技制高点。世界正处在科技创新突破和科技革命的前夜，一些重要的科学问题和关键核心技术发生革命性突破的先兆已日益显现，同建设世界科技强国的目标相比，中国的发展还面临重大科技瓶颈，关键领域核心技术受制于人的格局没有从根本上改变，科技基础仍然薄弱，科技创新能力特别是原创能力还有很大差距。只有把核心技术掌握在自己手中，才能真正掌握竞争和发展的主动权，才能从根本上保障国家经济安全、国防安全和其他安全。不能总是用别人的昨天来装扮自己的明天；不能总是指望依赖他人的科技成果来提高自己的科技水平，更不能做其他国家的技术附庸，永远跟在别人的后面亦步亦趋。所谓核心技术，可以从三个方面把握。一是基础技术、通用技术；二是非对称技术、“杀手锏”技术；三是前沿技术、颠覆性技术。在这些领域，我们同国外处在同一条起跑线上，如果能够超前部署、集中攻关，很有可能实现从跟跑并跑到并跑领跑的转变。

科技创新既要“顶天”，面向世界科技前沿，致力于未来发展；又要“立地”，面向国家战略需求，赢得战略主动；同时还要“惠民”，面向经济发展主战场，为人民创造更多财富。坚持“三个面向”，加快各领域科技创新，世界科技强国的建设才能行走在正确而宽广的道路上。[①]

三、科技体制改革未来工作重点

1. 强化企业技术创新主体地位，促进科技与经济紧密结合[②]

建立企业主导产业技术研发创新的体制机制。同时，强化和完善研发费用加计扣除、研发设备加速折旧、高新技术企业认定、政府采购等政策，使企业成为技术创新决策、研发投入、科研组织和成果转化应用的主体。未来的政策应该是要支持企业建设技术研发机构，牵头实施产业目标明确的重大科技项目。科研院所和高等学校要更多地为企业技术创新提供支持和服务，促进技术、人才等创新要素向企业流动；鼓励科技人员创办科技型企业。以扶持此类企业为基础，才能做到更好地盘活新兴产业和更好更长远地服务于宏观经济建设。

扎实推进国家科技重大专项实施，积极培育发展战略性新兴产业，促进产业优化升级和结构调整，大力加强原始创新，大力促进惠及民生的科技工作，加快农业科技创新创业，推进文化科技创新。加快科技成果向现实生产力转化，切实增强科技进步和创新在稳增长、调结构、转方式、惠民生中的支撑引领作用，推动中国经济社会发展走上创新驱动、内生增长的道路。

2. 加强统筹部署和协同创新，提高创新体系整体效能

《国家中长期科学和技术发展规划纲要（2006—2020年）》提出国家创新体系建设的重点是技术创新、知识创新、国防科技创新、区域创新和科技中介服务等五个体系。未来科技体制改革就是要加强创新各主体和各环节的协同，加强科技资源开放共享。

3. 完善科技管理体制，促进科技管理科学化和资源高效利用

要加强科技宏观统筹。完善统筹协调的宏观决策体系，健全中央与地方之间、

① 习近平指出科技创新的三大方向［N］.光明日报，2016-06-02（1）.

② 中共科学技术部党组. 坚持中国特色自主创新道路，进一步发挥科技的支撑引领作用［J］. 求是，2012（19）：20-22.

各部门之间的协调机制。积极探索新型举国体制，完善重大战略性科技任务的组织方式。国家将推进科技项目管理改革。强调公开透明、公平公正、科学评价，从需求征集、评审立项、过程管理、监督评估等重点环节加强改革。完善项目评审评价机制，保证科研人员科研时间。

4. 完善人才发展机制，激发科技人员积极性创造性

围绕贯彻落实科技、人才、教育三个规划纲要，重点从两个方面加强科技人才工作：统筹各类创新人才发展和完善人才激励制度。加强高水平领军人才、青年科技人才特别是35岁以下青年的培养使用。大力引进海外优秀人才特别是顶尖人才，支持归国留学人员创新创业。

5. 营造良好环境，为科技创新提供有力保障

进一步落实和完善全社会研究开发经费逐步增长的政策措施，健全科技投入体系。完善所得税优惠、创新产品首购和订购、股权期权激励和奖励、收益分配等政策，加快科技成果转化应用。扩大开放合作，提升科技创新开放合作水平。完善科技创新政策体系，积极营造更加有利于创新的政策环境，有效激发全社会的创新创业活力。在全社会弘扬创新精神，加强创新文化建设。

第七章　区域创新探索与前瞻

第一节　区域创新的概念、特征和要素结构

一、区域创新的概念

英国卡迪夫大学库克教授研究认为区域创新是企业及其他机构经由以根植性为特征的制度环境系统地从事交互学习。交互学习相当于知识通过各类行为主体交互作用形成的一种集体资产；环境是指由物质资源、人才、规则和标准等共同构成的开放地域综合体；根植性包括通过特定社会交互形式完成的创新过程，并以不同的形式增加复制难度。库克在《区域创新系统：全球化背景下区域政府管理的作用》一书中，对区域创新的概念进行了更为详细系统的阐述，他认为区域创新系统主要是由在地理上互相分工与关联的生产企业、研究机构和高等教育机构等构成的区域性组织体系，而这种体系支持并产生创新。毫克尼斯认为区域创新是区域科学发展的新阶段，信息流已成为区域内和区域间能量交换和流动的主要形式，区域行为者之间的以某种网络方式进行的信息交流是区域创新系统的重要前提。信息流的强度及其特征，应成为界定区域上、下限的主要依据，依此界定的区域不再是基于传统意义上的地理范畴，而是一个知识流聚集域。

虽然这些学者对于区域创新做了较为深入的研究，但是由于区域创新是一个动态、历史的范畴，所以想要对其进行简单而精确的概念界是很困难的，但从中可以概括出区域创新系统的基本内涵：1.地域性。对由各行为主体、经济网络和基础设施网络相连接的点共同构成的功能区域内的产业现象进行研究，是以知识流聚集域为基础、具有一定的地域空间范围和开放性的边界。2.根植性。区域创新系统内企业特定的社会交互形式，增加了新知识和新技术在企业内外复制的难度。3.多元

性。区域创新系统不仅包括企业、大学、科研机构等新知识和新技术发现和转化的主要经济单元，还包括支持服务机构、政策、规则、相关基础设施等知识扩散的部门和制度。4.协同性。区域创新系统内各部门高效率的相互作用、协同创新是提高系统创新质量和产量的前提条件。5.系统和网络特性。创新是经济行为主体之间社会交互作用的结果，各创新主体相互作用构成创新系统组织和空间网络结构。6.创新功能。通过对新知识和新技术的发现、扩散和应用，实现创新。7.政策性。政府通过制度和政策提高地区学习氛围，营造创新环境，促进知识资本化。综合上述几点内涵，可以将区域创新总结为在一个知识流聚集域内，由参加技术创新和扩散的企业、大学及研究机构、中介服务机构和政府组成，通过政府行为和制度规范，创造、储备、使用和转让知识、技能及新产品的社会网络系统。这个社会网络系统不仅受到创新环境、基础设施等的影响，还与区域内网络结构、人才储备密切相关。

二、区域创新的特征

区域创新的核心特征，主要表现在以下几个方面。

1. 创新主体的多元性

区域创新的创新主体的个体属性千差万别，因此各创新主体呈现出多元化的特征。这一差异性在商业组织的主体层面上表现得尤为明显。处于不同产业链的主体之间通常是一种均衡的“水平关系”，而不是管理与被管理、供应商和顾客这样的“垂直关系”。随着创新要素在区域内自由流动，政府主体之间的正式组织以及以企业为主的非正式组织共同参与，形成多种组织共同推动区域创新合作的制度安排。这种制度变迁是地方政府、企业正式和非正式组织行为规范化的结果，其转变过程是区域创新系统保持相对稳定的必由之路。当然，由于创新主体存在均质程度的差异，它们表现出的多元化特征也可能在一定程度上产生阻碍作用，导致出现功能不完善的区域创新系统。

2. 内在联系的紧密性

在区域创新的过程中，不同创新主体之间存在着紧密的内在联系，这种相互依存性会激发创新主体自发地进行创新合作。区域创新系统的顺利发展，需要显性或者隐性的制度安排作为“游戏规则”，来规避企业边界的屏蔽效应。依据规则的作用方式与演替机理，可以将制度分为显性制度和隐性制度。正式制度有赖于区域内的各类组织通过协商达成的共识，而隐性制度由于内在的传统根植性、民族习性和历史积淀，需要在价值观念、伦理道德规范和风俗习惯等方面进行广泛交流。由于创新合作与联系的日渐频繁，产生了密集的跨组织的人流、物流、资金流、知识流和信息流等，这种密集联系是区域创新系统形成的必要条件。

3. 地理边界的模糊性

区域创新系统的地理边界具有较强的模糊性，区域创新无须确定明确的地理范围。事实上，区域创新系统功能的有效发挥，并不依赖于越来越区域的静态边界，而是通过边界的动态变化，有效获取周围的资源，并进而发挥自身的外部性，重点强调区域及其辐射范围内各个经济主体相互之间的要素交流。不仅如此，地理范围的模糊性还能够维护区域创新系统的稳定运行。这是因为，一方面地理上的行政区划可以保证企业在创新过程中制度和环境的相对稳定性；另一方面也可以通过区域的模糊边界保持其创新竞争的动力，以及保证了与外部交换的必要创新资源的灵活性。

4. 内部分工的明确性

区域创新系统内部往往存在合理而明确的创新活动分工，这种分工既包括行业部门的横向分工，也包括产业链上的纵向分工。例如，在粤港澳区域创新系统雏形中，香港特别行政区是统领这一区域走向世界、参与国际科技经济合作的龙头，澳门特别行政区是引进欧盟、葡语系国家先进技术的重要桥梁，广东省则是科技成果产业化的理想之地。粤港澳的明确分工将极大促进区域创新系统的建设与发展。内部分工的明确性使各行政区域虽相互依赖但互不控制，都能凭借比较优势开展自主创新活动。同时，各主体之间在有效地传递知识、信息的同时，也可以通过横、纵向的分工合作关系化解市场竞争与创新失败的风险。

三、区域创新的要素

区域创新的要素是研究区域创新系统运行、演化与成长的基础。区域创新的构成要素主要分为创新主体要素、创新资源要素和创新环境要素三类。区域创新是由生产者子系统、提供者子系统、体制子系统和创新环境共同构成的复杂有机整体，创新网络是创新系统结构的主要表现形式，各主体结构通过关系链条和网络层次间的联系相互作用，以及区域创新网络独特的动态特征产生集聚，提高创新能力，发挥竞争优势。区域创新系统研究的重点是整个系统中要素互动和知识流动的效率。创新系统的有序运行有赖于知识资本、知识流动和知识资本化效率。研究区域创新系统知识结构的主要目的，在于了解知识及知识资本的内涵、知识流动的特点和形式、知识链和知识网络的结构及作用，为分析区域创新系统演化和运行奠定基础，揭示区域创新系演化与运行的内在机理。

要素是系统的基本构成单元。学者们对于区域创新系统的构成要素有多种观点，但通过分析近年来文献发现，把区域创新系统的构成要素划分为主体要素、资源要素及环境要素三类的观点占绝对主流。主体要素包括区域内的生产企业、地方政府、高校及科研机构、中介服务机构，资源要素包括创新设施、人力资本和企业资源等，环境要素包括制度、机制、政府或制度调控、基础设施和保障条件等。①

1. 创新主体要素

创新主体要素是指一定范围内直接或间接进行创新的机构和组织，这些机构和组织相互关联、相互作用，形成了一个关于创新的关系网络。创新主体要素主要包括企业、政府、大学和科研院所、中介组织，其中企业和大学等是直接创新要素，政府、中介组织是间接创新机构。政府和中介组织是企业、大学等直接创新要素进行创新活动的辅助机构，以促进区域创新系统的产出。

（1）企业

企业是区域创新系统的核心要素，是科技成果转化为生产力的唯一中转站，是最基本的社会经济单元。区域内企业的数量、规模、运行、成长和创新能力直接决定了区域创新系统的综合实力和竞争力。区域创新系统中的企业不仅是技术创新的主体，还是研究开发投入、创新利益分配、管理机制创新、经营机制创新、激励机制创新的主体，这些企业多为同一产业链上的中小企业，这些企业通过资源整合和

① 付淳宇. 区域创新系统理论研究［D］. 长春：吉林大学，2015. 62-65.

组织学习形成互补优势，以知识流动和资源流动为依托，构成共享利益、共担风险的网络结构。企业、政府和科研机构还会在一定的市场条件和政策环境中形成产学研的合作方式，实现主体创新要素的联合创新，创新成果经由企业和中介机构面向市场，创造经济价值，提高地区生产能力和综合创新能力。企业还是企业文化、创新观念和创新氛围形成和营造的主体，通过相关的职业培训、文化活动和价值导向使员工自觉形成一定的价值准则、创新的共同信念和企业凝聚力。

（2）政府

政府是间接创新要素，不直接参与创新过程，是创新的支持者、辅助者和推动者，通过一系列相关政策法规的制定引导、激励、保护、协调和约束创新。在市场经济中，政府可以通过政策导向自上而下地建立区域创新系统，为区域创新系统的构建提供直接资金支持、税收减免和园区房租优惠等间接资金支持，营造良好创新氛围吸引人力资本，进行地方立法和创新立法激励、保障园区的创新。政府还可以作为企业和科研机构连接的桥梁，为研究机构科技成果转化为生产力提供途径，辅助企业开拓市场，为创新成果的扩散、运用和市场化保驾护航。在宏观上，政府可以为企业提供持久有效的创新激励环境，弥补市场化运行过程中信息不对称和市场失灵的问题，调节市场资源配置，并为企业提供良好的交通、通信和相关基础设施；在微观上，政府引导企业创新方向，规范企业行为，促进企业间良性竞争，为企业技术攻关和可持续成长提供辅助支持。

（3）教育及研究机构

大学是直接创新要素，是区域创新的主要行为主体。大学在区域创新系统中的功能主要是发现、创造新知识、传播和扩散知识、培养创新人才。从本质上讲，大学是区域创新系统的中心。从大量区域创新系统形成的案例来看，中小企业首先是依托研究型大学而自发聚集，形成产业集群；并以研究型大学的主要学科为创新方向，吸引大学培养的创新型人才，形成创意阶层，成为企业管理和研究队伍的主要力量。在与企业、政府共同形成产学研创新模式的同时，大学还可以作为企业技术创新的支持者，或受企业委托，利用世界前沿的技术设备和科研团队完成技术攻关，实现创新。大学中浓郁的科研氛围、学术气息、创新理念和积极向上的学习态度、人文环境，有利于区域创新系统形成良好创新氛围，推动科技创新。科研机构是区域创新型系统重要的创新主体要素，在创新系统中的功能主要是新知识和新技术的研发、科研管理创新等。与研究型大学不同，科研院所在研究人员和科研项目方面，更注重“精”“尖”，主要为定向企业提供技术创新成果，为政府提供决策咨询；在知识的传播与扩散、培养大量创新型人才方面略逊于研究型大学。科研机构的科研管理创新主要表现在科研项目管理机制、用人机制和分配机制等方面的改革和创新。科研机构还为区域创新系统营造良好的科学文化氛围，创造积极向上的学术气氛、科学理念和科研环境，为系统的文化创新和科技资源共享贡献力量。

（4）中介组织

中介组织是区域创新的辅助要素，是辅助企业、大学和研究机构进行技术创新的创新主体要素。技术创新是一个涉及科技与市场经济的复杂过程。在市场经济条件下，企业将新知识和新技术转化为生产力的过程中，难免遇到信息不完全、市场失灵和获得信息迟缓等问题。中介组织就是将企业与企业、企业与市场相关联的关键。中介组织主要包括区域内的各种行业协会、商会、创业服务中心、产权转让、律师事务所、会计师事务所等组织机构，中介组织将市场信息进行整理、加工，并对企业发布，使企业在创新过程中可以获得较为全面的信息，提高企业的信息获取能力、融资能力和成果转化能力，促进新知识和新技术的传播与扩散。中介机构的创新功能体现为以专业知识和专业技术为基础的服务创新，其创新效能在经济发达的地区能得到更好的发挥，可以有效促进地区内创新速度的提升、创新规模的扩大和创新效益的提高。

2. 创新环境要素

创新环境是区域创新系统的活动空间，它决定着创新型企业的生存条件、健康状况、运营模式和发展方向。区域创新系统的主体是新创企业，不同的创新环境会造就不同的新创企业。良好的创新环境有利于新企业突破传统结构造成的生存障碍，促进能够成功适应市场的新进入者获得良好绩效，淘汰那些不能够适应的新进入者。创新环境是区域内创新活动顺利展开的保障，是区域创新系统健康运行的前提条件。创新环境是以自然环境为依托，通过人的行为影响、形成的，主要分为硬环境和软环境。硬环境主要指由先天条件构成的自然环境、资源环境等；软环境主要指制度、政策、法律法规、市场和文化等。区域创新系统的整体环境对系统创新绩效具有直接影响，系统中所有创新环境要素不可能同时处于理想状态，根据不同创新系统和运行目标，调整各要素状态，有利于优化整体环境。区域创新系统理论中对硬环境要素的认识与主流经济学中的观点相一致，在此不再赘述。系统分析创新环境中的软要素，有利于促进系统功能充分发挥，提高区域创新能力和整体竞争优势。

3. 创新资源要素

（1）硬件资源

区域创新所需的硬件主要有基础设施、知识设施、信息设施、补充性资产和辅助设施等。基础设施主要包括道路交通等硬件；知识设施主要包括一流的图书馆、先进的实验室，各种先进的设备、仪器、固定资产等；信息设施主要是提供各种数据、传递数据、接收数据、信息的设施，如局域网络、数据处理中心、通信器材等；补充性资产是由补充性技术、外部专利和风险投资等一系列资源等组成的一种企业资源，是新创企业实现技术商业化的必要条件，对战略性新兴产业发展的速度和规模有着重要影响；辅助设施是指那些对战略性新兴产业发展起到一定支持作用的外部环境设施。基础设施是区域创新系统运行的前提条件，这五种设施共同作用，支撑创新系统的高效运行。

（2）软件资源

软件资源主要指人力资本，人力资本对经济增长的拉动效应在高新技术研发和制造的产业中体现得较传统产业更显著。应根据不同经济结构对各种人力资源的需求，优化地区教育结构、完善市场体系、健全市场机制，实现人才结构与地区经济结构相匹配，发挥技术创新的经济效用，促进区域创新系统高速发展，提高地区竞争力。

四、区域创新的要素

区域创新系统是依赖于个人企业家和公司的活动，由一系列具体活动者启发和激励起来而形成的。这项设施主要指“在一个广泛时期内，通过很多公众和私人领域的活动，相互产生的一系列活动的积累”。这个基础设施包括三个子系统：第一个子系统是生产子系统，与工具功能紧密相关，包括某一产业的生产公司、供应商和消费群体。区域创新系统的生产者一般是作为技术创新载体、孵化器和传播者的创新型企业。第二个子系统是提供者子系统，是关键资源禀赋的提供者，主要包括高等院校、独立的研发机构和为产业提供资金支持的投资者，这些机构的研究、教育活动是战略性新兴产业人力资本的重要来源。第三个子系统是体制子系统，是指新兴产业的体制，主要包括公共部门机构（如专利代理部门等政府机构）和非营利性机构（如行业协会和标准制定机构），这类基础设施的完善程度可以反映围绕在产业周围的企业的合作能力。这些具体的活动者主要包括顾客、创新者、金融家和出口市场。区域创新系统是一个包括且又超出重点企业组织领域开展的过程，通过确定处于不同领域、相互关联生产者的具体配置，实现发展目标。

1. 区域创新网络

区域创新系统结构的表现形式是创新网络。区域创新网络是指一定地域范围内，创新系统各要素在交互作用过程中，彼此建立起各种相对稳定的、能够促进创新的正式或非正式的关系总和。具体而言，区域创新系统由创新主体、创新资源、创新机制和创新环境等相互关联、相互作用的四个主要部分组成。

一般而言，网络都被理解为一组结点之间的联系和组织形式。创新网络是多元主体参与、多种创新资源要素流动、各参与要素相互连接、相互作用构成的一种新的组合与运作方式，是在一定地理区间内由多网络节点连接而成的开放的创新系统（Economides，1995）。创新网络是介于市场和企业间的一种新型组织方式，它比市场稳定、比等级组织灵活，有利于信息在网络的各个单元间充分交流，传递可编码的规范化信息和不可编码的隐含信息，实现创新。网络的节点既可以是网络中的一个组织单元，如企业、大学、研究机构、中介机构和政府，也可以是组织单元之间通过交流而产生的具有进一步扩散价值和作用的事物和行为。这些交流既包括正式的书面合同、座谈会、讲习会等，又包括非正式的文体活动等。当交流将节点连接成网络后，又会形成新的重要节点，从而不断扩大创新网络覆盖范围和覆盖密度。交流愈频繁，节点愈多，创新机会愈多，创新能力愈强。各要素之间的知识与信息的交流，促进了创新资源在创新活动主体间的有效分配和使用，实现创新，发展区域经济，提升地区竞争力。

2. 各主体间的结构关系

区域创新系统中的行为主体是通过相互之间的影响和协调来实现创新的，因此必须研究各个主体之间的关系链条，进而发掘链条间的特点和关联，分析各行为主体间的结构关系。

网络中各节点之间的关系链条，既是信息、知识传递的关键渠道，又是知识、信息技术等在扩散过程中创造价值或知识增值的“价值链”。区域创新系统以企业、研究机构和大学为知识和技术的载体，通过政府、金融机构和中介机构等进行保障和刺激，促进知识和创新资源在各主体间流动，进行创新。承载知识和创新资源流通的渠道通过各节点进行连接，形成价值链。这些要素流动所经过的每一个节点，都不是单向连接，而是与网络中的其他节点具有直接或间接的联系，实现知识在区域内人员、资本等要素间正式或非正式的交流，即各个网络节点之间存在显性关系和隐性关系之分。显性关系是新知识和新技术以正式交流的方式，依托于可观察到的资金、服务、文件等物品，在知识转化系统中运行，发生知识的扩散和外溢；隐性关系是指知识以非正式的方式，通过人与人之间的交往获得信息资源，实现知识资本化。这些显性与隐性知识的交互作用共同构成了创新系统的空间网络结构，促进新知识的流动与转化。

3. 内部网络的动态特征

区域创新的内部网络是区域创新系统长期具有核心竞争力的关键。随着区域创新系统的不断发展，组织间的分工协作、知识和创新要素在各行为主体间合理流动和配置，内部网络的演化也随之发生变化，企业间分工协作关系将趋向合理，呈现出动态中相对稳定的特征。

首先，区域创新系统的结构形成之后，便表现出稳定的倾向。系统具有自稳定的特性，当系统受到内、外部干扰时，会在一定程度上偏离原有轨道，但通过自调节，当干扰消失时，便回到原有轨道，回归稳定状态。

其次，系统在与外部环境进行资源交换过程中，将发生从量变到质变的飞跃。区域创新系统是一个开放的系统，随着系统内部创新资源的不断增加，系统创新能力不断提高，对新知识和新技术的识别、发现能力不断增强，系统各主体要素之间联系不断加强，资源流动渠道也不断丰富和完善，内部网络中知识、信息等扩散和外溢的速度不断加快，区域创新系统在内、外部双重动力作用下不断发展和跃升，实现“质”的改变。

最后，区域创新系统从结构的一种稳定状态向另一种稳定状态演变的过程就是一个系统结构的相对稳定期。区域创新系统和其他任何系统一样，稳定是相对的，变化是绝对的。在系统的多层次体系中，高级系统由低级系统构成，低级系统是高级系统的子系统；复杂系统由简单系统构成，简单系统是复杂系统的子系统。随着低级系统和简单系统的不断发展和跃升，区域创新系统也在稳定中不断变化，实现系统整体的升级。网络化结构的优势可以概括为：使创新的成本更低、速度更快、反应更敏捷、发挥的潜力更大。知识集聚域内企业、大学和研究机构的自主创新能力将随着创新资源的日益丰富、要素流通渠道的不断增多、创新市场的日益繁荣、创新氛围的逐渐浓郁而不断提升，提高创新效率，保持地区持久竞争力。

第二节　中国区域创新的成功典型

长江三角洲城市群简称长三角城市群，是中国最大的城市群，也是中国目前经济总量规模最大、最具有发展活力的经济板块。上海和南京为其中两个重要中心城市，苏锡常地区已经建立了完善的产业链和经济体系。各个行政主体之间的联系非常密切，人员、资金和技术流动非常频繁。与此同时，长三角地区也是中国科技创新能力和高等教育发展水平领先的地区，区域内科研机构和高等院校密集，所以长三角地区就成为了中国区域创新最典型的案例。

一、长三角区域创新的现状

1. 综合实力奠定区域创新的基础

（1）经济实力雄厚

长三角城市群以占全国2.6%的土地面积，聚集着全国13.1%的人口，创造了全国近1/5的国内生产总值和社会消费品零售总额，占据了全国1/3强的对外贸易，尤其是进出口总额占到了全国的近40%。面对错综复杂的国内经济形势，长三角经济运行稳中有升，转中向好，主要经济指标处于中高速增长合理区间。[①]

（2）文化软实力引领

历史经验已充分证明，创新的规模、程度和水平与区域内文化空间的大小呈正比，只有懂得尊重思想和文化的民族和国家，才能创造出伟大的思想和文化。生活在一个良好的、有利于创新的社会文化氛围中，能让人解放思想，从而产生不断追求创新的勇气与活力。即使在创新创业失败时，也能收获鼓励、支持和经验。

长三角根植于吴越文化和江淮文化，创新文化历史悠久。改革开放以来，随着经济的一体化，文化的融合程度也越来越高。在文化的传承与更新中糅合了时代精神与特征的海派文化的创新精神越发突出，充分展现着其文化的引领、集聚与辐射功能，经济发展进程也无不留有文化的烙印，如苏南模式、温州模式、张家港精神等。

（3）创新大环境支撑

区域创新环境有硬环境和软环境之分，硬环境主要包括交通设施、通信设施等基础设施建设的完善程度；软环境则主要体现在文化创新的氛围、区域内支持科技创新的政策法规和市场体系建设等核心因素。软、硬环境相互作用、相互影响，奠定了区域创新活动的基础。其中，区域创新政策法规体现了政府对区域创新活动的力度和态度，是区域内的创新要素集聚和辐射的规则，引导、规范、制约着区域各类创新主体的创新行为。良好的区域政策法规既要引导集聚各种创新要素、推动创新活动产生，还应该能够有效推动创新成果转化与合理利用并明确创新成果归属和利益配置等问题。

企业创新是长三角城市群经济发展、产业升级的重要支撑。而支撑企业创新的动力，除了充分发挥企业的主体作用外，区域创新体系的构建也起到了极大的推动作用。在长三角城市群之间，构建以企业为主导，政府、高等院所、中介组织、金融机构等密切合作、联动发展的创新网络，有效地促进了知识、信息、技术、资本、设备等各类创新要素自愿有效流动，促进了城市之间的创新优势合作互补，推

① 数据来源：《中国统计年鉴2015》.

动了区域创新发展格局的形成。根据中国科学技术发展战略研究院发布的《中国区域科技进步评价报告2015》显示，2015年在科技进步指数的排序中，上海、江苏、浙江分别排在第1、4、6位。

2. 科技能力提供区域创新的动力

2016年，长三角深入实施创新驱动发展战略，集聚科技创新人才，增强科技创新投入力度和强度，优化创新创业环境，使科技创新工程实施工作取得阶段性进展，区域创新能力不断提升。

（1）科技创新投入大

首先，研究与试验发展经费高。研究与试验发展（R&D）经费是科技创新投入强度的重要指标。2014年，长三角研究与试验发展经费占全国经费比重为26.6%，其中，江苏投入1653亿元，占全国的12.7%，自2004年以来连续十一年居全国首位，浙江、上海分别为6.9%和6.65%，分别占第3、6位；同时江苏、浙江、上海的研究与试验发展经费投入强度分别为2.54%、2.21%、3.66%，也均高于全国平均水平（2.05）。[①]

其次，科技人才集聚。人才作为科技创新的战略资源主体，其作用毋庸置疑。长三角社会经济稳定，服务社会、服务人才环境良好。为更好地吸引、集聚科技创新人才，长三角在载体、项目、金融、服务等方面联动发展，鼓励更多人才到长三角来创新创业。例如，江苏省从事科技活动的人员为108.05万人，其中研究与试验发展人员为60.96万人，中国科学院和中国工程院院士为93人。为突出青年人才培养，设立杰出青年科学基金和青年科学基金专项资金，在选苗、重点扶持、跟踪培养等一系列人才链条上采取特殊措施，累计投入3.9亿元资助1550位青年科技骨干，储备优秀学术带头人。突出人才创业扶持，举办首届科技创新大赛。同时，搭建各类发展创新孵化载体，在江苏省内目前各类孵化器数量和孵化场地面积均已达到全国的1/3，年平均入驻企业在4000家以上。江苏已初步形成了引进高层次人才、创办高科技企业、发展高新技术产业的链式效应，推动了江苏的科技创新发展。全省国家“千人计划”人才总数累计达480名，其中，创新类人才占全国的近30%，稳居首

① 数据来源：《中国统计年鉴2015》.

位。推动科技大军下基层，加大“科技镇长团”选派力度，在全国首创建设研究生工作站等人才站点，推动8万名专家教授、数千名科技管理干部、数万名研究生常年活跃在基层和企业一线，切实推进科技创新。

最后，工业企业创新投入大。从2014年苏浙沪两省一市规模以上工业企业的创新投入及产出来看，工业企业的创新投入（研究与试验发展经费）和有效发明专利数占全国比重超过30.0%，达到了1/3左右。这两组数据凸显了长三角城市群在全国的科技进步水平，反映了长三角城市群的科技创新能力。①

（2）科技创新产出

为推动企业更好地发挥作为创新主体的作用，以上海为代表的长三角创新招商模式，在应用的领导下，贯彻提升科技创新效率、加快价值实现的主线，率先变“选项目”为“选企业”，转变科技成果转化类计划项目的实施机制，根据企业项目的发展需求，提升配置各种资源要素的能力，引导、支持强化成果的转化率，使科技创新能迅速有效地转化为生产力，推动科技社会的全面发展。

首先，高新技术产业蓬勃发展。发展高新技术产业是落实科学发展观、促进产业结构优化升级和经济发展方式转变、推动科技创新的必然选择。高新技术产业持续、快速发展，已成为长三角产业结构优化升级和经济增长的重要推动力。目前，长三角高新技术产业发展基础较为雄厚、发展势头良好，其产业规模居全国领先地位，形成了以电子信息、生物制药、新材料、光机电一体化与先进制造技术、环保、节能与新能源等为主体的高新技术产业集群。2015年，江苏省按国家新标准认定高新技术企业累计数量已经超过7000家，新认定省级高新技术产品近万项，国家重点新产品190项。2014年1月至6月，江苏省高新技术产业实现产值27882.46亿元，比2013年同期增长11.60%；完成出口交货值6489.63亿元，比2013年同期增长13.72%。浙江省新认定高新技术企业797家，累计5309家，高新技术产业产值超过1.6万亿元，同比增长13.3%。其中，新培育省级创新型试点企业56家，示范企业56家，累计分别为415家和246家，科技型中小企业总量达10000家。上海市国家级创新企业达到15家，国家重点新型试点企业298家。2014年内，全市认定和复审高新技术

① 数据来源：《中国统计年鉴2015》.

企业1446家。[①]

其次，科技成果转化率不断提升。专利是知识产权的一种表现形式，是科技活动的一种体现，也是世界上最大的信息技术源。研究表明，世界科技信息的90%～95%来自专利。长三角城市群凭借其优越的区位及人才、市场信息等创新资源优势，知识创新非常活跃，在全国知识体系中占有不可或缺的重要地位。2015年，长三角城市群有效发明超过10万件，达到了全国数量的三分之一。

2015年，上海市共认定高新技术成果转化项目9254项。全年经认定登记的各类技术交易合同超过3万件；合同金额逾700亿元。江苏省组织实施省重大科技成果转化专项资金项目144项，总投入117亿元，全年共签订各类技术合同3.1万项，技术合同成交额585.6亿元，比上年增长10.1%。[②]

最后，科技惠及民生取得良好成效。惠及民生、造福居民是科技创新工作的最终目标。长三角城市群依托现有基础，将科技创新成果应用到各个方面。上海市围绕城市交通、节能减排、资源环境、医疗健康、食品安全、公共安全与防灾减灾等民生关注热点领域，加快科技攻关和实用技术成果的应用。在崇明生态岛、虹桥商务区、上海中心大厦、中国博览会会展综合体建设中，低碳技术、智能技术、生态技术等得到广泛推广，科技支撑能力持续体现。同时，围绕“科技支撑现代服务”的主线，推动服务业理念创新、业态创新、管理创新、技术创新；深入实施文化和科技融合的大发展，以网络视听、数字互动娱乐、数字出版、生活资讯等职能领域为切入点，创新产业发展模式，加强科技对文化的支撑。

江苏省着力解决重大民生科技问题，组织实施节能减排、太湖治理、科技强警、绿色建筑等民生科技示范项目；坚持把科技创新与推动现代化农业发展、提高人民生活质量紧密联系起来；着力建设现代化农业科技创新体系，加强农业品种创新，实施粮食丰产科技工程；加快建设农村科技服务超市。

① 数据来源：《中国统计年鉴2015》.

② 数据来源：《中国统计年鉴2015》.

二、长三角区域创新的特点分析

1. 跨国公司是长三角区域创新系统的重要主体

经过多年对内改革和对外开放，目前长三角地区主要工业企业中，外商投资企业和民营经济体所占比例已经占了很大比重。其中外资工业在电子、通信、化工、医药等产业领域所占比重都较大，跨国公司带动产业链上、下游企业，在长三角地区进行投资和生产，经营规模逐步扩大。很多外商投资企业在长三角地区的生产工厂设立了研发机构，开展应用领域的研究开发工作。截至2016年底，长三角地区外商投资企业设立了超过1000家研发机构。跨国公司在长三角地区的研发机构，主要集中在电子通信、机电、材料、化工和生物医药领域，其中电子通信、机电和材料三个产业的研发机构比重尤为突出。目前，跨国公司在长三角地区设立的研发机构中，独立性的研发机构数量较少。绝大多数研发机构，还依托于跨国公司在长三角地区设立的生产型企业，开展应用和产品改良方面的研究，涉及基础研究领域的机构数量较少。

2. 开放性的创新系统

长三角地区创新系统的另外一个主要特点，就是创新系统的开放性。除了跨国公司在长三角地区进行投资、生产，并设立研发机构之外，长三角地区也吸引了大量其他区域的国内科研院所和企业，在长三角地区设立研发机构。这些研发机构，以应用研究为主，通过在长三角地区的科研活动，促进科研成果的产业化。这些科研院所包括上海交通大学电气材料与绝缘研究中心、华中科技大学国家CAD 支撑软件工程技术研究中心、中国科技大学苏州研究院、四川大学苏州研究院、武汉大学苏州研究院等。

3. 积极的政府政策支持

长三角地区的各级政府为鼓励和吸引企业和个人在长三角地区设立研发机构，促进技术创新，提高自主创新能力，制定了鼓励和吸引国（境）内外研发机构的相关政策。主要政策内容包括税收减免；提供一定额度的科技经费支持；鼓励研发机构与高等院校、企业开展多种形式的合作研发活动，投标、竞标国家资助的高新技术研究、重大科技攻关等项目，联合申报各级各类科技发展计划项目。加强公共创新技术平台建设是另外一项主要的创新政策。上海市政府和江苏省政府在近三年都出台了在主导产业和新兴产业领域，加快建设由政府、企业、高等院校、科研机构、行业组织等多元投入、面向社会、资源共享的创新技术平台的相关政策。

4. 高校科研创新团队的内生动力

长三角地区的高校数量仅次于京津冀地区，而高校正是区域科技企业孵化器体系的重要组成部分。基于长三角地区优秀的创业环境和生活环境，吸引了大量国内外创新型科技人才和高校教师来长三角地区工作。另一方面，由于高校数量众多，在长三角地区，政府设立了大量的大学科技园。而大学科技园是比较合适的创新型企业建设和发展平台，与其他类型的创业园和孵化器相比，大学科技园不仅能提供同样的优惠政策、硬件条件和支持服务，而且能凭借大学在技术和人才方面的优势，借助区位上的优势，帮助新创企业成长和发展。吸引创新型企业在科技园内创立和成长。更重要的是该区域的大学科技园与中国其他区域的科技园不同，长三角区域的大学科技园采取了开放型的园区运作机制，科技园不仅对大学开放，还要对社会开放。形成园内企业的非正式交流与合作网络。同时该区域的大学科技园积极探索引入高校和政府以外的第三方投资。第三方投资不仅能带来资金，更能带来先进的管理理念和敏锐的市场意识，为园区企业的持续创新并逐渐形成有国际竞争力和广泛影响力的产业集群奠定基础。

第三节　中国区域创新的政策、经验和瓶颈

一、中国区域创新的政策

1. 积极推进信息化与工业化发展

中国“十三五”期间在许多行业和领域中已经建立了工业化和信息化高度融合的现代产业体系。与此同时，出台了各项政策方案，促进区域产业结构升级，实现区域可持续发展、走新型工业化道路的重要途径。通过信息技术在企业生产经营领域和管理关键环节的有效使用，使得业务流程优化实现再造，产业链协同能力将得

到显著增强，企业的研发设计创造能力和生产集约化水平显著提升，进而促进各类产业的创新发展能力和服务水平得以明显提高。中国在各个产业推行信息化以创新研发设计模式，可以促进产业自主创新能力的快速提升。例如，不断提高计算机辅助设计应用水平，推进机械、航空航天等不同行业研发设计环节的技术应用集成，能有效创新研发设计模式。同时，积极推进利用信息技术加快汽车等行业研发设计与制造系统的集成，有利于完善产业链协同设计体系。

2. 新型城镇化释放区域创新发展的强大动力

城镇化是中国现代化的必由之路。通过推进产业集聚和体系转移，中国政府在积极推进城镇化的过程中，一个重要的结果就是有利于促进区域创新。随着市场竞争的日益激烈，技术创新能力成为推进产业集群集聚集约发展、提升竞争优势的关键因素，城镇化的积极推进，有利于加快整合各类主体的创新资源，并帮助各类企业开展相互合作、学习与信息交流。新型城镇化发展能够带动城乡一体化，促进区域内科技与产业实现互动发展。同时，城镇化发展带来的土地制度改革、可持续的资金保障机制的建立、城镇化的规划和城镇化定位及形态的优化、城市建设和管理水平的进一步提高等都将为创新破除瓶颈制约，创造区域创新的内需与供给，为区域创新发展提供了根本的源头动力。

3. “双创”思想为区域创新提供根本保障

中国实施 “双创”的国家创新理念，其重点是在科技资源投入、促进产学研合作、加快推动科技成果转化、推进科技体制建设等方面全力推动科技创新，以建设创新驱动型的区域创新体系为战略目标，着力实施相关战略。根据中国政府主导的科技人力投入、资金投入相关数据分析发现，通过创新系统建设过程中市场和政府双管齐下，科技资源和创新资源加快向科技研发方向倾斜，推动科技投入结构持续优化；并通过产学研合作，与科研机构和高校建立了紧密的合作关系，通过日常化、深入广泛的合作，推动科技成果转化，促进经济和科技创新效率的提升，完善了区域创新体系。在此基础上，政府还出台了一系列具体的相关政策措施。《财政部、国家税务总局、科技部关于完善研究开发费用税前加计扣除政策的通知》要求，研发费用加计扣除受益范围扩大，以此来积极鼓励科研创新。2016年1月，科技部、财政部、国家税务总局对《高新技术企业认定管理方法》进行了修订完善，适当放宽高新技术企业认定条件，将小企业的研发费占销售收入比例由6%调整为5%，并将“具有大学专科以上学历的科技人员占企业当年职工总数30%以上”调整为“不低于10%”，取消“近三年内”获得知识产权等限制。该措施使更多中小企业享受到高新技术企业的政策优惠。

二、中国区域创新的经验

1. 政府在创新环境整理和优化方面发挥了积极作用

政府职能的发挥可以通过支持和鼓励政策向简政放权、促进行政管理制度改革和完善对企业的服务方面转变，加强政策引领，培育优越的创新环境，进而推动区域内的创新。中国在培育区域创新能力和环境的过程中，通过制定科技教育政策、生态环境保护政策、人才引进和激励政策，有效地吸引了国内外投资的进入、高端人才的集聚，促进了创新环境的优化，进而提高了该区域的创新能力。

2. 企业在创新技术研发和应用过程中发挥了积极作用

企业是区域创新系统的主体。对中国已有的区域创新成果进行总结，不难发现，必须引导企业增强对创新必要性的认识，切实推动企业在创新的主动性上进行转变。企业发展只有首先建立适应市场需求的企业组织管理体系，才能从企业组织体制上由传统的生产能力强、技术创新和市场营销能力相对较弱的格局，向技术创新和市场营销能力强、生产组织体系健全的模式转变。另外，中国企业和政府格外重视加大科研经费的支持，企业内部也重视企业的人力资源培训和开发，自身经常积极强化创新的激励机制，最终实现企业技术集成和产业化水平的提高。

3. 产学研合作机制在创新成果转移转化中发挥了积极作用

产学研合作通常指以企业为技术需求方，以科研院所或高等院校为技术供给方，需求方和供给方之间的合作，加快推动取得的科技成果由知识形态向现实的生产力转化。在过去几年里，中国发挥产学研合作机制的重要作用，大力加强科技交流与合作，充分利用全球科技资源，加快提高产学研联合层次。鼓励国内的各级各类科研院所、各种类型的高等院校建立研发机构，支持企业建立研发机构，以企业为主、科研机构联办的工程技术中心，支持高校、科研院所承担国家级、省级重大科技创新项目。这些举措都极大地鼓励了科技人员的创新创业，扶持了创新创业领军人才，为区域经济发展和区域创新提供了重要的保障。

三、中国区域创新的瓶颈

近年来，随着科技兴国战略、创新驱动发展战略的深入实施，中国创新能力显著增强。与此同时，中国科技投入总量还有欠缺、原始创新能力有待提高、科技资源投入的分散和重复现象严重、高层次人才和技术紧缺、集成创新仍然动力不足等，这些问题仍然没有从体制机制层面得到根本解决。由于经济社会发展仍然主要依赖要素带动和投资驱动，创新驱动发展战略还未得到深入的实施，效果也不够明显，推动区域创新能力的提高仍然面临诸多瓶颈制约，与发达国家相比具有较大差距。这些主要表现在以下几个方面。

一是当前中国科技投入的结构和管理缺乏统一的管理机制，直接导致投入效益不高。从规划渠道方面看，西部地区重大科技项目投入和区域科技项目投入规划与东部地区相比不够稳定。中国各个行政区之间的科技投入管理机制与调控整合机制效率不高，这就造成了相邻省份的科技投入资金存在重复浪费使用的问题。而且在不同区域，政府投入科技项目的资金属于不同部门和组织管理，由于缺乏统一的管理平台，很有可能造成投入不足与浪费低效并存的情况。

二是中国多数区域原始创新能力较低，特别是关键领域的技术仍然受制于人，而掌握这些核心技术的高层次领军人才严重缺乏、培养困难。这就导致核心技术人才分布不均匀，只有北京、上海及深圳等一线城市，具备较强的原始创新能力。总的来看，与发达国家相比，中国多数区域的原始创新能力不足，特别是在先导性研究方向的提出、引领未来发展的创新技术的培育方面还有很大的差距。

三是中西部区域企业的创新主体作用未能充分发挥。在产学研方面，中国中西部地区还没有形成完整高效的创新链。由于企业活力和外部性等原因，中国西部地区的科技成果转化率总体偏低，而转化之后的成果实现产业化的比例相对于发达国家差距也很大。发达国家的科技成果转化率高达80%，远高于中国的水平。产业技术水平不高，目前中国对外技术依存度较高，中国制造业在国际产业分工中处于低附加值、低收益的层次。

四是中国多数区域的商业模式创新滞后于技术创新。当前，中国多数地区的政府把技术创新和产品创新摆到了经济社会发展的核心位置，但对商业模式创新尚未给予足够重视。从企业发展的角度看，只有不断创新各类要素、要素之间的相互关系、体制机制等联合组成的商业模式，才能从根本上激发用户潜在需求，实现客户价值的最大化。资料显示，美国企业实现的创新中，有60%的创新是商业模式创新，其余40%是技术创新，未来商业模式创新的比例将更高。[①]

五是区域创新能力整体上具有不平衡性的特征。总的来看，中国西部地区的创新能力较低，东部沿海地区的创新能力整体较高，中部各个省份的创新能力大体居于两者之间。东部与中西部之间创新能力的差距呈扩大趋势，而中部与西部反而较接近。甚至在技术创新的经济绩效方面，西部的表现超过了中部。区域创新系统的不平衡，阻碍了区域创新能力的快速提高，不利于国家创新体系的建设。

第四节　中国区域创新未来展望

一、增强中西部地区企业创新动力

1. 打造明星创新型企业

中西部地区通过做大做强龙头企业，培育壮大一批明星创新型企业，加快建设转型升级的示范性企业，努力强化企业的创新系统建设主体地位，并强化其在区域创新体系中的核心作用，对于引导企业积极利用内部和外部的创新要素，提升企业的创新能力和效率具有重要作用。加快推动加工贸易企业转型升级，帮助企业进行技术改造、品牌营销、规范企业管理。支持高技术企业建立独立专业化的科技研发机构，提高成果转移转化能力。吸引更多的公司、企业到本区域设立研发机构、区域总部，开展特色经营活动，制造适合本地区销售的产品。支持企业到海外设立研发机构，鼓励企业与高校、科研机构共建研发中心，通过技术的吸收、创新、转

① 陈建萍.2013年中国民营经济发展论坛在吉举行.［EB/OL］. http://www.chinadaily.com.cn/micro-reading/dzh/2013-08-14/content_9844359.html.

化，提高自主知识产权的占有率和使用效率。

2. 建立有效的冲突管理机制

不同区域的创新主体在合作的过程中，因彼此间的差异性不可避免地会产生冲突。合作双方差异越大，就越难以达成一致。冲突是沟通合作的固有属性，其处理方式将直接影响行为主体间的关系资本。有效的冲突管理是基于系统内各行为主体坦率与真诚地进行沟通和高度接触的，顺畅的双向沟通是成功解决区域创新系统中冲突的关键。首先，应加强区域创新系统内各行为主体的信任与合作意愿，加强系统中的有效沟通和交流，提高信任程度。其次，应建立区域创新系统中央管理协同机制，调节价值网各方企业在规则和协议之外的行为。在系统内设置独立的中央管理部门，由创新主体决策机构共同构成决策层，协调处理区域创新系统合作战略，探讨重大问题的解决方案。通过区域创新系统中央协同机制，各行为主体可以享受到关系资本所带来的福利。最后，应建立基于共享价值观的区域创新系统文化协同机制，在保留自身价值观差异的前提下，将由各行为主体之间的文化差异所带来的冲突效有地控制在合理范围内。可以通过展开各行为主体间跨文化的各种活动和培训，了解彼此文化和日常守则，增加沟通与理解，提高价值网中的信任感，并建立共同的创新文化，缩小文化差距，适应价值观差异。只有提前做好了文化互通和有效沟通，才能在早期有效地防止冲突。

二、构建区域创新网络

区域创新网络是由各个拥有独立自主创新能力的节点，通过信息和交通网络有机连接，形成具有交互、分享能力的系统。要构建区域创新系统就要对于节点和网络两个部分进行分别构建。

1. 构建综合交通与信息网络

扩大交通网络规模，统筹交通运输方式，提高交通运输效率与综合服务水平是区域创新与城市化协调发展的需要。对此，完善城市间铁路、公路建设显得尤为重要。此外，完善信息基础设施建设，提升网络传输速度，扩大网络覆盖面积，有助于确立城市创新网络优势，从而使区域创新与城市化协调发展。省级行政区内部主要经济体城市需要开展城际铁路建设，推进“三网”融合，提高信息化水平。

2. 培育中心镇与小城市

由于空间效应的存在，区域创新通常由大城市向其周边或小城市扩散。由此，积极培育中心镇和小城市，不仅能提升中心镇和小城市的城市化水平，还能较好地容纳和吸收区域创新扩散带来的影响，提高区域创新水平。

3. 加强人才流动，增强网络活力

人才交流是增加创新网络活力的重要手段，各级政府应该设置人才培养专项基金；各个区域，特别是东西部区域的人员交叉任职，这不仅是区域层面的交叉，也包括不同形式的组织之间的交叉。研究人员到企业实习、企业员工到学校或科研机构深造等多种方式进行的交流和互动，这种方式有利于促进知识交流和技术创新。同时，可以通过设立产业联盟，将关联度较高的企业、高校、科研机构、中介组织、政府联系在一起，使其人力资本能够进行合理交互。

三、在省级行政区健全技术创新支持与服务体系

当前，技术创新支持与服务体系是中国区域创新过程中的重要组成部分。本部分着重从健全技术创新支持与服务体系的构建路径方面，提出相关对策和建议。

1. 健全创新支持体系的关键环节

首先要突出规划引领，加快整合资源，建设现代化和创新型的科技园区。相邻省份的科技园建立规划时，要注重功能上的协同与互补，为实现科技创新集群提供必要的基础。其次要深入实施人才战略，建设高层次人才创新创业基地。西部地区应设置专项经费，加快引进和培育高新技术产业领军人才以及掌握国际前沿技术的高层次留学归国人员，为高端人才的引进和创业构筑平台和载体。同时，地方政府应支持园区建设海外高层次人才创新创业基地。

2. 建立技术转移服务系统

鼓励科研院所、大专院校建立技术转移中心，构建省级技术转移网络。建立与全国技术市场互动、服务全国的技术交易信息网络。组织各个省份从事技术转移的有关力量，形成省一级的技术转移联盟，构建跨单位、跨部门的技术转移信息服务

平台，促进资源共享和技术交流合作。

四、中央政府加大对产业集群的管理和支持力度

一般认为，在市场机制的作用之下，产业集群可以自发产生，科技创新也是随着产业发展而发展的。但如何引导产业进行科学有序布局，培育有利于科技创新的良好的政策环境，防止出现产业集群弱化甚至衰退的现象，中央政府进行科学合理布局的作用尤为重要。

首先，产业集群的产生需要政府的推动。中央政府应按照中国目前地区发展的实际情况，进行合理引导和规划，如果没有中央政府的引导、支持和鼓励，产业集群很难自发形成，并产生特定的集群效应。

其次，产业集群创新的环境改善需要政府支持。但是，不同产业集群容易产生内部竞争的不适当行为，不利于社会化服务体系的完善，减缓产业升级，对于不同区域企业的机会主义行为有推动作用。防止这些问题的产生必须要有政府的支持。政府通过制度创新，促进产业集群，提高集群效率，降低负外部性、减少信息不对称导致的问题。

最后，西部地区各级政府在集群创建方面，可以有效发挥基础设施布局建设、土地利用规划等方面的后发优势，积极向珠三角、长三角地区学习。针对集群发展的不同阶段，西部地区各级政府实施不同的治理策略，东部地区的各级行政区域可以通过结伴配对的形式，在生产要素资源配置、品牌塑造、企业组织管理、营造区域创新环境等方面对西部地区进行指导。

五、不同区域创新系统中的政府行为

前文分析表明，不同的区域其创新系统建设和创新能力的提升都面临着与众不同的条件和基础。因此，地方政府必须针对该区域的具体情况和发展阶段，采取针对性对策，有效地促进区域创新系统的建设。

1. 发达地区地方政府的政策选择

中国沿海发达地区是一个或两个以上城市组成的城市群依靠紧密的社会信息网络联系、交通、经济等构成的相互制约和依存的一体化区域。中心城市发挥核心功能，通过发达的交通系统和经济引力辐射邻近的欠发达城市与区域，使城市群的内部成员之间加强联系和协作，进而带动欠发达地域经济的发展、创新能力的提升。在这种类型的区域，地方政府的服务功能更为重要，特别是为创新网络和系统的持续性服务。

2. 老工业基地地方政府的政策选择

老工业基地由于工业发展的历史因素，地方政府在区域创新系统建设中发挥着重要的主导功能，不仅要促进企业使用新技术，更要提高行政效率，发挥地方政府支持创新、间接参与创新的职能。

第一，要大幅度增加科技投入。对于老工业基地来说，科技创新投入不高仍然是最大的问题，必须依法保障地方政府科技投入的稳定增长。

第二，加大对科技基础设施建设的投入。加强实验基地、基础设施和条件平台建设。

第三，建立激励科技创新的政府首购和订购制度。经认定后，地方政府出资购买国内企业或科研机构生产或开发的试制品和首次投向市场的产品，给予重点扶持。

第四，建立引进技术消化吸收和再创新的协调机制。综合各相关部门参加组成协调机构，制定重大产业技术和装备引进政策。

第五，加快实施知识产权战略。健全知识产权保护体系，企业、科研机构等要加强从事知识产权保护和管理工作的力量。

3. 欠发达地区地方政府的政策选择

欠发达地区往往创新潜力较大，但由于创新网络尚未建立，市场主体之间还未建立长期的合作和竞争关系。区域中市场机制不够完善，创新平台缺失等，这些问题决定了地方政府的重要职责就是构建完善的创新网络关系。

首先，提高科技投入水平。依法落实科技经费增长要求，建立财政部门与科技部门协商机制，综合运用前资助、后补助等多种方式，提高项目资金使用效益，特别是建立财政科技经费使用竞争性立项、监督、评价、考核机制，提高科技经费使用效率。

其次，促进科技资源开放共享。鼓励和支持各类创新平台向社会、公众开放。对地方政府支持设立的科技资源共享平台和公共科技服务平台，以其开放度、服务数量、质量、效率等作为确定配套经费的考评指标。建立和完善财政资金购置科研仪器设备的查重机制、统一报告机制和联合评议机制，提高大型科研仪器设备的使用效益。

最后，引导科技人才到企业开展科技研发活动。按照人才引进、人才留住、人才有用的原则，依托各类创新创业平台，吸引来自高校、科研机构、企业的高端人才及团队，到本地区开展创新创业工作。同时，选聘优秀的企业家到高校开展教学和科研活动，鼓励高校教师到企业进行技术指导，推动产学研合作从技术层面向操作层面延伸，注重经济效益的提升。支持各类科技型人才在高校、企业、研究机构之间流动工作和多方兼职等形式，开展深度合作。

第八章 产业创新探索与前瞻

第一节 产业创新的内涵、特征和要素

一、产业创新的内涵

产业创新理论源于对产业革命的研究，并随着创新理论的发展而发展。熊彼特提出“连续产业革命”概念后，又提出了创新理论，产业创新思想开始萌芽。1960年，坎宁安（N.J.Cunningham）在*Industrial Innovation*一文中首次使用了“产业创新”一词。此后，国内外学者基于产业创新研究的广泛性、复杂性和可变性的特点，从不同层次和角度对产业创新进行界定。

国外学者主要从宏观和微观等不同层面研究了产业创新的内涵。从宏观层面来说，最早系统提出产业创新理论的学者为英国经济学家克里斯·弗里曼（Chris Freeman）和罗克·苏特（Luc Soete），二人合著的《工业创新经济学》（*The Economics of Industrial Innovation*，1972）为产业创新理论的发展奠定了初步基础。弗里曼认为，产业创新应包括五个方面，即技术和技能创新、产品创新、流程创新、管理创新（含组织创新）和市场创新，从而奠定了产业创新理论发展的基础。在此基础上，弗里曼又首次提出国家创新理论，指出产业创新是国家创新的核心。①迈克尔·波特（1988）在《竞争优势》一书中以产业和企业优势为核心，提出了著名的“产业价值链学说”，并在《国家竞争优势》一书中进一步加以完善，将产业经济学分析的理论框架纳入国家竞争中。他认为，从理论本质上看，产业创新就是

① Freeman, Chris. And Luc Soete. *The Economic of Industrial Innovation* (*Third Edition*)[M]. London: Pinter, 1997, 18-80, 223.

当资本相对于劳动力和其他资源禀赋更加充裕时，在资本和技术密集型产业中发展具有比较优势，创新存在于产业价值链的任何环节。[①]从中观或微观层面来说，Poon（2004）认为，产业创新就是制造商成功地从生产劳动密集型低价值产品向生产更高价值的资本或技术密集型产品转移的过程。[②]

国内一些学者也对产业创新的概念进行了界定。严潮斌（1999）认为，产业创新是指特定产业在成长过程中或在激烈的国际竞争中主动联手开展的产业内企业间的合作创新，这一概念是国内许多学者进行产业创新研究的基础。[③]国内很多学者对产业创新概念的界定都有一个共同点，就是以企业技术创新理论为基础，在产业层面研究技术创新能力，认为产业创新以企业创新为基础，通过竞争和技术扩散实现从企业到产业的创新（龚仰军，1999；杜义飞，2007）；还有一些学者是从产业创新的主体、范围及表现等方面入手，对产业创新进行界定，认为产业创新是创新主体通过技术创新、产品创新、市场创新等组合创新改变现有产业结构或创造新兴产业的过程（陆国庆，2002；管顺丰等，2004；王明明等，2009）。

综上所述，产业创新作为中观层面的创新，是介于企业创新与国家创新体系之间的产业层面的创新活动，是一种超越传统企业技术创新理论的新范式。产业创新是指产业创新主体（政府、企业等）以技术创新为核心，以提高产业竞争力为目标，根据产品的市场需求，利用社会所能提供的资源，在一定的机制和政策条件下，以工艺创新和产品创新为基础，以组织管理创新为保障，以市场创新为导向，组合各种生产要素，开发新技术、开拓新市场、发掘新资源，实现技术的创造发明和产业化应用，从而凭借产业突破性进步，改变现有产业结构，实现产业向深层次发展或进行升级，进而形成新的产业体系或产业集群的过程。这里的技术突破包括两层含义：一是技术发明的产业化；二是在产业共性技术平台上实现关键技术的突破及产业化。从依托环境的角度考虑，产业创新是以产业创新体系为依托，以国家创新体系、区域创新体系为背景，以企业创新体系为基础，以技术创新体系为保证

---

① 迈克尔·波特.国家竞争优势［M］.北京：华夏出版社，2002.

② Poon, TSC. Beyond the Global Production Networks A Case of Further Upgrading of Taiwan's Information Technology Industry［J］.*Technology and Globalisation*, 2004, 1(1):130-145.

③ 严潮斌.产业创新：提升产业竞争力的战略选择［J］.北京邮电大学学报（社会科学版），1999（3）：6–10.

的创新活动。

二、产业创新的特征

1. 动态性

产业技术创新是新旧技术的整合过程。为实现产业技术发展目标，各种有用的新旧技术被重新组织起来，通过整合，技术关系得到重新调整和优化，落后技术被淘汰，新技术通过选择和进一步开发进入产业（即实现高新技术成果产业化）。在这个过程中，企业和企业技术都会有变化，一些企业会因技术落后而被淘汰，也会因新技术得到应用而诞生新的企业甚至新的产业。当企业的创新受到市场的迎合，获得比其他企业更多的利润和竞争优势时，其他企业就会通过模仿或集体学习争相加入到这一行列中，因此产业技术创新具有在一定时间和空间集群出现的特性，产业在不断更迭、演进中获得创新发展。例如，日本经过多年的研究研制出的电子模拟技术，转眼间被美国研制成功的数字技术占领市场并风靡全球，让人们一下子从模块时代进入到数字时代，用数字技术开发的相关产业如数码相机、数码电视等，使电子产业发生了巨变。

2. 系统性

产业创新是一个整体性的系统发展过程，是创新组织模式的一种调整和转变。其突出特点在于，产业链贯通的联合创新，即产业创新往往不是由一个主体独立完成的，而是由多个主体，以核心技术为中心，多环节多方面技术与之匹配，结成不同形式的技术体系，从企业合作向全产业链拓展，从产品创新向领域集成拓展。这种主体关系的系统性，反映了产业创新对系统效率的客观要求，每一个产业中相关环节的创新活动不单单是创新者自身的利益获得，也将使整个产业获取收益，甚至获得外部收益。首先，某些产业的创新会引发另一产业的创新，例如，核能的开发和利用就引发了对开发安全性和废物处理产业的需求；其次，一个产业的创新会引发对其他产业连锁式的影响，例如，计算机产业的创新并应用于工业机器人和办公自动化，又扩散到工厂形成工厂自动化，反过来又为计算机产业创新提供技术支撑和物质基础，开展新的创新。在许多产业领域都可以看到“需求—供给”的螺旋式发展，特别是在信息产业、生命科学产业和新材料产业中，这种连锁效应更加常见。因此，产业技术创新需要注意产业技术体系内各个环节和各个方面的创新，即创新的协同性。

3. 开放性

产业技术创新是各种创新手段如自主创新、模仿创新、组合创新、集成创新等综合运用的过程。创新主体的要素是可以自由流动的，随着经济技术日益全球化，一个产业的创新不可能永远隐蔽起来不让外界知道其创新的奥秘，因此模仿创新是最重要的产业创新手段，它为技术上相对落后的国家在短时期内赶超先进技术提供了条件。产业创新的开放性是产业向前发展的重要特征，产业必定要在竞争中不断创新才能保持自己的竞争优势。一个产业及不同层次的行业中都会有许多同行企业，产业及行业的技术发展状况常常通过共性技术的发展表现出来，产业技术创新就要使共性技术得到进一步提高。然而，各企业还应根据自己的技术状况和市场定位，在共性技术的基础上开发具有个性特色的产品，这就是共性技术的扩散和个性化过程。在饮料产业中，日本人最先将中国的乌龙茶制成瓶装和听装产品在市场上销售，反响极好。随后，中国的一些企业也将茉莉花茶、绿茶和乌龙茶等制成方便饮料，极大拓展了中国饮料市场的产品品种和制茶工艺，强化了市场竞争，使饮料产业在21世纪初期就获得了极大的创新发展机遇。

三、产业创新的要素

产业创新是系统集成的创新，具有明显的集成性、簇、链等特点，创新过程中必然受到内部因素和外部因素的共同影响。具体影响因素如下。

1. 投入因素

某一具体产业知识基础建立和加强的基本途径是研究与开发，经费投入是研究与试验发展（R&D）活动投入的重要组成部分，是形成产业技术创新能力的基础。产业依靠持续不断的资金支持得以开展科学实验并实现科技成果转化，研发经费对技术创新的作用体现在研发链条的各个环节，比如提供前期策划和设备购买费用、劳务报酬以及后期市场运作资金等，为创新活动开展提供保障。产业技术创新越往高级阶段发展对研究和开发投入的依赖性越强，要想实现技术创新阶段的转换，没有足够的资金投入是难以实现的。产业发展是研发人员不断创造科研成果并将其产品化、商业化的过程。作为技术创新成果的创造者和传播者，研发人员是研发活动投入的另一个重要组成部分，人力资本要素与其他要素的配置比例以及人力资本内部结构和质量都决定着技术创新的水平和效率。

2. 组织因素

组织因素为产业创新阶段的转换提供载体和组织保证。现代产业是建立在现代化大生产基础上复杂的分工协作组织体系，合理的产业集中度和灵活的产业组织方式对提高产业竞争力至关重要。产业具有自身的产业组织形式，其技术创新必然受到市场结构和企业规模的影响。市场结构对技术创新的影响在学界一直存有争议，熊彼特提出垄断是技术创新的先决力量，Arrow则认为完全竞争的市场结构更有利于技术创新。从以往研究来看，市场集中度与创新能力的关系在不同国家、不同行业之间存在一定差异，产业在特定的发展时期具有自身的规律，何种市场结构导致更有效的技术创新需要通过实证检验、分析判断。企业规模对技术创新的影响也是西方创新理论关注的重点，熊彼特认为大企业通常比小企业创新能力强，Mansfield则认为小企业凭借自身灵活的运作机制反而更有利于创新，企业规模与科技创新的关系也有待进一步考察验证。虽然企业是产业创新微观的和直接的主体，但是由于产业是一个国家或地区的产业，政府对于其创新的内容、方式等必然具有影响作用；独立的科研机构、教育培训机构、中介机构、其他关联产业等也会在不同时间和空间上提供创新源、创新人才、创新路径等；国际同行也会影响产业创新。

3. 制度环境因素

产业创新活动具有外部性、高风险和长期性等特征，创新过程深受制度环境约束，存在市场失灵，必然要受到政策制度、文化、法律体系和社会价值等方面的影响，必须要有制度规则作为保障。创新制度与政策既包括当前产业中存在的影响主体行为的技术标准、法律法规等具体制度，也包括国家战略、政府产业政策等影响主体对未来发展预期和判断的宏观战略与公共政策。具体来说，创新政策包括供给侧政策、需求侧政策以及环境政策。供给侧政策包括公共事业管理、科研支持、教育培训、信息服务等方面的政策；需求侧政策包括政府采购、对外贸易等方面的政策；环境政策是指政府为了影响科技发展和市场形成而采取的一些间接性策略，包括市场秩序规范、税收优惠、知识产权保护等法律法规。制度规则能够通过机制安排、创新环境营造和要素市场建设等途径打破创新要素分割的约束，加速金融、人才、技术等创新要素的聚集、流动及整合运用。孵化器、公共研发平台、投融资、技术产权交易、成果转化、产业配套、法律服务和物流平台等因素都有可能成为制约创新效率的瓶颈。

4. 市场需求因素

市场需求是影响产业创新和产业竞争力的重要因素，市场创新的本质是通过产业化达到真正意义上的产业创新，尽快实现技术成果的市场化应用，才能使企业从创新中获得最大收益。市场规模、细分市场情况、市场变化速率、市场发展阶段、市场的地理范围以及地域特征都将影响产业创新的效果。盈利模式对产业创新的可持续性至关重要，产品、技术、商业模式都是市场启动的必要条件。市场推广需要探索新的商业模式，完善甚至重塑推广、运营及服务的产业链。如，1985年成立的美国高通公司，从一家小规模的高科技公司一举成为全球移动通信技术领先企业以及全球最大的无线芯片供应商和通信技术许可的授权方，得益于其领先的无线技术和独特的商业模式，即确定了依靠芯片和专利盈利的商业模式。高通公司保证自身在设计方面的核心优势，通过申请专利、发展芯片业务和收取专利使用的入门费、软件费和提成费实现高盈利。因此，产业创新过程中应不断改善需求结构，强化市场需求导向，促进产业结构的高级化和合理化。

第二节　中国产业创新的成功案例

一、高铁创新案例

中国高铁产业近年来异军突起，迅速实现创新能力的赶超和跨越式发展，是为数不多的成功典范。[①]从“追赶”到“引领”，中国高铁走出了令世界惊叹的中国模式，即赶超型自主创新模式，成为面向全球的“中国制造”和外交新名片，不仅提振了中国制造业的整体信心，更为其转型升级积累了宝贵的经验。

① 李政.中央企业自主创新报告2012［M］.北京：中国经济出版社，2013（1）：7.

1. 高铁产业创新模式

高铁产业赶超型创新模式以本土技术能力为基石，以自身技术能力的提高为目标导向，在策略性地实施技术引进和消化吸收的同时，进行以集成创新为特征的再创新。在赶超型创新模式中，主体是参与到创新过程的企业（包括核心企业及产业链上各企业）、政府（包括主管部门、科技部门、财政部门及其他部门）、高校、科研院所和金融机构等。其中，高铁企业是赶超型创新的实施主体、决策主体、风险承担主体和受益主体。只有以高铁企业为核心主体才能有效整合在赶超型创新模式中各参与方的资源力量，实现各种创新要素向高铁企业的聚集，使创新取得更为有效的成果。在此基础上，高铁企业借政府引进先进技术之力缩短与国际领先企业的技术差距，借产学研之力实现消化、吸收后的集成创新，借全产业链之力实现产业升级，借市场需求之力引导原始创新，借试验平台检验创新成果，提高创新能力。具体过程见图8.1。

事实证明，发展高端制造业技术引进是必要的，也是可行的。如果走完全封闭型、依靠自力更生获取自主知识产权关键技术这条路径，风险和代价都很大。如果当初高铁产业非要坚持完全自主知识产权和自行设计研发，其成熟产品正式运营的时间会拖得很长，很难实现技术赶超。采取引进、消化、吸收、再创新，无论如何，客观上讲，对于迅速做大市场，效果是非常明显的。[①]但必须明确的是，如果没有自主研发过程与实践，高铁产业也不会有消化、吸收、再创新的基础和能力，实现赶超也是不可能的。所以，制造业发展与赶超过程中，外部资源的利用和内生动力与能力的塑造两者都不可或缺。

---

① 张丽华、李娟.沉寂的“中华之星”——中国高铁创新路径之辨[N].第一财经日报，2011-3-17（A08）.

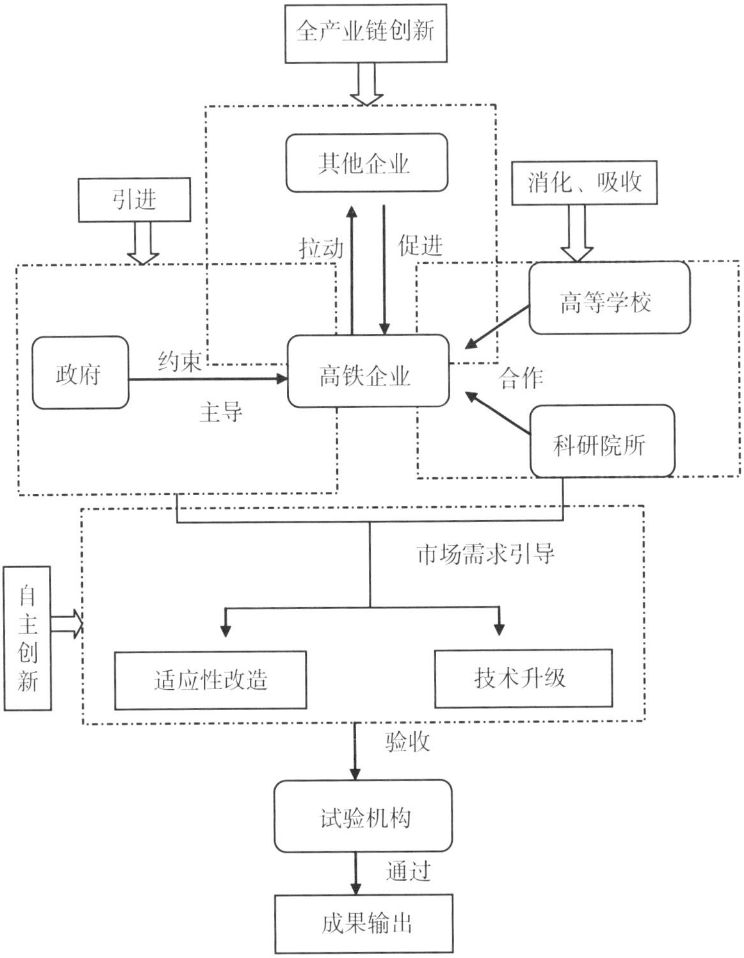

图8.1　高铁产业创新模式

2. 高铁产业创新要素与机制

（1）政府战略主导和约束作用确保高铁引入世界领先技术

坚持核心技术转让是中国高铁实现技术赶超的前提。中国单个高铁企业规模相对较小，不具备与国际掌握顶级高铁技术的跨国公司博弈的能力。为此，铁道部将全国铁路市场中35家机车车辆厂和各地铁路局集中起来，统一谈判，统一向企业下单，作为技术引进的谈判砝码。在技术引进的过程中，铁道部发挥战略买家作用，有重点、有选择地引进国外最先进的技术平台。在招标过程中，为防止跨国公司的技术控制，铁道部强势约法三章：跨国公司必须有国内企业做合作伙伴；必须全部转让核心技术；技术转让价格必须合理。在铁道部的统一协调下，经过艰苦细致的谈判，国内重点机车制造企业分别受让了世界各国的先进技术，转让价格比国际平均价格降低15%，避免企业分散谈判造成相互抬价的恶性竞争，又保证引进占据产业制高点的关键技术，实现了国家利益最大化。[①]招标结束后，为防止国内企业的技术依赖，铁道部也制定了相应的约束措施：要求参与高铁项目的企业必须隶属于中国南车、中国北车两大铁路装备制造集团（2014年底，中国南车正式宣布与中国北车合并），以竞争促创新；中标企业只有具备在消化吸收的基础上自主创新的能力，产品能够适应新的市场要求才能与铁道部继续合作，得到新的合同。铁道部的“双向约束”在自主创新之初最大限度地保证了企业掌握高速铁路的关键技术，提高了企业自主创新的意识，增强了企业的核心竞争力。铁道部在约束企业行为的同时，也发挥政府优势，向企业汇聚创新要素，帮助企业增强创新能力。

（2）开放的研发模式推进高铁集成再创新顺利进行

动车组是尖端技术的高度集成，从机车到路轨、从材料到控制系统涉及动车组总成、车体、转向架等9大关键技术以及10项配套技术、5万个零部件，仅靠生产企业的自主研发是难以完成。在引进高速列车技术之初，企业通过与外国机构联合设计，以期尽快掌握核心技术和技术诀窍。在“边干边学”中，一支全面掌握动车组的设计标准、设计原理、设计控制程序和方法、技术娴熟的设计、制造队伍被迅速培育出来。成功引进之后，由科技部、铁道部等部门整合全国的科技资源，依靠政府的组织和协调，凝聚科研合力，共同搭建高铁及列车技术自主创新的公共平台，形成官产学研联合攻关的开放式创新系统。该平台共吸纳8名院士、几十所大学、科研单位和600多家企业的近百名教授、研究员、960余名高级工程师、5000余名工程技术人员参与其中，使得科研成果转化为现实生产力的时间缩短了十几倍。高铁的产学研合作还采用了一种新型的“共建研发实体模式”，模式中企业、高等院校和科研院所通过建立新的研发联合体，共享资源（包括信息、资金和技术等）和人才，使其拥有的资源配置最优化，使三方从中受益。高速铁路建造技术国家工程实验室就是在国家发改委领导下，在铁道部的主管下，由中国铁路工程总公司、中南大学、中国铁道科学研究院和铁道第三勘察设计院集团有限公司联合建设。目前这

① 张璐晶.高铁成长记[J].中国经济周刊，2011（5，6）：26–35.

种模式在中国高速铁路技术创新产学研合作中所占比例虽然不高，但却成为政府和业界力推的主要模式。

（3）全产业链创新保证高铁产业关键技术不受制于人

高速动车组是尖端技术的高度集成，一列高速动车组由70多万个零部件、5万根导线、10万个接点组成，相当于几十辆轿车的工作量，大到车体型材，小到一颗螺丝，每一处都需要严格的技术标准做指导。①高铁技术的发展融合了机械制造、冶金、电力、电子、新材料、信息等各个领域的新技术，拉动了产业链上交通运输、新能源、加工冶炼等多个行业上千家企业的发展，诸多重大项目的技术引进与国产化工作在一条产业链上同步展开，核心技术与主要配套技术的各个难点被产业链上的企业逐一攻克。中铁十五局集团通过自主创新，采用国内通用硅酸盐水泥和普通掺和料建造的无砟轨道是高速铁路的关键部件，生产功效和产品质量明显高于德国技术。烟台万隆真空冶金有限公司开创了“真空状态下的砂型铸造工艺”，一举生产出合格的铬锆铜端环和导条，产品的强度、硬度、软化温度、导电率等指标超出国外同类产品，价格降低50%以上。烟台金晖铜业有限公司研制出250～350公里/小时高速电气化铁路用铜锡合金接触线，实现了高速电气化接触线国产化。高铁技术通过磁铁效应和扩散效应带来了整条高铁产业链的发展，正是产业链的整体升级，保证了关键技术不受制于人。高速铁路不仅有了中国标准，很多中国标准更成为世界标准。

（4）根据市场需求对技术进行适应性改造指明高铁自主创新的方向

中国的气候条件及地质状况复杂多样，决定了中国铁路无论是在轨道制式、线路条件还是自然环境上，都无法原封不动地照搬国外现成技术。中国的高铁被称作完全独立自主的成就，尤其因为其可以在中国不同的气候条件下毫无问题地运行——从“亚热带气候到暴风雪天气”。动车组从引进之初就采取与外方联合设计的“以我为主”合作方式，使产品更适合中国国情。CRH380A（L）型动车组是国家装备制造业自主创新的典范。京广高铁运营的环境穿越北方干燥多尘土地带，北京和广州之间温差可达30～40℃，相对湿度差可达60%～90%，不同的气候带和冷热交

① 孙玉敏.揭秘中国高铁制造业[J].上海国资，2011(6)：46-49.

变的影响对动车组的电气系统和空调系统也是考验。这些难题被有针对性地逐一攻克。目前，在京哈线上投入运营的CRH5型车，就是长春轨道客车股份有限公司在引入法国阿尔斯通高速列车技术后结合中国北方气候严寒的国情进行大量修改制作出来的整车专利属于中国的高速列车。中国高铁工程建筑技术也已构建拥有自主知识产权和世界先进水平的技术体系。黄土、溶洞、软土等各种复杂地质条件下高速铁路防沉降技术等地基处理和路基填筑技术难点已被攻克，掌握了复杂地质条件下高速铁路地基处理和路基填筑技术。

（5）可靠的试验平台支撑高铁产业自主研发能力的提升

“试验验证”也是创新体系建设中的一个重要环节。目前，国家级研发试验验证机构包括高速列车系统集成国家工程实验室、国家高速动车组总成工程技术研究中心、变流技术国家工程技术研究中心，以及机车和动车组牵引与控制国家重点实验室、国家级技术中心和博士后科研工作站等。CRH380A就是南车四方车辆公司（现中车四方车辆有限公司）在国家层面的技术创新平台上研制成功的结果。针对CRH380A的实验，囊括了全国近百家试验研究单位，累计达152大类、2800余项的试验，相当于绕地球50多圈200多万公里的行程。仅四方车辆公司一家就进行了长达6万公里的线路运行试验，完成了110项优化设计。[①]这些试验完成了高速运行空气动力学等项目的研究，探明了高速动车组高速运行的规律，不仅确保了CRH380A的研制成功，而且全面验证了CRH380A的各项技术性能。通过试验，一步步探索，最终才有汇集各项创新成果的CRH380A的诞生。一系列实验室的建设不仅完善了列车试验验证体系，而且为中国高速列车的自主研发能力的提升提供了重要支撑和保证。

3. 启示

经过多年发展，中国高铁在工程建设、装备制造、运营管理等多方面取得的重大技术进步有目共睹，[②]高铁技术顺利实现了从“引进来”到“走出去”的战略转变。与中国很多产业普遍存在的“重引进、轻消化吸收”不同，高铁产业在注重引进的同时，更注重之后的消化、吸收、再创新，通过消化、吸收，形成产业自主创新能力，从而避免陷入“引进—落后—再引进—再落后”的被动局面。中国高铁

① 娇阳.让“火箭”列车驰骋世界［N］.科技日报，2011-7-12（01）.

② 刘美雄.对中国高铁的战略思考［J］.华南理工大学学报（社会科学版），2011（2）：14-18.

的经验证明，只有在引进、消化、吸收世界先进技术的基础上，立足国情、立足市场、立足自身，迸发出全新的、更强大的创造力，才能获得内生的不竭驱动力，从技术追赶实现技术赶超，甚至技术引领。

二、中国通信设备制造产业创新案例

通信设备制造产业作为一个关联度和带动度极强的产业，从属于高技术产业，是制造业的主流产业之一。该产业是建设创新型国家的突破口，是当前中国政府大力推进的“中国制造2025”“互联网+”以及“供给侧结构性改革”等政策纲领设计的重要领域，也是推动经济增长的重要引擎和衡量国家综合竞争力的重要标志。从20世纪80年代“七国八制”的落后局面，到“巨（龙）大（唐）中（兴）华（为）”的崛起，再到如今以“中华”为代表参与全球竞争，中国通信设备制造产业从无到有，亮点频出。随着产业研发投入和技术创新产出的逐年增加，该产业很多产品不仅在国际市场上占据大量市场份额，更掌握了该领域的许多核心技术，成为中国全球化程度最高、技术能力和竞争能力最接近国际领先水平的产业。从技术追随，局部领先到标准制定，通信设备制造业用几十年的时间完成了蜕变，是少数成功实现技术赶超的国内复杂技术产业之一。

1. 通信设备制造产业创新模式

中国通信设备制造产业创新模式中包含多种创新方式。“市场换技术”在20世纪80年代至90年代初期非常成功，“引进—解构—自主研发—改进技术”是产业发展初期技术追赶的主要模式。以华为、中兴为代表的国内企业在规模狭小的发展初期，基于低端市场需求采取了“技术裂变”和“颠覆式创新”的方式，以低成本和优质服务从低端市场进入，再以此为基础逐步进入主流市场。20世纪90年代中期之后，基于前期技术、人力和资金的储备，随着经济体制的不断进步，通信制造业基于国际先进技术，采取引进吸收和原始创新两条腿走路的“引进—开发—自主设计核心元器件”的“集成创新”与“开放式创新”的创新模式，其发展由政府主导逐渐过渡到企业自发竞争创新。其赶超型创新过程如图8.2所示。

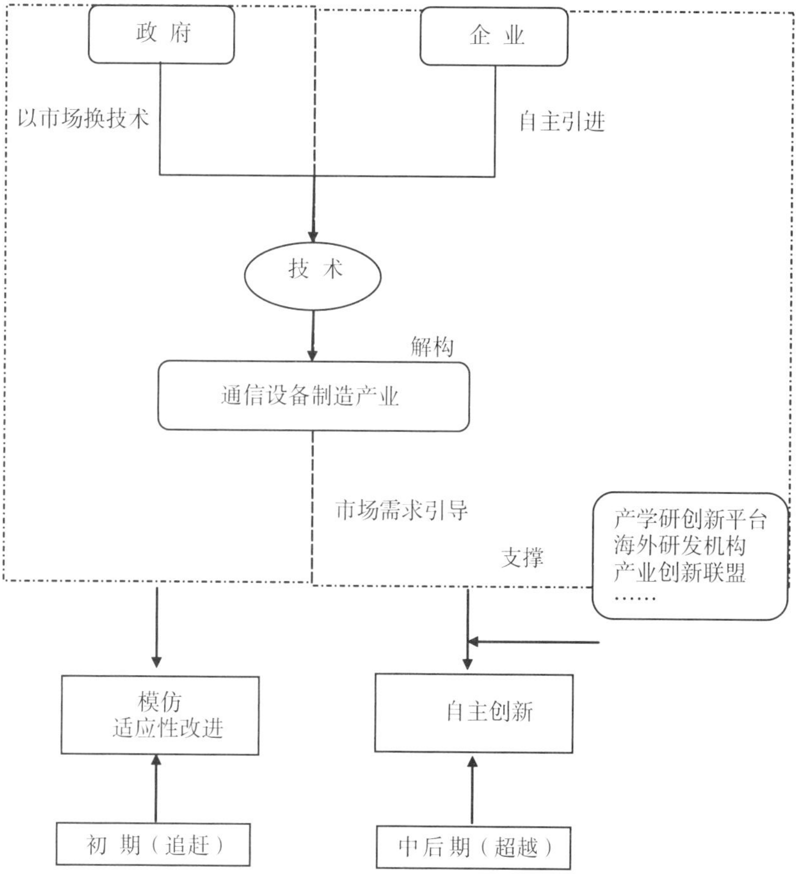

图8.2　通信设备制造产业创新模式

中国通信设备制造产业经过多年的发展，依靠持续创新，规模日益扩大，形成了较为完整的产业体系，其技术发展经历了技术引进消化、模仿跟踪到创新超越的过程，成功完成了从以吸收学习为主，到如今创新强国的转换，实现了产业的创新和发展，走出了一条成功的创新国际化路程。

2. 通信设备制造产业创新成功要素与机制

（1）政府的扶持和引导为创新提供保护

通信设备制造业发展背后，离不开政府的大力扶持和积极引导。通信设备制造产业起步初期发展缓慢，成为制约中国经济建设和对外开放的重大瓶颈。此时，政府采取“以市场换技术”的产业发展政策，利用中国市场巨大的特点，注意技术的获取，加速产业发展速度，缓解国内电信行业快速发展与落后的通信服务业之间的突出矛盾，为日后中国通信设备技术发展提供了很好的学习窗口，为其模仿创新创造了条件。在1995年，通信设备制造产业取得“集体突破”，获得加速发展后，政府针对国际厂商普遍不重视V5接口的情况，及时制定了《本地数字交换机和接入网之间的V5.1接口技术规范》等一系列适用于中国通信网的接入标准，为国产机型进入新扩容市场创造了难得的机会。作为中国自主创新旗帜的TD-SCDMA标准的制定，更是中国政府力排众议的决定。2003年底，“TD研发产业化专项”由国家发改委、科技部、原信息产业部联合立项，在项目投入中专门划拨了技术转让费用，解决了技术引入的高额专利支出问题。2007年底，中国政府又将发展新一代宽带移动通信（4G）方面的新技术、新标准、新产品作为国家重点扶持和实施的重大技术专项方案，并辅以专项研发资金的支持。2009年，为有效应对国际金融危机、提升企业自主创新能力，工信部、发改委联合审核资金12.5亿元用于222个首批地方电子信息产业技改项目。2013年，国务院将“新一代信息技术”列为七大国家战略性新兴产业之一，对产业辅以财税改革、科研奖项、专利开通等政策支持。

（2）研发的密集投入为持续创新奠定基础

通信设备制造产业是典型的研发密集型、知识密集型、资金密集型高技术产业。产业内的“巨大中华”企业前身或企业家本身都具有技术研发的经历经验，因此更重视研发投入。“中华”在企业成立之初就坚持每年不低于销售额10%的研发投入。华为在创新上属于高产企业，在国家科技奖，甚至全球各类创新奖的评选中，华为经常成为独揽大奖的杰出厂商。高产背后，其研发投入力度是非常关键的因素，累计研发投入金额巨大。2015年，华为的销售收入约3900亿元人民币，其中研发投入约500亿元，比例接近13%。中兴公司在研发中累计资金投入也已超过50亿美元。研发是一种以智力劳动为主的活动，对人力资本的争夺也日益激烈。华为和中兴的员工中，有一半是高学历的开发员工。这种高强度的资源投入，虽然得益于中国制造成本和人力资本的比较优势，也显示了企业对持续创新能力的重视及培养。通信设备制造企业只有将技术创新作为企业一项持续性的活动，不断追加研发投入，才能提高企业的技术创新能力。[①]通信设备开发者深厚的知识积累和对开发工具的深刻理解和把握也是企业实现技术赶超的关键。

---

① M. Fransman.Conceptualizing Technical Change in the Third World in the 1980:An Interpretive Survey［J］, *Journal of Development Studies*, 1981, 4(21):572-652.

（3）立足于市场需求的研发为创新指明方向

科学技术价值的高低，必须通过市场来检验，以市场应用成功为目标实现的重要标志。[①]中国通信设备制造领域成功的企业，在创新中都恪守这一准则，以较高性价比的产品满足国内需求，赢得较强的市场竞争力。1993年初，华为推出了2000门大型交换设备C&C08机后，看到了农村这一巨大市场。在国外的大型交换机铺设成本及维护技术高，不适合远端传输的电缆进行连接的情况下，创新性地使用适合远端传输的光纤作为交换机的连接材料，适应了中国广大农村地区的需求，为华为的发展换来了第一桶金。此后，华为在技术上针对目标市场不断突破，其研发资金，技术和市场之间形成了良性循环，推动企业不断发展。中兴对市场产品的发展方向也有准确把握，有针对性地开发产品，满足消费者需要。在国际市场上，华为和中兴也本着在一线与运营商谈判、与用户沟通的原则，从设备供应商向服务供应商转型。这两家企业都认为产品不应只注重先进性，只有立足于市场进行研发，才能确保企业的销售业绩。相对而言，缺乏对市场需求的敏感度，也是大唐和巨龙没有获得持续发展的重要原因。

（4）开放的创新模式为创新提供保障

通信设备制造产业的技术创新属于不连续创新，涉及多个技术领域的交叉，单个企业无力也无法在每个技术方面都居于领先地位。开放的创新方式打破企业自身的界限，促进有限的技术、资源、人力要素在更大范围内流动，提高创新的效率。产学研创新模式是企业普遍采取的方式，从1997年开始，华为和中兴先后与国内众多高校与科研机构建立了广泛的技术合作关系。2002年10月30日在北京成立的TD-SCDMA产业联盟是由大唐、华立、华为、联想、中兴、中电、中国普天等积极投身于TD-SCDMA事业的单位自愿组成的社会团体，联盟的成员企业由最初的7家，发展到目前的48家，囊括了国内通信产业链上的实力型企业。2015年1月20日，在工业和信息化部的指导下，中国信息通信研究院的倡议下，应急通信产业联盟在北京成立。联盟包括中国电信、中国移动、中国联通、华为、中兴、清华、北邮等应急通信领域52家运营、制造企业和高等院校、科研院所，通过搭建政府、企业、用户之间的互动交流平

---

① Barney, Jay, Fim Resources and Sustained Competitive Advantage [J] .*Journal of Management*, 1991(1):99-120.

台，利用各自优势，在标准制定、重大问题交流研究、应急通信队伍培训等领域开展相关工作。为了紧密跟踪国际先进技术，华为、中兴等产业中的主导企业通过建立海外研发机构、设立技术联盟，与微软、IBM等国际领先企业建立联合研发实验室等方式，有效服务于促进企业发展的全球研发体系。这些开放的创新模式，帮助本土企业在关键技术上取得了一系列重大突破，进而提高了产业整体的技术水平。

3. 启示

从中国通信设备制造产业赶超型创新的经历来看，抓紧机遇，技术先行，市场优先，合作共赢无疑是其成功的制胜法宝。产业应抓住国家鼓励创新的机遇，利用政府的利好政策，依靠政府的扶持引导，增加自身的研发投入，紧扣市场需求的脉搏，融入全球知识体系，选择开放的研发模式，有效降低创新成本，规避创新风险，实现优势互补，避免基础性技术的重复研发，提高创新效率，力争通过自主创新实现技术的赶超。

第三节　中国产业创新的政策、经验和瓶颈

一、产业创新的政策

中国在1994年颁布的《九十年代国家产业政策纲要》中首次使用了“产业技术政策”一词，该政策的重点就是促进国家产业技术的进步。2002年颁布的《国家产业技术政策》以推进中国工业化和信息化为核心，促进相关产业的自主创新能力提高，实现产业结构优化和产业技术升级。2006年以来，围绕建设创新型国家和《国家中长期科学和技术发展规划纲要（2006—2020年）》，政府部门制定了大量的配套政策，逐步构成了新时期的科技政策体系。由工业和信息化部、财政部、科学技术部、国家税务总局在2009年6月联合发布的《国家产业技术政策》，主要关注的是产业的技术发展，引导产业技术发展的方向，实现重大和关键技术的产业化，加快产业的技术进步，完成产业发展的战略目标。[①]2010年10月，国务院发布《关于加

① 孔欣欣.部门创新体系：一个影响当今产业创新政策的重要概念［J］.科学学与科学技术管理，2008（2）：76-81.

快培育和发展战略性新兴产业的决定》，重点培育和发展节能环保、新一代信息技术、生物、高端装备制造、新能源、新材料、新能源汽车等产业。2012年9月，国务院印发《关于深化科技体制改革加快国家创新体系建设的意见》，着力建构以企业为主体、市场为导向、产学研相结合的技术创新体系。2015年1月，国务院为了重点支持处于起步阶段的企业进行创新，孵化和培育面向未来的新兴产业，特别设立了“国家新兴产业创业投资引导基金”；建立产业创新联盟等有效创新平台，把骨干企业、科研机构、高校结合起来，为创新联盟聚集相关优势资源，通过搭建资源共享的技术与信息平台，降低产业中各个企业在市场经济中自行创新的风险，丰富企业开展创新的渠道，加快提升产业整体创新能力。2016年11月，国务院制定了《“十三五”国家战略性新兴产业发展规划》，把战略性新兴产业摆在经济社会发展更加突出的位置，大力构建现代产业新体系，推动经济社会持续健康发展。2017年3月，工信部为做好2017年国家新型工业化产业示范基地推进工作，制定了《国家新型工业化产业示范基地2017年工作要点》。

从20世纪90年代开始，为了与新的发展阶段相适应，中国相继研究、制定并颁布了《九十年代国家产业政策纲要》《汽车工业产业政策》《水利产业政策》《西部地区水利发展规划纲要》《指导外商投资方向暂行规定》和《外商投资产业指导目录》等专项产业政策。2009年，为应对世界金融危机，扩大内需，振兴产业和科技，国务院组织有关部门制定了十大重要产业的调整和振兴规划。十大产业分别是钢铁、汽车、造船、石化、轻工、纺织、有色金属、装备制造、电子信息和物流业。2016年3月，工信部、发改委、科技部、财政部联合出台了《关于加快新材料产业创新发展的指导意见》，加快新材料产业创新发展，新材料作为先进制造业等新兴产业的基石，其研发和产业进程将成为中国实现制造业强国的关键支撑。2017年3月，国家发改委和工信部为推动现代煤化工产业创新发展，拓展石油化工原料来源，加强科学规划，做好产业布局，制定了《现代煤化工产业创新发展布局方案》。虽然这些专项政策更加关注产业之间的差异，但归根结底，是服务于产业结构调整的，而不仅是对不同产业在技术研发、转移和扩散过程中有针对性的支持政策。

二、中国产业创新的经验

1. 政府促进产业创新的经验

积极的创新环境是产业创新的温床。市场在资源配置中起到基础性作用，在某些“市场失灵”领域，政府则是市场配置的必要补充。政府虽然只是创新活动的助动力，具体创新行为需要由产业自身完成，但在制定政策、组织协调、市场监管、公共服务等方面也有其他创新主体不能替代的独到之处，激发全社会的创新活力，政府义不容辞。政府对产业创新的具体作用如下。

（1）营造有利于创新的社会环境

改革开放以来，中国特色社会主义建设事业在创新中不断发展，邓小平提出的引进国外先进技术加快经济发展步伐的思想已经形成广泛共识，“以市场换技术”方针体现了国家希望引入国外先进技术改善中国落后局面的迫切心情，至此，国家倡导技术创新的社会环境初步形成。2015年，《国务院关于大力推进大众创业万众创新若干政策措施的意见》（以下简称《意见》）的出台，为全民创新注入了新鲜的血液与活力。《意见》强调该项政策是“发展的动力之源，富民之道、公平之计、强国之策”。在各地各部门的重视与贯彻落实、学界的深入解读以及业界的积极响应下，大量的孵化器和各种类型的创业公司如雨后春笋般出现，社会各界爆发出前所未有的创新活力，成为中国新的经济发展亮点。虽然并不是所有的产业都在这些政策的指引下，获得了创新，但不可否认的是，政府对创新持回避否定的态度，必然会抑制全社会的创新活动；相反，鼓励创新，容忍失败的创新氛围与社会风尚必然激发创新的活力。

（2）凝聚创新所需资源

政府有能力凝聚全社会可用资源，全力支持产业创新。政府依靠自身政治地位和经济地位，首先，将产业中的主要企业团结在一起，形成利益共同体，在获取核心技术并加速技术外溢过程中共同进退，为产业创新争取更多创新利益，从根本上改变产业发展必须依赖外生资源的被动局面；其次，通过财政政策工具的运用、创新基金、创新项目等方式，为产业注入更多的创新资金；最后，政府以其对资金和组织的调控力，在“官产学研”甚至最近强调的“官产学研商”“政用产学研”模式中，发挥重要作用。政府可以组织产业、高等院校、研究机构、零售商等进行超出本部门和组织的协同合作，搭建技术与信息平台，为产业创新提供适宜的孵化场所，发挥高等院校的基础科学和生力军作用以及国家科研机构的骨干作用，使得产业在自身科技人才缺乏的情况下，能够轻松“借脑”创新。

（3）制定和调整创新政策

政府以其在社会政治体系与经济体系中的威望，对产业的发展具有重要的影响作用。此外，政府还可通过制定和实施具体的政策影响产业的发展方向。中央政府在出台各项有利于产业创新的科技政策、财税政策、投资政策、贸易政策等具有导向性的政策后，地方各级政府可以相应地出台一系列地方性产业政策与之有机衔接，形成上下一体、协调互动的创新政策体系。对于中国来讲，除了引导创新、保护创新的政策法规，与产业创新直接相关的还有完备的知识产权保护制度。此外，产业标准确立的背后，也需要政府的推波助澜。当国内的某种技术标准无法达到国外技术标准时，政府也可通过人为提高技术标准的方式，促使产业通过不断研发，以更高的技术水平达标，此举不仅可以提高产业自身的技术水平，也可以力争与国际水平接轨，增强产业的国际竞争力。

（4）对市场配置形成补充

市场为产业创新的资源配置发挥了基础性作用并为创新指明了方向。根据市场需求进行创新，是产业创新产品能够迅速市场化的关键。不同于西方资本主义经济中由市场机制主导产业发展问题，中国目前的产业发展过程中，受到地方政府引资偏好和投资冲动等因素影响较大。因此，政府在调整市场失灵方面，还应重视区域间分工协作和资源整合，通过一定的绩效考核，使地方政府在决策时重视市场经济规律和地区发展的长期收益。另外，政府主动培育产品需求市场也是不错的选择。例如，灵活运用政府采购制度，同等条件下优先采购国内具有自主知识产权的产品，充分调动产业的主动性和积极性，激励产业尽快将技术成果转化为现实生产力；针对国内市场分割的问题，打破地区封锁，加快建设并健全全国统一开放的市场体系等都不失为鼓励企业和其他社会主体创新行为的好的选择。

2.产业创新体系建设的经验

在产业内部建立顺畅的研发机制，使其能够流畅运转并持续创新，是保证产业实现赶超型自主创新的基础与核心。产业创新能力是产业内企业群创新能力的系统集成，产业创新系统建设是一个重新配置创新资源的过程。与产业创新直接发生关联的要素主要有政府、市场、技术、人才、资金、学研机构等，这些因素与产业或产业中的企业群构成的创新体系，如图8.3所示。

构建起完整的自主创新体制，并在各要素间建立流畅的运行机制，就必须从图8.3中所示的各个方面入手。除少数垄断性行业可将产业整体看作创新主体之外，对于绝大多数产业而言，建立以产业中各企业为主体的技术创新体系，是接下来构建产业创新体系，甚至国家创新体系的突破口和关键因素。企业创新的关键在于各项创新资源的投入，为了建立并完善以企业为创新主体的产业创新体系，使企业通过自主创新掌握核心技术，顺利实现赶超，就必须在开放的背景下，增加研发投入，为创新打下坚实牢固的基础。

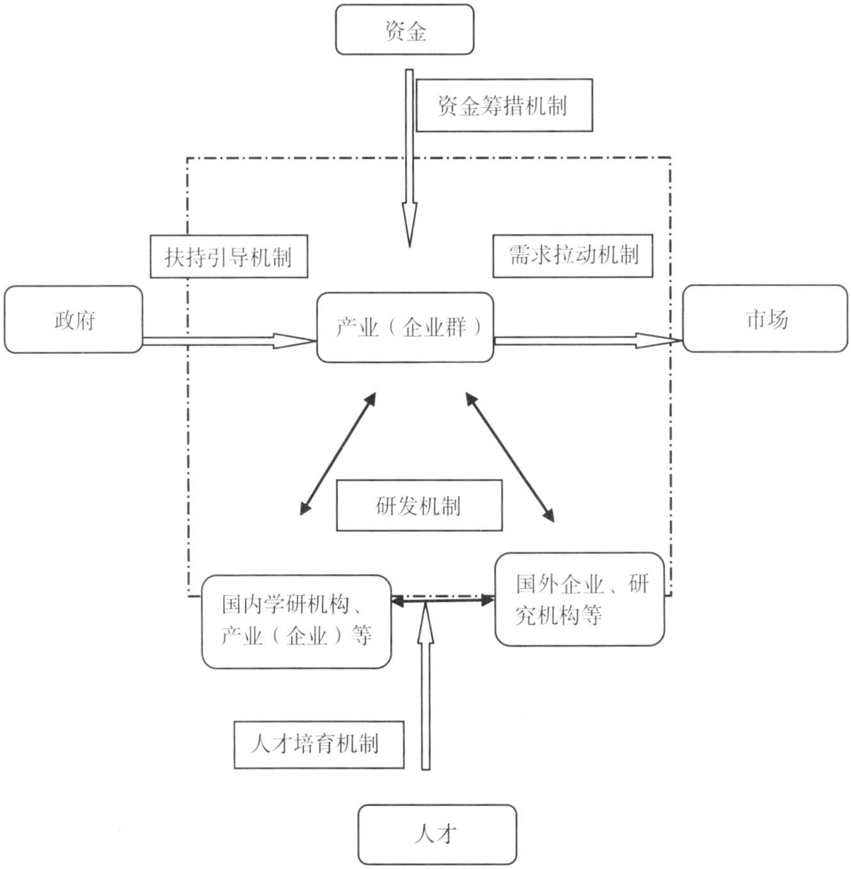

图8.3　产业创新体系

（1）产业创新的研发机制建设

开放的研发机制包括产业上下游产业链之间的协同创新，产业和学研机构的联合创新，以及全球化背景下产业与全球研发机构之间的开放式创新。首先，产业上下游产业链之间构成了完整的创新链条，之间存在着连锁效应、增值效应、拉动效应及磁铁效应等各种关联。此外，不同的产业之间，如果关联程度较高的话，如汽车与钢铁、机械及石化等产业之间，也可将创新成果在各个产业之间相互转移和利用，共同实现技术的提高。其次，"产学研"是产业在市场经济体制下有效发挥各界力量的综合体现。对于产业本身来说，把"学"与"研"联系起来，充分利用高校与研究机构的科研资源，打造专业的科研团队，降低研发成本，培养专业化人才，可以加快研发脚步，更好地满足产业创新的实际需求。最后，在全球化的大背景之下，可以充分利用来自全球的可供利用的技术和资源，"站在的巨人肩膀上"开展技术创新。目前世界各大公司都建有大量的合作交流平台，以弥补自身的不足。产业应利用自身优势，加强国际合作，扩展研发资源，在世界舞台上吸收和引进国外产业的先进经验、管理机制及核心要素，进行跨国科技合作，共同创造和分享国际创新成果，从而实现技术的赶超。

（2）产业创新的资金筹措与投入机制建设

创新需要大量的资金投入，汽车产业每个零部件仅模具就需要极为高昂的资金投入。而且，创新也需要巨大的风险投入。因此，资金的筹措对创新的成败至关重要。从资金来源的角度说，主要有企业自有资金的投入、政府财税政策的辅助、金融机构贷款、风险投资、证券市场融资及国外资金等投入方式，其中，企业自有资金投入是创新资金的主要来源。研发投入占销售收入的比例是企业研发活动顺利进行的关键，2014年中国企业研发支出占收入的平均比重仅为1.39%。欧盟委员会下属调研机构IRI，为2014—2015年度全球研发投入最多的2500家企业进行排名，中国共有301家企业上榜。这些中国企业，不仅在国内大名鼎鼎，在国际上也具备越来越大的影响力。由此可见，加大研发投入对于产业进行技术的赶超至关重要。

（3）产业创新的人才培育机制建设

人才是自主创新的第一资源，主要包括企业家和技术人员。企业家是创新活动的推动主体，企业家的冒险精神及创新精神对于企业创新活动的顺利开展，对于产业整体创新进程的有序推进，发挥了比物质因素更为重要的作用。卓越的企业家会起到标杆作用，引导越来越多的企业进行模仿，在产业内具有鲜明特色的创新文化。无论从企业的角度还是政府的角度，都应根据实际建立和完善企业家的选拔机制、培养机制、激励机制和约束机制。技术人员掌握该行业最核心最具有竞争力的技术，是企业发展的砥柱力量，对技术人才的培育机制包括人才引入、人才培养和人才激励三个方面。对于人才引入，可充分利用国内、国际人才资源，采取培养与引进双管齐下的方针，尽快增强产业研发队伍的整体水平。在提高技术人员对企业的忠诚度的同时，还能激发其主动研发的工作热情，是企业制定人才激励政策的目的之所在。企业可根据技术人员对创新活动所做的贡献度，以公正、公平、合理的方式对其进行激励，不仅可以为他们创造学习深造和施展才华的机会，还可以通过建立多样化的奖励机制，留住优秀人才。

三、中国产业创新的瓶颈

1. 宏观制度的制约

尽管各界对中国政府的政策期盼很大，但对中国政府在产业链发展和创新方面的协调推动作用能有多大，持程度不同的怀疑和担心。中国发展的特殊条件和路径，在很多方面制约了产业创新活动的展开。

（1）不尽完善的政企关系。中国在以政府提供资源或“租金机会”（或“以绩效为基础的租金”）方式支持产业创新的过程中，由于政府职能转变落后和过多的行政干预，存在用传统计划体制手段处理政企关系的危险，企业没有成为真正意义上的技术创新主体。同时，中国的改革发展有“体制外”促“体制内”和开放促改革、促发展的特点，也限制了政府鼓励产业链创新发展手段的选择空间，政府各机构对技术创新的管理协调不力，容易出现基础设施投入不足，创新项目选择过于盲目，重复建设及投入分散化等问题。

（2）有待健全的各种制度。融资制度方面，国有商业银行在某种程度上对弱势产业存在“贷款歧视”，严格的审批制度等也不利于推进创新。同时，资本市场发育滞后，风险投资机制尚未健全，限制了创新资金来源。创新资金来源渠道单一，使得创新风险加剧。据调查，中国对于科技开发贷款政策、科技人员奖励政策、税收减免政策等影响产业技术创新的重要政策的制定与执行稍显滞后。专利法、反不正当竞争法等执行不严及其他法律制度的不健全，也不能为中国企业技术创新提供必要的法律保障，进而延迟了产业技术创新的进度。

（3）僵化的教育科研体制。教育投入不足及教育体制的落后，使得创新型人才短缺；教育、研究机构及产业间缺乏必要的信息沟通，使得产学研脱节。一方面人才培养不能很好地适应产业创新的需要；另一方面，技术、经济发展所需专业人员又略显不足。现行的教育科研体制改革势在必行。

2. 微观制度的制约

产业创新主要包括产业内个别或少数企业技术创新和技术创新在行业内扩散两个过程，企业内部的技术创新是创新的源头。目前，从中国的实际来看，现代企业制度尚未完全建立起来，真正意义上的公司治理结构还没有建立或运作不规范，企业产权制度不明晰，管理机制缺位，使得企业难以成为自主性的市场主体，缺乏创新的动力和压力。目前，企业人员素质较低，技术人员比重较低。据统计，中国研究人员占总人口的比例约2%，远低于美国7.6%、日本7.5%的水平。在企业中，企业家是创新的推动者，高速成长的企业无一不是在创新型企业家的推动下发展的，而中国企业家创新意识却亟待进一步加强。

3. 资源环境的制约

中国部分基础原料的生产规模已经位居世界前列，但随着劳动力成本上升、人民币升值压力增大以及资源、环境瓶颈约束的作用，中国以低端制造业为主要特征的传统产业发展模式已难以持续。产业发展的能源资源消耗强度大，如钢铁、炼油、乙烯、合成氨、电石等单位产品能耗较国际先进水平高出10%～20%；矿产资源对外依存度不断提高，原油、铁矿石、铝土矿、铜矿等重要能源资源进口依存度超过50%。另外，国际环境已使中国似乎较难仿效日韩两国曾经的做法。加入WTO（世界贸易组织）前，中国企业国内市场竞争激烈，但市场对外开放有限，本土企业发展较快；加入WTO（世界贸易组织）后，中国开放力度加大，外国公司通过对华投资和收购，已形成“外国公司的中国制造”优势，当中国本土企业产业链形成时，很可能出现资源互斥甚至冲突问题。中国连续18年成为遭受全球反倾销调查最多的WTO（世界贸易组织）成员。一些发达国家构筑技术壁垒，严格控制高端技术向中国出口，东南亚、南亚等国依靠廉价劳动力、土地、环境等优势，承接了大量劳动密集型产业，中国有可能陷入高端技术不如人、低端技术又被转移的“三明治陷阱”。

第四节　中国产业创新未来展望

一、中国产业创新发展存在的问题

虽然中国产业创新的环境取得了长足的发展，国家经济发展总体水平有了很大的提升，但是对于促进产业创新发展的诸多因素仍然存在一定的问题，主要包括以下几个方面。

1. 产业整体技术水平落后

中国产业整体的技术落后主要体现在总体实力较弱，产业竞争力不强。2001年7月，联合国开发计划署发布的《2001年人类发展报告》显示，中国TAI（技术成就指数）分值为0.299，排名列为第45位，基本反映了中国技术发展处于世界中等水平的现状。世界经济论坛发布的《2014—2015年度全球竞争力报告》显示，中国排名升至第28位，创新实力得到较大改善，但仍非创新强国。庞大的市场是中国的长期优势，然而位列第83和第65的技术就绪度和高等教育构成了中国软件条件的主要短板。同时，能源消耗量在增加，劳动生产率很低。

技术落后具体表现为生产装备落后，技术进步贡献率低，基础设施也比较落后。中国大中型企业的生产设备相当于发达国家20世纪80年代的水平，能耗普遍比国际水平高40%以上，资源利用率低20%，成本高30%，可靠性和寿命低20%。截至2012年，中国科技创新对GDP的贡献率已达40%以上，但与创新型国家科技创新对GDP的贡献率高达70%以上相比，仍存在不小的差距，美国和德国甚至高达80%左右。技术基础设施是产业技术创新的物质保障，尽管中国近几年在这方面做出的努力较多，但还不完善。2015年4月，世界经济论坛在瑞士日内瓦发布的《全球信息技术报告2015》显示，中国的网络就绪度指数得分为4.2分（满分为7分），在全球143

个国家（或地区）中排名第62位，网络基础设施建设不仅大幅度落后于发达国家，甚至没有达到全球平均水平。

2. 研究与试验发展投入不合理

中国经济增长方式转变时间不长，科技进步也是近年来才开始重视的，投入数量严重不足，从资金来源来讲，企业自身投入少，资金分配也不尽合理。1996年以来，随着研究与试验发展总经费的持续高速增长，中国研究与试验发展总经费与GDP之比也不断上升，已高于印度、巴西而位居发展中国家前列，但仍低于1.6%的世界平均水平，与发达国家2.2%的平均水平相比，差距十分明显。2015年，中央预算中的科学技术支出约2500亿元，其中用于基础研究的约480亿元，占比18.5%，而美国新的财政预算中基础研究占比约22%。同美国、欧洲发达国家相比，我国的全社会研发投入，特别是企业对于基础研究的投入还比较少。企业对技术创新的资金投入很少，可以说如果没有政府的帮助，企业技术创新程度几乎为零。技术创新的风险巨大，一旦失败企业损失很大，企业宁愿用现有技术赚取低利润，也不愿投巨资用于技术创新。研究与试验发展经费主要用于基础研究、应用研究和试验发展。近30年来，中国研究与试验发展经费以及研究与试验发展经费占GDP的比例实现了“双增长”，但是基础研究经费以及基础研究经费占研究与试验发展经费的比例却是“总量快速增长，比例超稳定”，长期保持在近5%的比例，只是发达国家的1/3～1/5。

3. 技术创新人才缺乏

劳动者拥有足够的技能对于保持国家技术活力是至关重要的。新技术的创造和使用需要以充足的具有较高技能的劳动力为前提。中国产业创新过程中，科技人才比例较低，劳动生产率低下。2012年，中国从事研究与试验发展活动的人员数量为324.68万人，仅从绝对数量来讲，远远多于世界上其他国家；但是从相对数来讲，与其他国家差距很大。中国每万就业人数中有60人从事研究与试验发展活动，而丹麦2011年每万就业人数中就有204人从事研究与试验发展活动，日本在2010年就达到了136人。2015年，中国15至64岁劳动年龄人口数量为10.03亿，欧美发达国家15至64岁劳动年龄人口总和只有8.26亿，然而中国的劳动生产率仅为欧美发达国家的1/8，而且劳动生产率的提高还是以资源的高消耗、环境的高污染为代价的。过低的劳动生产率不仅使产业经济得不到飞速提高，还使中国在国际竞争力上处于劣势，更为严重的是阻碍了某些行业的可持续发展。

4. 产业技术创新效率低

从专利数量来看，中国的知识产权存在着量多质低、保护力度不足以及保护成本过高等问题，严重制约了企业创新以及产品质量的提升。2015年，中国知识产权局共受理发明专利申请110万件，同比增长18.7%，连续5年居世界首位，但与国外高达80%的实施率和企业申报率相比，我国企业申报的专利仅占15%。同发达国家相比，中国专利的科技技术含量不同程度地制约了专利的应用市场。2012年至2014年，中国共授予国内专利2787707件，签订专利许可合同仅为56067件，仅占授权专利比例的2%，该数据也反映出中国专利申请数量泛滥，绝大多数的专利没有真正投入使用。高科技人才外流，中国的知识产权保护法规的不完善和专利申请的行政审批复杂，是国内专利数量稀少的原因。知识产权保护体系不完善也使得中国产业在国际竞争中处于劣势。目前，中国已经成为美国“337调查”的最大受害国，在2012年已判决的相关案件中，中国企业“侵犯美国知识产权和不公平竞争”的行为败诉率高达60%，远高于世界平均值。此外，中国发明专利授权中3/4为外国人所拥有，不少行业存在产业技术空心化的危险，医药生物技术领域几乎所有药物的专利均为发达国家拥有。

在技术引进后的消化、吸收过程中，中国产业界的表现并不好。《中国科技统计年鉴2007—2013》统计数据显示，2011年技术引进经费和消化、吸收经费的支出比例为1：0.45，相比于2007年的1：0.12，支出比有了较大改观，但与发达国家，如日韩等国家用于技术引进与消化、吸收经费的比例在1：3左右、部分重点领域甚至高达1：7相比，差距依然悬殊。中国投入巨资引进的技术过高，并不适应产业现有的技术发展水平，其技术水平不会有太大提高，同时也不可能在引进技术的基础上进行更新改造。西方发达国家对我国的技术封锁和垄断高端市场，导致国内企业引进技术多以淘汰的低端技术为主，盲目跟风造成重复引进现象普遍，风电设备和多晶硅产业产能严重过剩就是典型的例子。

二、中国产业创新的未来发展方向

1. 基础研究是中国产业核心技术创新的基石

基础研究是中国产业核心技术突破性创新的关键。尽管中国企业已经通过渐进性创新完成了多个产业领域的技术追赶，但随着专利和标准日益主导产业发展，后发优势被先发优势取代，后发企业技术追赶的难度加大，基于科学创造的突破性创新成为竞争新规则。为此，政府需要对目前支持基础研究的方式进行重大调整，完善面向自主创新的企业基础研究投入结构和投入机制，加大对产业驱动型基础研究的投入并且优化资源配置。在此基础上，通过政策引导、优化外部环境等措施，着力推进中国企业成为产业驱动型基础研究的主体。企业可以实施以自主研发为主的开放式创新模式，通过整合全球知识来提高基础研究能力。

2. 高新技术产业集群协同式创新模式成为推进产业创新的有效组织形式

如美国的硅谷、英国的剑桥科技园等以集群为特征的产业创新正在为越来越多的国家和地区所采用。20世纪90年代初，Annalee Saxenian在其所著的《地区优势：硅谷与128地区的文化与竞争》一书中指出，虽然“128公路”在技术和资金上都优于硅谷，但硅谷的高科技发展却遥遥领先于“128公路”，究其原因，除了地区文化、企业文化与竞争方面的差异外，集聚在一起的企业能否形成一种既竞争又合作的网络型的互动关系，能否与当地其他企业形成促进竞争优势的环境和机制，则是产业区能否获得竞争优势的关键。因此，具有完整产业链、定价机制、龙头企业和服务平台的现代产业集群转型，是推进产业创新重要选择。

3. 服务创新日益成为产业价值增值的主要源泉

从国际产业结构演进的经验看，由高附加值的现代服务业逐步取代低附加值的传统工业，是一个国家由工业化中后期走向工业化后期的客观趋势，也是发展中国家成功迈向高收入国家的必由之路。目前，中国生产性服务业占GDP的比重只有15%左右，相比之下，作为先进制造业强国的德国的生产性服务业占GDP的比重在45%～50%。当前，新一轮科技革命与中国经济转型升级形成历史性交汇。中国制造在“互联网+”背景下，必须由生产型制造开始向服务型制造转变。一方面，制造企业会更多将产前、产中、产后的生产性服务环节交给专业的服务企业完成；另一方面，许多优秀制造企业积极发展各类与产品相关的服务业务，从制造产品逐渐向服务业渗透和转型。知名的跨国企业集团如IBM、通用电气公司、耐克等，都已实现由传统制造业向制造服务业的转型，在IBM的全球营收体系中，大约有55%的收入来自IT服务。

4. 绿色经济成为产业革命的新方向

在传统经济向绿色经济转变中实现结构性增长，已是各国和各经济体的共识。中国经济多年的高速增长引发了严重的生态环境问题，经济进一步发展面临严峻的资源环境瓶颈约束。以节能减排和环境保护为抓手，加强“高污染、高耗能、高耗水、高碳排放”企业的绿色升级改造，强化绿色、循环、低碳发展，减少单位产出的物质消耗，把绿色产业培育发展成为新的支柱产业，能够促进经济持续健康发展。荷兰飞利浦公司2010年的绿色产品占整体销售比例达到38%。1980年至2000年，丹麦GDP增长超过60%，能源消耗总量却保持在1980年的水平。丹麦在开发新技术、新解决方案过程中，创造了一条巨大的绿色产业链，推动并形成丹麦的绿色发展模式。目前，节能环保产业包括节能产业、资源循环利用产业和环保产业等，是国家加快培育和发展的七个战略性新兴产业之一，为节约能源资源、发展循环经济、保护生态环境提供物质基础和技术保障。

5. 国际标准成为创新技术产业化、市场化的关键环节

国际产业升级带来相关标准的升级，知识产权创造与技术创新体系的结合更加紧密。产业创新不只是解决效率问题，更为重要的是依靠无形要素实现要素的新组合，技术从研发迈向产业化，标准是连接技术与市场的桥梁。掌握了标准，就拥有了话语权。如果标准科学合理，既适应技术发展阶段又满足市场要求，就能推进技术市场化进程。欧美许多发达国家实施标准竞争战略，通过垄断国际标准制定的话语权，最大限度地实现产业利益。跨国企业也通过标准许可化强化自己对产业链的控制，从而有效推动产业环境建设和产业链的成熟，也可以加快产业发展和产业商用的速度。

第九章　企业创新探索与前瞻

经过改革开放以来的快速发展，中国不仅在社会经济方面取得了举世瞩目的成就，中国企业在生产规模和市场竞争力等方面也均有不俗的成绩。然而，如今在中国经济发展新常态的背景之下，中国的大量企业仍然面临着巨大的挑战。

随着中国市场化程度的提高，微观主体的创新主体地位愈发重要。或者说，创新驱动发展战略的深入实施需要作为微观主体的企业的积极推动。企业是市场经济中最主要的创新主体，无论企业性质如何都要以创新为核心，提升自主创新能力和竞争力是当前不同性质企业的内在需求和现实选择。

第一节　企业创新的概念、特征和要素

一、企业创新的内涵

1. 企业创新的定义

企业创新并未形成统一的定义，不同学者从不同层面出发有不同的理解。国外学者Becker and Whisler（1967）[①]和Kanter（1988）[②]主张“过程的系统说”；

① Becker, S.W., Whisler, T.L., The Innovative Organization: A Selective View of Current Theory and Research［J］. *Journal of Business*, 1967, 14:462-469.

② Kanter, R.M.. When A Thousand Flowers Bloom:Structural, Collective, and Social Conditions for Innovation in Organization［J］. *Research in Organizational Behavior*, 1988, 10:169-211.

Knight（1967）①、Shepard（1967）②、Damanpour and Evan（1984）③主张“创新采用比率说”；Evan and Black（1967）④、Kimberly（1986）⑤、Drazin（1990）⑥主张“分类说”。还有Burgess（1989）提出，企业创新是指组织产生或设计新的产品。⑦Amabile（1988）认为企业创新是对事业单位而言，是新的产品或程序的创造。⑧Zammuto（1992）提出企业创新是采用一个新的概念或行为相对于企业而言是新的，其中包括新产品、新服务、新技术或新的管理实务。⑨Dougherty & Bowman（1995）认为企业创新是一项复杂问题解决的过程，包括产品设计、产品创新、功能部门协调、企业资源、结构、战略的配合⑩。国内学者郜振廷等（2009）提出，企业创新是根据市场需求的发展趋势，与生产经营跟市场需求相适应的产品，而充分利用并不断优化自身资源与社会资源配置，从企业经营管理各个层面上进行的创造和革新。⑪

2. 企业创新的内容

（1）制度创新：它是指引入新的企业制度安排来代替原来的企业制度，以适应企业面临的新情况或新特点，其核心是产权制度创新。只有先进的企业制度安排，

---

① Knight , K.E.. A Descriptive Model of the Intra-firm Innovation Process［J］. Journal of Business, 1967, 40:478-496.

② Shepard, H.A.. Innovation-Resistion and Innovation-Producing Organizations［J］.*Journal of Business*, 1967, 4:470-477.

③ Damanpour, F., Evan, W.M.. Organizational Innovation and Performance: The Problem of Organization Lag［J］. *Administrative Science Quarterly*, 1984, 29:392-409.

④ Evan, W.M., Black, G..Innovation in Business Organization:Some Factors Associated with Success or Failure［J］. *Journal of Business*, 1967, 40:519-530.

⑤ Kimberly, J.R.. The Organization Context of Technological Innovation［M］. *Managing Technological Innovation*, Jossey-Bass, San Francisco, 1986:23-43.

⑥ Drazin, R.. Professionals and Innovation: Structural-Functional Versus Radical-Structural Perspectives［J］. *The Journal of Management Studies*, 1990, 2(3):245-263.

⑦ Burgess, B.H.. *Industrial Organization*［M］.Prentice-Hall, Englewood Cliffs, N.J, 1989.

⑧ Amabile, T.M.. A Model of Creativity and Innovation in Organization［J］.Edited by *Behavior*, 1988, 10:123-167.

⑨ Zammuto, R., O'Connor E.. Gaining Advanced Manufacturing Technologies Benefits:The Role of Organizational Design and Culture［J］.*Acady Management Review*, 1992, 17:701-728.

⑩ Dougherty, D., Bowman, E.H.. The Effects of Organizational Downsizing of Product Innovation［J］.*California Management Review*, 1995, 37(4):28-44.

⑪ 郜振廷、史殿元、孙立威等著.创新能力培养线路图：一流三联三个零［M］.中国经济出版社，2009.03.

才能调动各类人员的积极性，推动技术创新和管理创新的发展。①

（2）技术创新：中国学者对技术创新的研究始于20世纪80年代。多数学者认为，技术创新包含产品和工艺，但不包含非技术性的创新内容。张蕾、闫奕荣（2010）认为技术创新是指一种新的生产方式的引入，这种新方法可以建立在一种新的科学发现的基础上，也可以是以获利为目的经营某种商品的新方法，还可以是工艺上的创新。②

（3）管理创新：芮明杰（1997）认为管理创新是指创造一种更有效的资源整合范式，以达到企业目标和责任的全过程管理，也可是新的具体资源整合及目标制定等方面的细节管理。③而常修泽等（1994）认为管理创新是一种更有效而未被企业采用的新管理方式或方法的引入，是企业创新在企业经营层次上的辐射。④史仕新（2002）认为，管理创新是企业根据内外环境的变化、生产力发展水平和自身资源状况，所进行的一系列管理观点、管理方式的调整、优化，是企业管理观念、管理方式的质的飞跃。⑤

管理创新是指企业把新的管理要素（如新的管理方法、新的管理手段、新的管理模式等）或要素组合引入企业管理系统的创新活动。它通过对企业的各种生产要素（人力、物力、技术）和各项职能（包括生产、市场等）在质和量上进行新的变化或组合安排，以创造出一种新的、更有效的资源整合范式。这种范式既可以是新的有效整合资源以达到企业目标和责任的全过程式管理，也可以是新的具体资源整合及新的目标制定等方面的细节管理。

二、企业创新的特征⑥

1.创造性：企业创新的创造性首先表现在其所应用的技术是以前未使用过的新

① 张蕾、闫奕荣主编.现代企业管理 理论与案例［M］.中国人民大学出版社，2010.07.

② 张蕾、闫奕荣主编.现代企业管理 理论与案例［M］.中国人民大学出版社，2010.07.

③ 芮明杰.管理创新［M］.管理前沿丛书，上海译文出版社，1997.

④ 常修泽等.现代企业创新论［M］.天津人民出版社，1994.

⑤ 史仕新.知识经济与管理创新［J］.财经科学，2002（7）：73-75.

⑥ 李景元、王国权、刘鹏著.现代企业技术创新基础与成果开发转化［M］.中国经济出版社，2010.08.

技术和现有技术的改进技术，应用效果有明显提高；其次表现在创新过程中企业家对生产要素进行了新组合。

2.高效益性：企业是营利性组织，企业创新的目标也是追求持续盈利，即增加企业的经济效益和社会效益。

3.风险性：高效益必然伴随高风险。企业创新活动涉及许多环节和因素，故企业创新结果有一定的不确定性。例如，企业在进行技术创新时需要大量的研发投入，但这些投入能否顺利实现价值补偿，受到如技术本身、市场、社会、政策等众多不确定因素的影响，这就意味着企业创新常带有较大的风险。

4.系统性和综合性：企业是由多种要素构成的综合体，其生产经营过程是由多个环节构成的，企业创新涉及市场调查、预测、决策、研究开发、设计、安装、调试、管理、市场营销等一系列过程的系统活动。同时企业创新是由许多人共同参与、共同努力的结果，创新既需要企业家的冒险精神和组织管理能力，也需要科技人员的理论知识和技术，还需要创新活动具体执行者的密切配合，因此创新具有系统性和综合性。

三、企业创新的构成要素

企业创新过程由创新人才、资本和方式三个基本要素构成。一是创新人才。创新人才一般是指企业家以及科研单位的研究人员、负责人等。虽然创新者一般是企业家，但并非所有的企业家都是创新者，发明家也不一定是创新者。只有敢于冒风险，把新发明引入经济的企业家或发明家，才是创新者。创新者根据市场需求信息与技术进步信息，捕捉创新机会，通过把市场需求与技术上的可能性结合起来，产生新的思想。总的来说，创新人才要素是能动的主体，是推动企业创新发展的主要力量。

二是创新资本。随着科学技术的发展进步，资本要素在经济发展过程中的推动作用也是必不可少的，且在资本积累中的作用越来越重要。企业创新离不开的另一个重要的要素就是资本要素。威廉斯等曾指出，从发明、创新到有利应用的过程，为保证重大技术开发，需要巨大的资金支持。[1]资本要素能够推动创新的发展，而企业创新活动产生的新产品、新技术的市场化过程有利于资本要素的积累。

三是创新方式。企业如果只是具备卓越的远见和较丰富的战略资源，是不足以保证企业不断获得新的竞争优势的，还需要通过适合的实施方式才能实现企业创新的目的。企业主要通过改变竞争规则和一连串行动这两种方式，开启创造企业竞争优势的新机遇。[2]

第二节　中外企业创新的成功案例

一、制度创新

1. 国有企业改革——石家庄化肥集团

石家庄化肥集团前身是石家庄化肥厂，始建于1957年，曾是部属、省属重点化工企业。2004年，企业管理权限下放到市一级。但随着市场经济的发展，石家庄化肥集团受煤炭资源、资金、体制、管理等多方面因素的影响，生产经营陷入困境，亏损与日俱增。到2003年底，企业亏损约8000多万元，负债数亿元，欠发工人工资，企业濒临破产。

在这种形势下，企业开始谋求改组改制出路。改革过程的第一步，是要找准合作伙伴，进行优势互补，实现互利双赢，以及政府政策的支持。同时，企业快速发展引入新的理念，引入人才，转变创新管理机制。2004年9月，石家庄化肥集团与山西晋城煤业集团合资合作，成立了石家庄金石化肥有限责任公司，优质无烟煤是化肥企业的重要生产原料，双方合作可以优势互补。化肥集团的改制后，给企业带来了发展资金，带来了新的管理理念，使企业发生了巨大变化。山西晋煤集团通过资金投入，不仅缓解了企业资金不足的问题，而且改良了企业股权结构，盘活了国有资产，消除了体制、机制弊端，极大地激发了国有企业潜在的生产能力。企业当年扭亏为盈。

---

① 特雷弗·I.威廉斯等.技术史第VI卷［M］.远德玉等译.上海科技教育出版社，2004.

② 孟鹰、余来文著.企业战略 基于动态战略能力的观点［M］.中国经济出版社，2010.03.

石家庄化肥集团是国有企业创新改革中成功的案例之一。一是得益于政府的大力支持。政府高度重视企业改制的重大问题，积极帮助企业想办法、谋思路，研究、制定改制方案。同时，政府职能部门积极深入企业，全程参与企业改制工作的全过程，并且充分给予政策优惠。在政策有效期内，享受了所有相关优惠政策，厂办校第一批进行了剥离。二是引入优秀企业家的作用。新公司成立后，晋煤集团只派出了5个人：公司董事长兼总经理、两名助理及财务、供应主管。经过7个月的运营，企业发生了巨大变化。企业的领导者要还具备敏锐的市场预测能力、经营能力和企业家精神。三是明确企业长期发展战略。该企业明确了"煤、气、电、化一体化"的战略发展思路，主动出击，与煤炭下游企业共同构建高度相关的产业链条，推进产业优化升级和价值转化增值，提升企业抗风险能力。

2. 华为的创新实践

华为是全球领先的信息与通信技术（ICT）解决方案供应商，专注于ICT领域，坚持稳健经营、持续创新、开放合作，在电信运营商、企业、终端和云计算等领域构筑了端到端的解决方案优势，为运营商客户、企业客户和消费者提供有竞争力的ICT解决方案、产品和服务，并致力于使能未来信息社会、构建更美好的全连接世界。当前，华为的业务已遍及全球170多个国家和地区，服务全世界三分之一以上的人口。

华为利用"工者有其股"的具有颠覆性的制度创新，实现了华为的发展奇迹。任正非并未用一般常理而拥有华为的控股权，而是对知识劳动者的智慧等无形资产进行定价，使"知本家"作为核心资产，成为华为的股东和老板。目前，华为已有股东8万余人，且在股权方面的创新方案将外籍员工也纳入成为公司股东，实现完全意义上的"工者有其股"。华为在分散的股权结构下，能够满足不同股东层级、劳动者层级、管理层级的不同利益，实现多种不同诉求的内外部平衡。[①]

① 华为的创新[EB/OL].http: //www.360doc.com/content/14/0514/10/14171751_377459853.shtml.

二、技术创新

1.通信企业创新案例

起初，WAP是通信技术热点中的热点，业界对WAP业务的发展持乐观态度。在中国移动决定开办WAP业务之前，曾对WAP用户进行了预测，得出了到2000年底，WAP用户数将达到10万人的结论。但事实是，到2001年上半年，WAP用户数增长还不足2万人。

WAP业务发展的影响可主要概括为技术和市场两个方面的原因。一方面，由于WAP受到无线频带的限制，速率较低，手机终端屏幕小，存储容量有限，输入不方便，费用也偏高，与计算机终端相比，手机上网具有先天不足。只有移动商务相对是比较有前途的应用，但当时国内的电子商务环境还未成熟，相关的支撑体系以及法律都不健全，移动电子商务未得到进一步的发展。另一方面，基于技术发展的不成熟，导致对WAP的需求空间未形成。年轻人是使用WAP手机的大多数用户，但是仅仅为追赶潮流而并没有真正期望通过WAP来获得所需要的信息，因此WAP的实际使用量非常小。中国移动深入分析WAP失败的原因，在技术和市场两方面进行改革、创新。一方面通过采用针对GSM网络的GPRS、（G）EDGE等技术提高WAP的速率；另一方面积极开发适合WAP的应用，使用户从WAP业务能够获得所需要的价值。这两方面的努力首先在一些发达城市中进行，以期逐步地培育WAP市场。①

2. 光电信息产业创新案例

武汉邮科院是集科研、生产、教学为一体的综合机构，作为中国光通信的发源地，是中国电子信息百强和软件百强企业。经国家批准为：光纤通信技术和网络国家重点实验室、国家光纤通信技术工程研究中心、国家光电子工艺中心（武汉分部）、国家高新技术研究发展计划成果产业化基地、信息产业光通信产品质量监督检验中心、亚太电信联盟培训中心和创新型企业等。武汉邮科院坚持光纤通信技术、无线通信技术、数据通信技术、智能化应用技术四大业务方向，倡导以“客户

① 梁雄健、张静编著.通信服务创新［M］.北京邮电大学出版社，2002年08月第1版.

为中心”的经营理念，以自有知识产权的光电子设计与制造技术、ASIC设计技术、软件开发技术和光纤制造技术、光纤传感技术为核心技术，构筑竞争优势，以提供下一代网络（NGN）、下一代互联网、下一代无线移动网和智能化应用解决方案为主攻目标，整合资源，构建合理的产业结构，逐步成为集传输、数据、交换、无线通信、光电器件、光纤传感一体的信息通信设备制造商和综合服务提供商，为客户提供全面的产品和智能化应用解决方案。武汉邮科院以成为“国内一流、国际知名”的信息通信设备制造商和综合服务提供商为企业愿景。

通过40年的技术积累和创新积淀，武汉邮科院在光纤通信技术、无线通信技术、数据通信技术和智能化应用技术四大产业上都获得了长足发展，形成武汉邮科院的四维创新技术体系，极大地提高了技术创新效率，拓宽了光电子信息产业的发展道路。武汉邮科院是全球唯一集光纤通信领域三大战略技术（光电器件、光纤光缆、光通信系统和网络）的研究、开发、生产与销售于一体的科研与产业实体，国际知名的通信设备制造商与解决方案提供商之一。在光通信领域，烽火通信积极巩固“国内一流”的市场地位，同时寻求“国际知名”的突破，加快“走出去”步伐，提高国际化程度。此外，为进一步做大国内市场“蛋糕”，烽火通信全力拓展信息化这一“新蓝海”。

三、管理创新

1. 海尔集团

海尔集团快速发展的基础在于创新，体现在管理方面的破坏性创新。在经济全球化快速发展的情况下，企业竞争日益激烈，海尔集团的生存要依靠创新，不断提升市场竞争力。

张瑞敏在出任海尔的前身青岛电冰箱总厂厂长后，开始抓质量管理，这是海尔成功之路的第一步。在当时物质短缺的情况下，张瑞敏带头砸毁了70余台不合格的冰箱。此举的目的是让大家增强对质量的意识。张瑞敏带领的海尔集团运用吃“休克鱼”的模式，成功兼并14家企业，成功运用海尔企业的管理制度及经营理念盘活兼并企业。

1989年，海尔集团提出OEC管理法，通过每人每天对每件事进行全方位的控制和清理，从而达到“日事日毕，日清日高”，成为海尔管理创新的基础。在2000年，海尔集团创立“市场链”管理模式，以计算机信息系统为基础，以订单信息流为中心，带动物流和资金流的运行，实现业务流程再造，加速了企业内部的信息流通，激励员工，使其价值取向与用户需求相一致。互联网时代，海尔集团开启了用户驱动的“即需即供”“人单合一双赢”的管理模式。[①]

2. 阿里巴巴

马云和阿里巴巴在中国创造了新的商业模式和商业奇迹。这里的成功更多归功于企业领导者对市场的判断及其创新精神。1994年底，马云发现当时的互联网上没有任何关于中国商品的信息，就有了把中国企业的信息放到互联网上的想法。有了想法之后，他开始进行咨询、讨论，并开始进行尝试。因此，马云创建了杭州第一家电脑资讯服务公司，公司最初就确定了要通过电子商务帮助小企业的战略。现在的支付宝也是较为成功的企业创新，但并不是完全的创新，而是根据现实市场需求而产生的新模式。

四、国外创新案例

1. 宝洁公司的开放式创新

开放式创新是指企业可以同时利用内部和外部有价值的知识来加快内部创新，并且利用外部的创新来拓展市场。[②]

1990年，宝洁公司的总收入开始增长，到2000年已翻了两倍，但2000年以后，总收入仅达到300亿美元，有人认为这是宝洁公司遇到的“增长瓶颈”。面对这种局势，宝洁公司开始减少开支和进行裁员。随后，针对研发部门的员工，改变创新战略，采用“联系与发展”的创新活动。创新模式的改变使宝洁公司利用已不断减少的资源实现了更多的创新。

① 肖广岭、杨淳等.企业创新发展研究——创新型企业模式案例[M].清华大学出版社，2015.

② Henry Chesbrough, Wim Vanhaverbreke and Joel West. *Open Innovation: Researching a New Paradigm*[M]. Oxford University Press, 2006.

2. 三星电子公司

三星集团发展已有数十年的历史，企业业务涉及半导体、移动电话、显示器、笔记本、电视机、电冰箱、空调、数码摄像机以及IT产品等多个领域。2005年，“世界财富500强企业”评选中，三星电子以719亿美元的销售额位居全球排名第39位。20世纪60年代末期，三星决定进军电子工业，制定从日本企业引入技术的方针，整个70年代前半期都致力于模仿合资企业的先进技术。三星对技术起源国进行实地考察学习，并在涉足电子工业初期时制定了“构筑从原材料到产成品企业内部生产的垂直系列化生产体制”的基本方针，将资源集中配置于电视、冰箱等家电生产领域，最终得以实现赶超战略，同时也认识到质量的重要性，并在短期内实现了质的飞跃。经过技术模仿阶段，企业劳动力构成与生产量同当地社会经济条件的技术适应已经成为可能，在吸收阶段则应该发挥技术的应用能力。

三星电子在导入黑白电视技术时，采取整套技术导入的方式，几乎所有技术资源都依赖合资方。在引入彩色电视技术的时候，三星采用分离技术导入的方式，即只引入RCA技术，其余采用自主开发方式，这种自主开发能力的培养是在黑白电视生产阶段即开始蓄积的。三星电管采用“迂回战术”——先开发初级管再挑战高级管，短期内取得了成功。1988年11月，三星在整个集团内开展经营合理化运动，进行TPI，致力于大幅度提升产品质量和劳动生产率，TPI是提升设备生产率的重要武器；自主品牌的培育，从贴牌出口到以自有品牌的出口，三星花了许多时间和精力。三星设立了综合研究所，开始进行体系性的研发工作，成果突出。三星集团在改良阶段完成了培育自主品牌和确立自主生产技术的任务。研发工作也从产品中心向技术中心的转变，实行综合研究所与事业部研究所的职能分离，从而建成了广泛的企业内部实验室网络。

第三节　中国企业创新的政策、经验和瓶颈

一、有关企业创新的政策

当前，中国企业创新的政策环境持续改善，促进企业创新的总体政策，以及与

企业创新有关的人才投入、研发投入和创新成果转化等方面的政策相继出台。

第一，总体政策层面。“十一五”期间，国家发布了《国家中长期科学和技术发展规划纲要（2006—2020年）》，提出到2020年中国自主创新能力、基础科学和前沿技术研究综合实力显著增强，取得一批在世界具有重大影响的科学技术成果，进入创新型国家行列等科学技术发展总体目标；要求到2020年，全社会研究开发投入占国内生产总值的比重提高到2.5%以上，力争科技进步贡献率达到60%以上，对外技术依存度降低到30%以下。

“十二五”期间，中共中央、国务院印发了《关于深化科技体制改革加快国家创新体系建设的意见》，提出了全社会研发经费占国内生产总值2.2%、大中型工业企业平均研发投入占主营业务收入比例提高到1.5%、科技进步贡献率达到55%左右等科技发展目标，并分别从“强化企业技术创新主体地位，促进科技与经济紧密结合”“加强统筹部署和协同创新，提高创新体系整体效能”“改革科技管理体制，促进管理科学化和资源高效利用”“完善人才发展机制，激发科技人员积极性创造性”等方面做出了具体部署。

2013年1月15日，国务院印发了《“十二五”国家自主创新能力建设规划》（以下简称《规划》），提出到“十二五”末，中国自主创新能力建设的目标是：创新基础条件建设布局更加合理、重点领域创新能力明显提升、创新主体实力明显增强、区域创新能力布局不断优化、创新环境更加完善等目标；计划投入运行和在建接近50个重大科技基础设施、重点建设和完善100家国家工程中心、新建若干家国家工程（重点）实验室、推动一批创新型企业进入世界500强。

《规划》指出，“十二五”时期，中国必须加强政府统筹规划指导，充分发挥市场在资源配置中的基础性作用，引导社会创新主体积极参与，重点推进科学研究实验设施和各类创新基地建设，加强科技资源整合共享和高效利用，健全国家标准、计量、检测和认证技术体系，支撑科技跨越发展；加快推进重点产业关键核心技术研发和工程化能力建设，提升重点社会领域创新能力和公共服务水平，构建各具特色、协调发展的区域创新体系，支撑经济社会创新发展；加强创新主体能力、人才队伍和制度等创新环境建设，深化国际交流与合作，强化知识产权创造、运用、保护和管理能力，激发全社会创新活力，提高创新效率和效益。

2015年3月，中共中央、国务院发布的《关于深化体制机制改革加快实施创新驱动发展战略的若干意见》指出，扩大企业在国家创新决策中话语权；完善企业为主体的产业技术创新机制；提高普惠性财税政策支持力度；健全优先使用创新产品的采购政策。2015年9月，中共中央办公厅、国务院办公厅印发了《深化科技体制改革实施方案》（以下简称《方案》），并发出通知，要求各地区各部门结合实际认真贯彻执行。《方案》指出，企业是科技与经济紧密结合的主要载体，解决科技与经济结合不紧问题的关键是增强企业创新能力和协同创新的合力。要健全技术创新的市场导向机制和政府引导机制，加强产学研协同创新，引导各类创新要素向企业集聚，促进企业成为技术创新决策、研发投入、科研组织和成果转化的主体，使创新转化为实实在在的产业活动，培育新的增长点，促进经济转型升级提质增效。

2016年5月，中共中央、国务院印发了《国家创新驱动发展战略纲要》（以下简称《纲要》）。《纲要》指出，要实现创新体系协同高效。科技与经济融合更加顺畅，创新主体充满活力，创新链条有机衔接，创新治理更加科学，创新效率大幅提高。要实现创新环境更加优化。激励创新的政策法规更加健全，知识产权保护更加严格，形成崇尚创新创业、勇于创新创业、激励创新创业的价值导向和文化氛围。同时，要明确企业创新主体功能定位。要培育世界一流的创新型企业。鼓励行业领军企业构建高水平研发机构，形成完善的研发组织体系，集聚高端创新人才。引导领军企业联合中小企业和科研单位系统布局创新链，提供产业技术创新整体解决方案。培育一批核心技术能力突出、集成创新能力强、引领重要产业发展的创新型企业，力争有一批企业进入全球百强创新型企业。要孵化培育创新型小微企业。适应小型化、智能化、专业化的产业组织新特征，推动分布式、网络化的创新，鼓励企业开展商业模式创新，引导社会资本参与建设面向小微企业的社会化技术创新公共服务平台，推动小微企业向“专精特新”发展，让大批创新活力旺盛的小微企业不断涌现。①

第二，创新人才的相关政策。2011年7月26日，科技部等七部门联合发布了《国家中长期科技人才发展规划（2010—2020年）》，提出要造就一支具有原始创新能

---

① 中共中央、国务院印发《国家创新驱动发展战略纲要》[EB/OL].http://www.gov.cn/zhengce/2016-05/19/content_5074812.htm.

力的科学家队伍、重点建设优秀科技创新团队、造就一支具有国际竞争力的工程技术人才队伍、支持和培养一批中青年科技创新领军人才、重点扶持一批科技创新创业人才、重视建设科技管理与科技服务和科普等人才队伍、建设一批创新人才培养示范基地等发展目标，为中国科技人才培养明确了方向。

在具体的人才引进项目方面，国家提出了“海外高层次人才引进计划”这一创新人才长期项目。“海外高层次人才引进计划”简称“千人计划”，主要是围绕国家发展战略目标，从2008年开始，在国家重点创新项目、学科、实验室以及中央企业和国有商业金融机构、以高新技术产业开发区为主的各类园区等，引进2000名左右人才并有重点地支持一批能够突破关键技术、发展高新产业、带动新兴学科的战略科学家和领军人才来华创新创业。事实上，截至2012年7月，“千人计划”已引进各领域高端人才超过2000名。

2015年3月，中共中央、国务院发布的《关于深化体制机制改革加快实施创新驱动发展战略的若干意见》指出，围绕建设一支规模宏大、富有创新精神、敢于承担风险的创新型人才队伍，按照创新规律培养和吸引人才，按照市场规律让人才自由流动，实现人尽其才、才尽其用、用有所成。要构建创新型人才培养模式；建立健全科研人才双向流动机制；实行更具竞争力的人才吸引制度。

党的十八届五中全会特别强调了人才对国家发展的重要作用。会议指出“加快建设人才强国，深入实施人才优先发展战略，推进人才发展体制改革和政策创新，形成具有国际竞争力的人才制度优势”，再次吹响“人才强国”的集结号。习近平总书记强调，人才是创新的根基，创新驱动实质上是人才驱动。要择天下英才而用之，实施更加积极的创新人才引进政策。“人才政策方面手脚还要放开一些，要集聚一批站在行业科技前沿、具有国际视野和能力的领军人才。”

第三，创新投入的相关政策。2008年，国家税务总局下发了《关于印发〈企业研究开发费用税前扣除管理办法（试行）〉的通知》，对有关优惠政策内容及管理规定进行了具体明确。2013年，在总结中关村国家自主创新示范区试点经验基础上，财政部、国家税务总局联合下发了《关于研究开发费用税前加计扣除有关政策问题的通知》，将研发人员“五险一金”、研发仪器设备运行维护费等纳入加计扣除范围。2015年11月2日，财政部、国家税务总局、科技部联合发布《关于完善研究开发费用税前加计扣除政策的通知》；2015年底，国家税务总局又出台了《关于研究开发费用税前加计扣除政策有关问题的公告》。

具体来说，一是放宽了研发活动适用范围，参照国际通行做法，除规定不适用加计扣除的活动和行业外，其余企业发生的研发活动均可以作为加计扣除的研发活动纳入到优惠范围里来。二是进一步扩大研发费用加计扣除范围，除原有允许加计扣除的费用外，将外聘研发人员劳务费、试制产品检验费、专家咨询费、高新科技研发保险费以及与研发直接相关的差旅费等纳入研发费用加计扣除范围，同时放宽原有政策中要求仪器、设备、无形资产等专门用于研发活动的限制。三是明确企业为获得创新性、创意性、突破性的产品进行创意设计活动而发生的相关费用可以税前加计扣除。四是简化对研发费用的归集和核算管理。五是减少了审核程序，调整后的程序将企业享受加计扣除优惠政策简化为事后备案管理，有关资料由企业留存备查即可，使企业能够更便捷、更直接、更高效享受优惠政策。六是明确企业符合条件的研发费用可以追溯享受政策，追溯期限最长为3年。

第四，创新成果转化的相关政策。创新成果转化一直都是困扰中国科技创新的关键难题之一，大量的研发投入形成的技术创新成果因成果转化机制不畅，而往往被企业或科研院所束之高阁。

2015年3月，中共中央、国务院发布的《关于深化体制机制改革加快实施创新驱动发展战略的若干意见》指出，要强化尊重知识、尊重创新，充分体现智力劳动价值的分配导向，让科技人员在创新活动中得到合理回报，通过成果应用体现创新价值，通过成果转化创造财富。加快下放科技成果使用、处置和收益权。不断总结试点经验，结合事业单位分类改革要求，尽快将财政资金支持形成的，不涉及国防、国家安全、国家利益、重大社会公共利益的科技成果的使用权、处置权和收益权，全部下放给符合条件的项目承担单位。单位主管部门和财政部门对科技成果在境内的使用、处置不再审批或备案，科技成果转移转化所得收入全部留归单位，纳入单位预算，实行统一管理，处置收入不上缴国库。

2016年2月17日，国务院常务会议专门讨论了科技创新成果的转化应用问题，出台五大政策支持科技成果转移转化：一是自主决定转移其持有的科技成果，原则上不需审批或备案；鼓励优先向中小微企业转移成果，支持设立专业化技术转移机构。二是成果转移收入全部留归单位，主要用于奖励科技人员和开展科研、成果转化等工作。三是通过转让或许可取得的净收入及作价投资获得的股份或出资比例，应提取不低于50%用于奖励，对研发和成果转化做出主要贡献人员的奖励份额不低于奖励总额的50%；在履行尽职义务前提下，可以免除事业单位领导在科技成果定价中因成果转化后续价值变化产生的决策责任。四是科技人员可以按照规定在完成本职工作的情况下到企业兼职从事科技成果转化活动，或在3年内保留人事关系离岗创业，开展成果转化。五是将科技成果转化情况纳入研发机构和高校绩效考评，加快向全国推广国家自主创新示范区试点税收优惠政策，探索完善支持单位和个人科技成果转化的财税措施。

2016年4月21日，国务院办公厅印发了《促进科技成果转移转化行动方案》，要求“十三五”期间，推动一批短中期见效、有力带动产业结构优化升级的重大科技成果转化应用，企业、高校和科研院所科技成果转移转化能力显著提高，市场化的技术交易服务体系进一步健全，科技型创新创业蓬勃发展，专业化技术转移人才队伍发展壮大，多元化的科技成果转移转化投入渠道日益完善，科技成果转移转化的制度环境更加优化，功能完善、运行高效、市场化的科技成果转移转化体系全面建成；包括建设100个示范性国家技术转移机构，支持有条件的地方建设10个科技成果转移转化示范区，在重点行业领域布局建设一批支撑实体经济发展的众创空间，建成若干技术转移人才培养基地，培养1万名专业化技术转移人才，全国技术合同交易额力争达到2万亿元。

2016年5月30日，全国科技创新大会、中国科学院第十八次院士大会和中国工程院第十三次院士大会、中国科学技术协会第九次全国代表大会在北京召开。在深化改革创新方面，习近平提出，要制定和落实鼓励企业技术创新各项政策，加强对中小企业技术创新支持力度。要优化科研院所和研究型大学科研布局，厚实学科基础，培育新兴交叉学科生长点。要尊重科技创新的区域集聚规律，建设若干具有强大带动力的创新型城市和区域创新中心。近两年，国家层面发布了一系列鼓励科技创新的政策，包括《关于国家重大科研基础设施和大型科研仪器向社会开放的意见》《关于改进加强中央财政科研项目和资金管理的若干意见》《关于深化中央财政科技计划（专项、基金等）管理改革的方案》《深化科技体制改革实施方案》

《实施〈中华人民共和国促进科技成果转化法〉若干规定》等。

2016年8月3日，《教育部科技部关于加强高等学校科技成果转移转化工作的若干意见》，对高校科研成果转化的具体问题做出了新的规定，完成了高校与国家科技成果转化政策的全面衔接。《关于深化体制机制改革加快实施创新驱动发展战略的若干意见》的出台，明确了未来几十年创新驱动发展的目标、方向和重点任务。其中重点提到培育世界一流创新型企业。鼓励行业领军企业构建高水平研发机构，形成完善的研发组织体系，集聚高端创新人才。引导领军企业联合中小企业和科研单位系统布局创新链，提供产业技术创新整体解决方案。

二、企业创新的经验基础

1. 中国研发投入总体情况

根据《中国统计年鉴》资料显示，2011年以来，全年研究与试验发展（R&D）经费支出逐年增长，到2015年已达14169.9亿元，比2014年增长8.87%，且已成为仅次于美国的世界第二大研发经费投入国家。另据《国家创新指数报告2014》显示，中国创新能力全球排名第19位。2013年，中国R&D经费达到1912.1亿美元，升至世界第2位，且R&D经费投入强度也上升至第17位，国内发明专利申请量和授权量分别居世界首位和第2位。2015年，中国研发经费投入强度为2.067%，基本上达到了中等发达国家水平，在发展中国家中居于前列。根据《中国统计年鉴》资料，截至2015年底，中国企业R&D人员全时当量为263.8万人，比2009年增长82.3%。2015年，中国专利申请受理数为279.85万件，比2011年增长71.3%，其中发明专利申请受理数首次突破百万件，为110.2万件，比2011年增长1.09倍，发明专利申请受理数已连续5年位居世界首位。2015年，中国专利授权数为171.8万件，比2011年增长78.9%；其中发明专利授权数为35.9万件，比2011年增长1.08倍。

创新对企业销售收入的贡献有所提高。2008年以来，虽然中国企业新产品销售收入占比有所波动，但总体上呈提高态势。2015年，规模以上工业企业实现新产品销售收入12.9万亿元，比2011年增长45.6%，年均增长11.4%；2015年的新产品销售收入占主营业务收入的比重为11.6%。

2. 企业研发投入总体情况

2015年，中国规模以上工业企业的R&D经费支出达10013.9亿元，比2012年增长40.3%，年均增长11.9%；企业R&D人员约为198万人。据2014年全国企业创新调查资料显示，当年有创新活动的企业数为26.6万个，占全部调查企业总数的41.3%，其中有技术创新活动的企业数为17.3万个，占全部调查企业总数的26.9%。调查对象中工业和建筑业企业开展创新活动的比重较高，分别为46.8%和56.0%。服务业企业中有创新活动的企业比重最低，仅为32.6%。①

三、企业创新发展的瓶颈

1. 不完善的体制机制。企业创新最根本是要增强自主创新能力，而亟须破除的障碍就是体制机制问题。世界上许多国家以系统的、动态的观点将制度、文化、创新组织体系联系在一起，为企业进行创新活动建立较为完善的制度框架，形成健全的体制机制，构建完善的创新体系。当前，进一步深化市场化改革，处理好政府与市场的关系，以及完善企业制度建设，调动企业家的积极性，是企业创新发展需要在宏观和微观层面突破的瓶颈。

2. 缺乏有利于企业创新的社会氛围和支持体系。这是阻碍企业创新发展的外在因素。如若企业拥有丰富的创新要素，但是因缺乏能够有效整合创新要素的支持体系，创新人才体系、资本要素体系和技术服务体系等系统不健全和不完善，产学研结合路径不通畅、科技成果落地转化环境不成熟等问题，都会导致企业的创新发展、技术创新发展长期无法突破瓶颈。

3. 资金成本不足，融资瓶颈仍存在。资金问题是影响所有企业发展的关键要素。资金成本的相对不足，能够从根本上影响企业的经营发展。融资问题和税费问题是影响企业经营成本的主要两个方面。企业在生产经营过程中，涉及的原材料、技术、劳动力、节能环保等生产成本不断提高，融资困难是中国民营企业在经营发展过程中面临的主要瓶颈。因国有企业以国家为代表的信用保证，占据了相当部分

① 2014年企业创新调查资料开发课题组.2014年企业创新调查资料［DB/OL］.［2016.11.17］. http://www.stats.gov.cn/tjzs/tjsj/tjcb/dysj/201611/t20161118_1430956.html.

的融资资源。相反，民营企业作为私有经济的代表，在比重和信用方面均不具有融资优势，加之股票等一些直接融资方式的门槛相对过高，导致民营企业在发展过程中存在融资困难的问题。透过小额担保公司等借贷方式进行资金周转，可能增加民营企业的经营负担和风险。

第四节　中国企业创新未来展望

一、中国企业创新与发达国家的差距

1. 企业创新动力不足，原创性能力较弱

当前，中国企业创新过多集中于制造与外观设计领域，对工业流程控制软件与核心、关键技术研发投入突破不够。整体上看，中国企业制造能力很强，但原发性的创新能力不足。在许多重点领域、关键技术、关键材料，仍然需要依靠进口加以解决。应用型的创新成果较多，但基础性领域的创新成果较少；仿制与改良的产品很多，原创性产品严重缺乏。

以集成电路产业为例，中国企业创新能力依然不足。“中国每年芯片进口额达到2100亿美元，甚至超过石油。”虽然国家这几年投入很大，也有一批企业通过各种项目冲向了国际市场，但中国与国外先进水平的差距仍然在拉大。在医药领域，中国创新药的层次主要处于以仿制为主仿创结合阶段，仿制药仍达96%，上市新药多为仿制药物，新药市场被国际大公司产品所垄断，国内缺乏自主知识产权的首创药物。又如，中国工业企业的核心工业控制软件大都来自国外，制造企业在从事零配件生产与组装的部分投入较多。

2. 国家标准没有发挥引领技术进步作用

一般来看，一国标准应当与本国技术水平相匹配，并且能够通过标准的提升推动本国技术进步。从静态角度看，标准应当是行业创新成果普及后所达成的产品质量共识；从动态角度看，标准的持续修订提升应当是企业技术进步的目标与方向。但中国的实际情况是，国家标准并没有恰当地发挥其应有作用。在一些行业领域，国家标准已经几十年没有修订过，远远落后于当前技术水平，几乎所有企业都不需

要借助技术进步来达到国家标准的基本要求，基于国家标准要求的技术创新压力几乎为零。国家行业标准的动态进步落后，也使企业缺乏主动增加创新投入的动力，对持续提升产品品质，加强环境保护方面激励不足。尤其是在当前供给侧结构性改革条件下，国家标准对技术进步的引领作用更为重要。①

3. 企业对创新重视不够，投入不足

中国企业的研发强度远远落后于发达国家竞争对手，研发投入缺乏竞争力。中国的研发强度虽与过去相比有了较大提高，但与国际领先企业相比，仍有很大差距。如，研发集中度低于美国等发达国家企业。有资料统计，2009年，中央企业研发集中度为1.05%，而美国在2008年企业研发集中度已达到3%。2010年，英国商业、创新和技能部发布的全球1000强企业研发投入报告，中央企业有15家入围，平均研发集中度为1.2%，而欧盟和非欧盟国家1000强企业的平均研发集中度为2.7%和2.2%。2012，全球创新企业1000强中，中国的研发支出虽然增长速度最快，但占比不到3%。

4. 创新成果转化道路不畅

企业创新的成果不能顺利转化为产品，对企业来说，所有的相关创新投入都将成为沉没成本，这将为企业造成巨大的负担和风险。从国家层面上看，国家创新治理体系仍不够系统和完备。目前的国家创新治理体系主要以科学技术为治理对象，而没有形成从科学技术研发、到科学技术创新、最后再到科学技术创新成果实现转化为现实生产力的完整链条，科学技术创新链的各个环节存在相互脱节的问题。作为国家创新治理重要主体的中央政府部门之间、中央政府部门与地方政府部门之间在科技资源配置和科技政策制定执行过程中缺乏有效的统筹协调机制，科技资源配置手段和方式单一，科技资源配置存在分散重复现象。从中央企业层面上看，中央企业一般是由多个子公司组成的大型集团公司，包含较多的下属企业，因此可能存在科学技术管理分散、技术创新活动力不足以及科学技术成果转化为现实生产力效率偏低等一系列问题，即存在科技管理方式与快速增长的科研资金需求、日益复杂的科技创新活动还不相适应的问题。目前，许多企业都不具备完善的、合理的项目

① 刘兴国.企业创新政策影响创新成效.[DB/OL].[2016.10.31]. http: //review.cnfol.com/shangyepinglun/20161031/23727170_4.shtml.

管理机制，在项目开发过程中存在资源浪费、研制周期过长、产品推出速度过慢等各种问题。例如，美国航天科技成果转化率高达80%，欧洲发达国家一般在50%左右，而中国则刚刚达到10%。

造成创新成果转化道路不畅的原因有两个方面：一方面是大量研发成果与市场需求脱节，无法被商业化；另一方面是科研与应用脱节，缺乏致力于科研成果转化的中坚力量，创新成果需求方难以及时有效获取本领域技术进展信息。目前来看，中国科技成果转化的中介机构尚处于培育初期，还难以为企业提供广泛的科研成果转化服务。

二、中国企业创新的未来发展方向

1. 宏观环境角度

（1）深化体制机制创新，改善企业经营创新环境。随着中国经济发展进入“新常态”和供给侧结构性改革的启动，要为企业创新形成供给“新动力”，降低经营成本，提高管理效率，为企业创新发展提供条件。政府要完善市场机制，使价格能够充分反映供求关系变化，充分发挥市场在资源配置中的基础性作用，为企业创新提供外部市场条件和公平的创新环境。同时，要加强经济政策与科技政策的有机衔接和协调。加强科技资源的统筹规划和管理，避免资源在各部门之间的重复、分散和浪费。

（2）发挥政府职能作用，加大政府服务力度。政府部门要依据国家相关政策，进一步落实促进民营企业发展的文件精神，推进普惠性政策扶持体系、创新创业服务体系，为民营企业的创新发展营造公平竞争的市场环境。政府还应充分发挥采购和新产品消费补贴政策等满足市场需求的激励政策对于技术创新的引导作用。同时，为解决融资难题，要扩大融资渠道，优化民营企业的金融服务。要建立信息共享机制，完善信用担保体系，支持民营企业的融资信息整合，降低企业融资门槛和成本。政府要积极发挥经济和科技政策的导向作用，激励和引导企业真正成为研究开发投入的主体、技术创新活动的主体和创新成果应用的主体。鼓励企业参与国家科技计划项目的实施，对重大专项和科技计划中有产业化前景的重大项目，优先支持有条件的企业集团、企业联盟牵头承担，或由企业与高校、科研院所联合承担，建立以企业为主体，产学研结合的项目实施新机制。

（3）营造优胜劣汰和公平竞争的市场经济体制。在公平竞争的市场环境下，企业创新的动力来源于企业对创新的渴求，现实情况是不开展创新活动的企业将无法生存。提高国有企业的创新能力，需要营造公平竞争的市场环境，要打破国有企业不合理、不必要的垄断地位，使国有企业和民营企业之间有机会展开充分的、公平的竞争。要促进国有企业和民营企业创新资金投入的有机组合，创新的增量与现在资本存量的有机结合，科技链与产业链的有机结合，国家与地方创新资源的有机结合。

（4）政府应鼓励国有企业与民营企业、科研院所、高校进行多种形式的合作，以促进科研资源的合理有效配置；科研资源配置应以企业为重点，让企业真正变为社会生产活动过程中技术创新的主体；应建立并健全相关配套政策，加大财政、金融与税收对企业技术创新活动的支持力度；以立法形式规定增大重点行业的技术创新活动投入比例，建立并强化与企业技术创新活动有关的激励机制；要加快建立健全知识产权保护体系，保护企业技术创新活动的成果。

（5）发挥企业技术创新信息平台的作用，促进企业与各相关部门和机构以及企业之间的信息沟通与协调，强化企业与市场需求之间的联系，推动企业技术创新整体水平提高。通过设立国家级、省部级研发机构和企业研发中心，形成不同级别研发机构的梯次结构，激发各级研发机构的创新活力，积极参与产业技术创新战略联盟等各类研发创新平台建设，与地方共建区域研发平台，建立海外研发机构等多种途径，不断完善以市场为导向的企业创新体系。

（6）政府要组织协调产业共性技术创新平台，完善共性技术合作开发的环境，加快共性技术的快速转化，发挥其在共性技术的开发和扩散中的独特作用，推进产业共性技术进步。政府部门通过制定政策、优化环境、完善社会支撑体系搭建有利于信息交流和信息转移的科技交流平台，在信息、人才、资金、技术、管理咨询等方面构建有效的企业技术创新服务体系，促进国有企业与民营企业之间的技术交流与其他信息交流，充分发挥政府与企业之间的互动作用，使市场机制和政府支持形成合力，促进国有企业与民营企业之间的积极合作、协调运作，充分挖掘各自潜力、发挥各自优势，使资源达到效用最大化。

（7）培育职业化的企业家队伍。熊彼特认为企业家是企业的领导者和创新者，也因此是经济系统的主要驱动者。企业家是最具有创新能力和影响力的人。要推动企业创新，必须注重企业家队伍建设，培育和造就一个主导管理创新前沿和领导市场竞争潮流的“企业家阶层”。针对企业家，通过选拔机制和培训机制过滤产生的经营者只表明其可能拥有经营型人力资本，而即使拥有经营型人力资本，也不能说明经营者就一定能成为企业家。只有通过经营者激励机制，诱导经营者努力使用自身的人力资本，才可能提高企业经营业绩，使经营者成长为企业家。在中国，目前还没有形成一个有效的激励模式。完善经营者激励约束机制，建立一套科学、公正的考核、晋升体系，使经营者的个人利益与企业的经济效益挂钩。在干部人事制度上，引进竞争机制，建立经营者人才市场，使企业家这种生产要素，通过市场机制合理配置。国家也要采取措施建立企业家人才交流市场、资格认定系统、继续教育培训机制等，以促进中国企业经营者职业化。①

（8）完善创新导向的知识产权法律保护机制

政府应该建立积极有效的知识产权保护政策，刺激企业提高研发投入，保护国有企业自主创新的积极性。致力于建立统一的知识产权管理机构，培养熟悉国际惯例的知识产权人才以提高中国实施知识产权战略的能力。具体来说，政府要大力宣传知识产权保护的重要性，加强对国有企业知识产权工作的指导支持，鼓励国有企业进行专利申请，同时加快专利审批速度。逐步引导国有企业制定知识产权战略，提高国有企业对商标、专利、商业秘密的综合运用和管理能力。充分保证知识产权在国有企业技术创新、成果转换、提高核心竞争力方面的作用。

2. 企业自身角度

（1）确立企业创新主体地位，推进协同创新。企业是自主创新的主体。企业经营者要有自主创新的紧迫感，真正把自主创新当作企业的第一生产力抓紧抓好。战略谋划是企业的灵魂，战略管理关乎企业的发展方向。企业要认真做好自主创新战略的谋划，明确自主创新的定位、方向、产品、技术，建立健全有利于自主创新的体制与机制，不断建立新的核心竞争力。

---

① 创新能力与职业道德知识读本［M］.国家行政学院出版社，2006.07.

（2）加快科技人才队伍建设，使自主创新具有可持续性。人才是自主创新的核心。要努力营造宽松和谐的自主创新环境，激发科技人员的主动性、积极性和创造性。完善人才激励机制和科技评价体系，转变“功利化”的评价机制，淡化各种以论文数量、项目经费、技术创收等为标准的考核与奖励。在遵循科学规律、尊重科技人员兴趣与选择的基础上，建立符合科学技术本身发展规律的、体现学科特点的、分类导向的成果评估与评价体系。提高科技人员的基本待遇，全方位保障科研人员收入、福利和基本科研服务，为其科研活动提供充分资源条件，为科研人员的自由探索、后续的开发转化等提供稳定支持。

培育复合型人才，满足企业创新发展需求。抓住贯彻实施“科技”“教育”“人才”三个规划纲要的有利时机，进一步形成创新型人才培养和使用的合力，以高端人才为引领，整体推进和重点突破相结合，培养造就和引进一批领军人才和高水平团队。建设完善的劳动力供求信息系统，形成人才供需衔接机制。首先，要明确研发和技术人员特点，了解其对国有企业自主创新和发展所起到的关键性作用，设计科学合理的创新绩效考评体系。其次，依据创新考评体系，不断完善创新人才激励和约束机制。在新的考评体系下，创新人员的投入和产出应科学衡量，对于创新效率高的科研人才，可以对其采取多种激励方式，实现从薪酬到股票期权，再到发展机会等的结合。再次，要努力营造宽松和谐的自主创新环境，激发科技人员的主动性、积极性和创造性。在企业范围内，形成鼓励自主创新的氛围，通过设立新事业部、内部创业基金、内部风险投资机构，组建创业团队等方式，促进公司内部创新创业活动。最后，积极引进外部创新人才，充实和提升企业创新队伍，加大对高端人才的引进，发挥其对企业创新的带领和企业人才队伍培养的积极作用，加快企业创新队伍的规范化和科学化建设。

（3）提升自身管理水平。东北老工业基地民营企业发展起点相对较低，同时，在管理水平上较东部沿海发达城市处于较低水平，而管理水平的高低直接关系企业的发展、创新的发展。通过将先进管理经验的学习和引进，将有利于民营企业管理水平的提升。

（4）进一步加大研发投入，提高资金使用效率。资料显示，中国企业的研发投入比例不到发达国家的1/20。国有企业提高创新能力要以提高研发投入为前提。国有企业要自觉加大研发投入，保证自主创新资金需要。采取积极推进企业研发专项资金制度建立的方法，研究科技投入持续稳定增长的长效机制，确保企业科技投入水平随企业发展不断提高。在资金方面，应进一步拓宽研发投入资金来源渠道，除了自身资金积累外，要广泛吸收来自政府补贴、资本市场、银行和风险基金等多种渠道的科技研发扶持资金，为企业自主创新科研经费的筹集提供更为广阔的资金渠道。同时，继续推进与金融领域的合作，通过加强国际自主创新技术合作，国有企业可从国际合作中取得自主创新的资金，建立和完善多元化、多形式、多层次的技术创新投入机制。同时，要注重资金运用效率的提高。国有企业加大科技投入，要注重投入产出效益，加强科研与市场的结合，提高科技成果的转化率和产业化。

（5）绿色化的新趋势。“绿色化”是国际社会和中国社会发展的新趋势。国际环境保护意识逐渐增强，人民对保护环境的要求也愈发强烈。中国对绿色GDP的追求也会导致企业向绿色化发展。[①]

① 夏洪胜、张世贤.企业创新［M］.经济管理出版社，2014.

第十章　创新型国家建设探索与前瞻

从2006年1月中国提出创新型国家建设目标到2016年1月，创新型国家建设走过了十年历程。十年时间里，通过科技创新、管理创新与制度创新协同发力，顶层设计与微观基础统筹并举，中国已经成为世界创新大国，创新能力与水平显著提升，创新型国家建设取得了巨大成就。2016年到2020年是中国创新型国家建设的攻坚阶段，应当总结中国科技创新发展道路的经验与特色，在坚定社会主义道路自信、理论自信、制度自信、文化自信的同时，解决好如何进一步提高科技创新能力与水平，如何进一步促进科技与经济相结合，如何缩小区域与产业创新差异和走包容性创新道路，如何参与全球科技合作与竞争等四个重要问题。

第一节　创新型国家的内涵及一般性特征

2006年1月，胡锦涛在全国科学技术大会上做了题为《坚持走中国特色自主创新道路、为建设创新型国家而努力奋斗》的重要讲话，指出应当在深刻认识世界新科技革命带来的机遇和挑战的基础上，动员全党全社会力量为建设创新型国家宏伟目标而奋斗。随后2007年10月，党的十七大报告指出提高自主创新能力，建设创新型国家是国家发展战略的核心，是提高综合国力的关键。至此，创新型国家建设上升为国家战略的核心。创新型国家目标是中国在经济与科技发展领域不断探索后，立足于当前经济发展的现实需要所提出的重要战略目标，为中国经济、科技现代化建设与发展提供了重要的理论指南、行动指南。

何为创新型国家？学术界一直没有给出明确的定义。迈克尔·波特于1990年提出了创新型国家的概念，认为创新导向型经济是一国经济发展的重要阶段，处在创新导向型经济发展阶段的国家就是创新型国家。在这一阶段，国家综合能力显著提升，企业、产业国际化水平显著提高（徐坡岭、刘畅，2015）。一般认为，创新型国家是对以创新为经济社会发展主要驱动力的国家的概括，是一种国家发展模式与道路。如成思危（2009）认为，创新型国家就是以创新为主要发展驱动力的国家，创新型国家未必是科技大国，但必然是科技强国。也有一些学者将创新简单地理解成科技创新，认为创新型国家就是以科技创新作为国家发展、社会进步以及参与国际竞争的主要支撑力量的国家。但是这一观点忽视了一个问题，就是在创新型国家建设中，制度创新、管理创新往往重于科技创新（辜胜阻、洪群联，2008）。西方国家创新型国家发展历程表明，制度创新往往先于科技创新，不管是正式制度还是非正式制度。因此，概括创新型国家的内涵，决不能忽视制度创新与管理创新而片面强调科技创新。此外，对创新型国家内涵的研究并非仅仅停留在理论层面，段培君（2008）提出了创新型国家的实践内涵，即在创新型国家中，提高自主创新能力是发展科学技术的战略基点，是调整产业结构、转变经济发展方式的中心环节，提高自主创新能力作为一项国家战略，贯穿于国家现代化建设的各个方面。此外，也有学者从宏观的国家发展战略论、中观的国家发展阶段论和微观的国家特征等角度分析创新型国家建设的理论与实践内涵（贺德方，2014）。

世界各主要创新型国家在经济与科技发展的历史基础、产业条件、制度环境、资源禀赋等方面均有个性特征，但也存在明显的共性特征，主要体现在以下几个方面：制度创新、管理创新与科技创新高度协同；牢固的创新意识成为一个国家、民族创新能力最直接的精神力量；创新资源的投入水平高、产出水平高以及效率水平高；创新成果转化率高、产业化率高与收益率高；高校与科研院所科研实力强，基础研究扎实，为创新型国家建设提供了基础知识供给；政府发挥战略引领与科技服务职能，产学研协同创新效率高；产业集群化发展特征突出，集群创新优势明显；对外开放水平高，知识流动频繁；等等。凡符合以上特点的国家，都可以认为是创新型国家。

基于上述创新型国家的一般性特征，以往学者多通过具体的指标设计，运用数理模型方法或者统计分析方法客观分析创新型国家发展水平，具体评价模式可概括为创新绩效评价、国家发展阶段评价和创新能力评价等三种模式（贺德方，

2014）。在指标选择方面，学者们多从创新投入、创新产出、创新制度环境、基础知识供应、创新发展的产业基础条件等角度考量。也有学者从制度创新、管理创新与科技创新三个角度分别评价创新型国家建设水平。本章在借鉴以往研究思路的基础上，从制度创新、管理创新和科技创新等角度分析中国创新型国家建设所取得的成就；在分析科技创新成就时，又从企业微观、产业与城市中观以及国家宏观三个层面展开分析。

第二节　创新型国家建设的政策措施

创新型国家建设目标提出后，2012年党的十八大又强调要坚持走中国特色自主创新道路、实施创新驱动发展战略，这是对创新型国家建设目标的进一步总结和发展，为创新型国家建设提供了更为科学有益的方法论。2014年6月，习近平总书记在中国科学院以及中国工程院院士大会上进一步指出，要走中国特色自主创新道路，坚持自主创新、重点跨越、支撑发展、引领未来的方针，从制度建设、人才培养以及科技发展方向等方面为创新型国家建设指明了方向，并明确提出了加快创新型国家建设步伐的要求。2016年5月，中共中央、国务院印发《国家创新驱动发展战略纲要》，提出了创新驱动发展的“三步走”战略目标，第一步便是在2020年进入创新型国家行列，基本建成中国特色国家创新体系；第二步是到2030年跻身创新型国家前列；第三步是到2050年建成世界科技创新强国。创新型国家建设历程中，国家不断完善顶层设计，从战略规划、制度建设与目标制定等方面为创新型国家建设提供了日益完善的战略指导与制度环境。

建设创新型国家，关键就是要提高自主创新能力。党的十六届五中全会提出，要把增强自主创新能力作为科学技术发展的战略基点和调整产业结构、转变增长方式的中心环节。胡锦涛在会上指出：“加快科技进步，关键在于自主创新。提高自主创新能力，是保持经济长期平稳较快发展的重要支撑，是调整经济结构、转变经济增长方式的重要支撑，也是提高中国国际竞争力和抗风险能力的重要支撑。”[1]

① 《十六大以来重要文献选编》(中)［M］. 中央文献出版社，2006.

在2005年中央经济工作会议上，胡锦涛从创新目标、创新方式、创新机制等方面论述了提高自主创新能力问题："在创新目标上，要致力于建设创新型国家，正确把握引进技术和自主创新的关系，充分利用现有基础，努力掌握拥有自主知识产权的核心技术和关键技术，坚定不移地把立足点从过多依赖国外技术逐步转移到主要依靠自主创新上来。在创新方式上，对国内外差距较大又有可能引进先进技术的产业领域，要在引进的基础上加大消化吸收再创新的力度。对中国具有规模优势和较大市场潜力的产业领域，要坚持以我为主，有效整合国内外科技资源，重点推进集成创新。对关系国家安全和难以引进技术的产业领域，要大力推进原始创新，力争在基础理论和关键技术上取得突破，并加快科技成果向现实生产力转化。在创新机制上，既要发挥市场的作用，又要发挥社会主义制度能够集中力量办大事的优势，有效调动国内优势科技资源，在一些重要领域实现自主创新能力的跨越式发展。"①

党中央、国务院高度重视科技创新，在"十二五"期间特别是党的十八大以来，围绕科技创新做出一系列重大部署，为国家科技进步与创新事业发展明确了战略方向，提供了行动指南。党的十八大提出实施创新驱动发展战略，中共中央政治局常委会、中央全面深化改革领导小组会议、中央财经领导小组会议、国务院常务会议等多次专题研究创新驱动发展，发布实施《关于深化体制机制改革 加快实施创新驱动发展战略的若干意见》，研究审议《国家创新驱动发展战略纲要》，修订出台《促进科技成果转化法》，颁布《深化科技体制改革实施方案》《关于改进加强中央财政科研项目和资金管理的若干意见》《关于深化中央财政科技计划（专项、基金等）管理改革的方案》《关于国家重大科研基础设施和大型科研仪器向社会开放的意见》《关于发展众创空间推进大众创新创业的指导意见》等一系列重大政策措施。习近平总书记多次就创新驱动发展战略部署进行重要讲话，指出应当大力实施创新驱动发展战略，推动科技和经济紧密结合，推动科技创新和新兴产业发展。要制定全面的信息技术、网络技术研究发展战略，下大气力解决科研成果转化问题。要出台支持企业发展的政策，让它们成为技术创新主体，成为信息产业发展主体。要发展就必须充分发挥科学技术第一生产力的作用。我们把创新驱动发展战略

① 胡锦涛在中央经济工作会议上的讲话[EB/OL]. 2005-11-29.

作为国家重大战略，着力推动工程科技创新，实现从以要素驱动、投资规模驱动发展为主转向以创新驱动发展为主。习近平认为，创新始终是推动一个国家、一个民族向前发展的重要力量。中国是一个发展中大国，正在大力推进经济发展方式转变和经济结构调整，必须把创新驱动发展战略实施好。实施创新驱动发展战略，就是要推动以科技创新为核心的全面创新，坚持需求导向和产业化方向，坚持企业在创新中的主体地位，发挥市场在资源配置中的决定性作用和社会主义制度优势，增强科技进步对经济增长的贡献度，形成新的增长动力源泉，推动经济持续健康发展。

在科技管理体制改革方面，国家把科技体制改革作为科技工作的重中之重，按照中央部署，围绕科技界和社会各界高度关注的突出问题加大改革力度，取得突破性进展。国家科技计划项目和经费管理改革取得阶段性进展，按照“全链条设计、一体化实施”的改革思路，搭建“一个平台、三根支柱、一套系统”，改变科技资源配置政出多门的格局。31个部门共同参与的国家科技管理平台基本形成，部际联席会议制度初步建立，成立特邀咨询评委，全面启动专业机构遴选和改建工作，监督评估体系和科研信用体系建设同步推进。国家重点研发计划试点专项完成论证，即将启动；2016年重点专项完成跨领域综合平衡与评议，各项论证工作稳步推进。对47项现有科技计划（专项、基金等）进行整合，涉及现有专项的近50%。科技成果的使用权、处置权和收益权管理改革推进实施，赋予单位对科技成果转让、使用和作价入股自主权，取消单位主管部门和财政部门的审批和备案要求，建立科技成果市场定价机制，科技成果转移转化收入全部留归单位，处置收入不再上缴国库。科技资源开放共享机制不断完善，建立国家重大科研基础设施和大型科研仪器向社会开放的制度，实施全国统一的创新调查制度和科技报告制度，建设统一的国家科技管理平台，进一步提高科技资源利用效率，让更多的科技资源能够为全社会创新所用。科技评价和奖励制度改革深入推进，深化院士制度改革，完善遴选和退出机制，更好地发挥院士作用。

在科技创新环境建设方面，针对加强创新创业载体建设、完善服务体系、加强科技与金融融合、促进科技成果转化等出台了一系列政策措施，有力推动了大众创新创业热潮。国家自主创新示范区总数达到17家，国家高新区总数达到146家，园区生产总值占全国GDP的11%。全国40%的高新技术企业、45%的技术合同成交额、

1/4的全国发明专利授权产生于国家高新区。国家不断加强众创空间、星创天地等创业孵化载体建设，健全服务与培训机制，推动开源平台和科研仪器设施开放共享。各类科技企业孵化器超过1600家，2014年国家技术转移示范机构达453家，技术（产权）交易机构30家，中国创新驿站83家，区域性技术转移联盟20个。与此同时，国家不断加强科技金融深度融合，改善中小企业融资环境。例如，政府联合深交所、全国股份转让系统和招商银行实施“科技型中小企业成长路线图计划2.0”，在高新区实施“千鹰展翼”计划，专业化、市场化、协同高效的科技金融服务体系正在形成。

创新型国家建设目标提出以来，中国政府高度重视科技创新工作，不断加大科技创新投入，全国上下攻坚克难，科技创新取得了重要进展，支撑引领经济社会发展取得了显著成效，创新型国家建设取得了重要进展。

第三节　创新型国家建设所取得的成就

2006年到2016年，中国的创新型国家建设走过了十年历程，走出了一条具有中国特色的创新发展道路，总结出了一套社会主义发展中国家创新转型发展的新模式，并逐渐发展成为独具特色的中国创新发展理论。但是就中国创新能力究竟如何这一问题，目前政、商、学界仍有较大分歧，其主要原因在于所选指标的差异。一些学者指出，创新型国家应符合以下要求：综合创新指数明显高于他国，科技进步贡献率超过70%，研发投入强度在2%以上，对外技术依存度在30%以下。从这些指标来看，近十年来，中国正以较快的发展速度向创新型国家迈进，如2014年中国研发投入强度达到2.05%，2015年继续提高至2.1%，相当于欧盟国家的平均水平；2009年中国对外技术依存度为41.1%，预计2015年对外技术依存度降至34.8%。[①]但是也应当看到，中国科技创新对经济增长的贡献率仍然不高，创新驱动发展仍面临体制机制僵化难题、创新效率提升难题、创新资源配置与创新能力差距等问题。2016年到2020年是创新型国家建设的最后五年，也是中国特色社会主义创新型国家建设的

① 研发投入强度数据来源于《2014年全国科技经费投入统计公报》，中国政府网；对外技术依存度数据参见《外企研发难解中国对外技术依赖》，人民网，2011-11-07.

攻坚阶段。客观总结前期创新型国家建设的成就与经验，树立中国特色社会主义道路自信、制度自信、理论自信、文化自信，分析攻坚阶段应当解决好的重要问题，对于创新型国家建设具有重要的理论与现实意义。

创新型国家建设目标提出以来，在政府创新战略规划引导下，在坚持市场在资源配置中的基础作用下，政、产、学、研紧密结合，科技创新、制度创新、管理创新协同并举，自主创新、引进消化吸收再创新等多种创新模式综合应用，强化科技与经济对接，中国的创新型国家建设取得了巨大的成就，主要体现在以下几个方面。

第一，制度创新与管理创新水平不断提升。制度创新与管理创新是科技创新的重要保障。近年来，从创新型国家建设的顶层设计到微观基础，从中央政府到地方政府不断深化体制机制改革，加强战略规划与引导，将市场强大的激励机制引入国家战略引导的框架下，为创新型国家建设提供了良好制度环境与激励机制。如2006年2月，国务院发布《国家中长期科学和技术发展规划纲要（2006—2020年）》，为中国创新型国家建设提供了战略指导；2008年国家相继出台了一系列科技企业、产业与产品的税收优惠政策，包括对结构调整、产业升级、企业创新有积极带动作用的重大技术装备关键领域的进口税收优惠，对科技园、科技企业孵化器的税收优惠，对创新型企业所得税的优惠以及对科技开发用品免征进口税等税收优惠。2012年，企业享受研发费用加计扣除政策减免税超过430亿元，4.9万家高新技术企业所得税减免额达850亿元；①星火计划、火炬计划、技术创新引导工程等政策引导计划和专项成果不断实现突破；2007年，国家修订了《科技进步法》以及科技相关政策法规，国家科技计划体系、国家创新体系、军民两用技术创新体系、科技中介服务体系、区域创新体系和创新生态系统建设取得了新的突破；高等学校、科研院所不断深化科技管理体制改革，在科技成果评价、科研项目和资金管理、科技管理信息以及科技发明奖励等领域不断深化改革。在企业所有制改革方面，国家不断完善企业管理者、科研人员的创新激励与约束机制，修订了《中央企业负责人经营业绩考核暂行办法》等指导性文件。2015年以来，国资委对央企实施市场化选聘经营管理

① 数据来源于《中国科学技术发展报告2013》.

者，推行职业经理人制度和兼并重组等试点，激发央企管理者的企业家精神，提高中央企业创新能力；2015年国家科学技术奖中，45家中央企业荣获96个奖项，占奖项总数的35.3%。可见，创新型国家建设的十年时间里，中国科技发展的制度环境质量与管理水平不断提升，科技创新、制度创新与管理创新的协调性增强，国家创新体系与创新生态系统建设不断取得新的进展。

第二，企业成为科技创新的主体，创新型企业不断涌现。经过十年创新型国家建设，进一步确立了企业在国家创新体系中的主体地位。2013年，国务院办公厅发布了《关于强化企业技术创新主体地位　全面提升企业创新能力的意见》，提出从创新能力建设、协同创新机制等方面全面推进企业科技创新。从科技经费投入来看，2014年，企业科技经费支出约为20061亿元，较2013年增长了20.9%，增速超过了政府属研究机构、高等学校等科技经费支出增速，企业科技经费支出占比达77.3%，①高新技术企业总数达7.9万家，②因此从科技经费投入来看，企业已经成为科技创新的主体。从国家科技项目承担情况来看，2013年，企业牵头承担了52.3%的国家重大专项课题、38.7%的国家863计划课题、40%的科技支撑计划课题。③2015年的国家科技进步特等奖均由企业牵头的研发团队获得。2014年，中国发明专利申请受理量为928177项，其中企业发明专利申请受理量为484747项，占中国发明专利受理总量的52.23%；2014年，中国高技术产品出口总额为6605亿美元，较2005年提高了102.64%。2015年《财富》杂志“世界500强”排行榜中，中国有106家企业上榜，较2006年增加了83家；“世界品牌500强”排行榜中，中国入选的品牌共有31个，较2006年增加了25个。企业国际影响力不断提升，华为、中兴等科技型企业已成为全球领先的信息与通信技术解决方案供应商。2015年，华为专利申请量3898件，连续两年位居世界榜首，在全球智能手机市场稳居前三，在中国市场份额位居首位。互联网企业腾讯公司具有完善的研发体系，公司员工50%以上为研发人员，研发成果居世界互联网公司前列，其旗下产品QQ的月活跃账户数达到8.99亿，微信和WeChat的合并月活跃账户数达8.06亿。此外还有三一重工、海尔、联想等诸多创新型企业

① 数据来源于《2014年全国科技经费投入统计公报》.

② 数据来源于《科体改革激发新动能》, 科技日报, 2016-3-4.

③ 数据来源于《中国科学技术发展报告2013》.

在世界市场上具有广泛的影响力和较高的市场占有率。

第三，产业发展水平大幅提升，一些产业具备了较强的国际竞争力。随着科技创新水平的不断提升，中国产业发展实力也在逐渐增强，一些产业已经具备了较高的科技创新水平和国际竞争力。目前，中国产业正向着技术复杂化、高度信息化、智能化和服务化方向发展。如2009年以来，中国工业机器人保有量一直保持着15%以上的增幅，中国智造整体水平不断提升；中国累计光伏容量过去10年保持了89%的年均复合增长率，光伏装机数量世界第一；2015年，中国超过美国成为最大的新能源汽车生产国；晶硅组件产能和产量都占到全球70%以上；3D打印在航天、生物等领域得到初步应用，与世界领先水平的差距进一步缩小；中国高铁实现了“中国制造”向“中国标准”的华丽转身，在世界市场上具有绝对优势；航空航天事业继续保持世界领先水平，继2003年神舟五号载人航天飞船将杨利伟送上太空后，2005年、2008年、2012年、2013年和2016年又先后将数名航天员送上太空，刷新世界航天记录；石墨烯、纳米材料等新材料工业不断发展，2015年中国发布了全球第一份超材料领域的国家标准，奠定了中国在超材料研究领域的国际领先地位；信息产业发展迅速，智慧城市、物联网、人工智能等不断引领技术变革。在规模上看，2015年中国知识密集型服务业增加值占国内生产总值的比例为15.6%，[①]高技术产业与战略性新兴产业发展一直保持较高的增长势头，高技术产业规模不断扩大，质量不断提升，利润总额由2005年的1423亿元上涨到2014年的8095亿元，出口交货值由2005年的17636亿元提高到2014年的50765亿元。[②]中国高技术产业正逐步打开国际市场，在国际市场上的竞争力显著提升。

第四，城市创新能力显著提高，创新型城市试点取得巨大成功。随着创新型国家目标的提出，各地出台了相应的创新型城市建设规划，以提高城市创新发展水平，激发城市发展动力。如2008年以来，国家先后设立了深圳、大连、青岛、厦门等57个创新型城市试点，2006年9月，杭州市制定了《杭州市建设创新型城市规划纲要》，2011年1月，又制定了《中共杭州市委杭州市人民政府关于推进创新型城市

① 数据来源于《“十三五”国家科技创新规划》.

② 数据来源于《中国高技术产业统计年鉴2015》，2005年的数据为国有及主营业务收入500万以上的非国有法人工业企业，2014年的数据为主营业务收入2000万及以上的法人工业企业.

建设的若干意见》，对杭州市创新型城市建设提出了具体的目标与行动指南；2013年，青岛市下发了《关于加快创新型城市建设的若干意见》，对青岛市创新型城市建设提出了要求与部署。在城市发展竞争力方面，中国城市发展水平显著提升，创新型城市建设卓有成效。2011—2012年全球城市500强，中国69个城市上榜；2016年3月，澳大利亚智库2thinknow发布了全球城市创新指数百强榜单，中国有上海、深圳、香港、北京和台北5个城市上榜。上海市科技进步贡献率在2007年达54.5%，2015年北京、深圳等城市科技进步贡献率均超过60%。尤其是深圳在创新型城市建设方面的成就举世瞩目，创新型经济正在发挥"主引擎"作用，生物、互联网等六大战略性新兴产业年均增长20%以上，为同期GDP增速的2倍，2014年总规模达1.88万亿元，增加值占GDP比重达35%。先进制造业增加值达到4824亿元，占规模以上工业增加值的比重超过74.2%。2014年，深圳市研发投入强度达4.02%，国际专利申请量约占全国一半，4G技术、超材料等多个领域创新能力处于世界前沿。①

第五，国家创新能力显著提升，创新对于经济社会发展的作用明显增强。经过十年创新型国家建设，中国创新能力和国际竞争力显著提升，对经济增长作用明显增强。从创新产出的纵向比较来看，如图10.1所示，2005年至2014年，中国发明专利申请授权量、技术市场成交额和高技术产品出口额均有较大幅度增长；科技论文发表数量、国家技术发明奖，2014年较2005年分别提高了66.42%和75%。从高技术产业发展和规模以上工业企业新产品销售情况来看，2014年中国高技术产业主营业务收入达12.74万亿元，较2005年提高了2.76倍；2014年全国规模以上工业企业新产品销售收入14.28万亿元，较2008年提高了1.5倍。②与世界其他国家横向比较来看，中国科技创新产出质量与水平具有明显优势，国际科技论文数量居世界第二位，被引次数居第四位，农业、化学、材料等七个学科领域被引次数居世界第二位。从专利产出来看，中国国内专利申请量与授权量达163.9万件和159.7万件，分别排在世界第一位和第二位。③2006年以来，中国科技创新取得了重大进展，航天、高性能计算机、轨道交通等领域已跃居世界前沿。2016年，世界知识产权组织发布的全

① 资料来源于《深圳迈向国际化创新型城市》，人民日报，2015-6-8.

② 数据来源于国家统计局数据库.

③ 数据来源于2016年全国科技工作会议上科技部部长万钢所做的工作报告.

球创新指数中，中国排名第25位，成为首个跻身前25名的中等收入经济体；彭博社2016年全球创新指数显示，中国创新型国家排名第21位；2016年8月，国务院印发的《“十三五”国家科技创新规划》显示，中国综合创新能力跻身世界第18位。以欧洲创新积分榜（EIS，European Innovation Scoreboard）的数据为例，将欧盟看作一个整体，2016年中国创新指数排名全球第7位。如图10.2所示，中国创新指数居金砖国家首位，虽然与世界发达国家相比有一定差距，但增长率远高于所比较国家中排名第二的韩国，中国与发达国家的创新水平差距正逐步缩小。[①]从科技创新对经济的贡献来看，2015年全员劳动生产率为873724元/人，较2005年提高了263.37%，年均增长

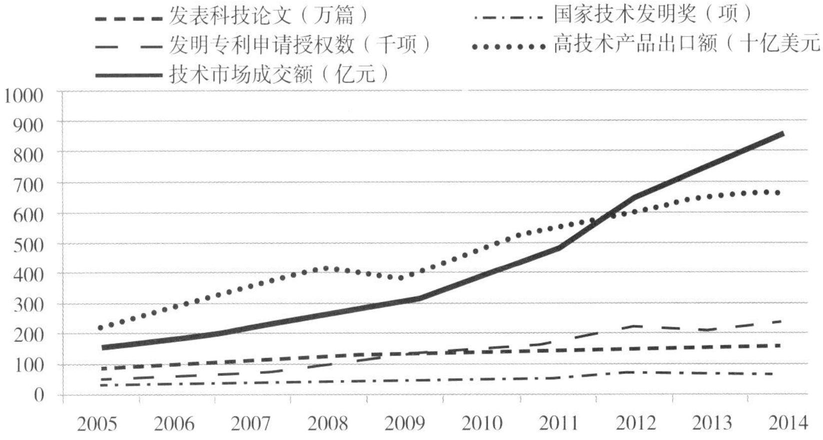

图10.1　中国科技创新产出能力（2005—2014）

资料来源：作者根据国家统计局数据计算整理

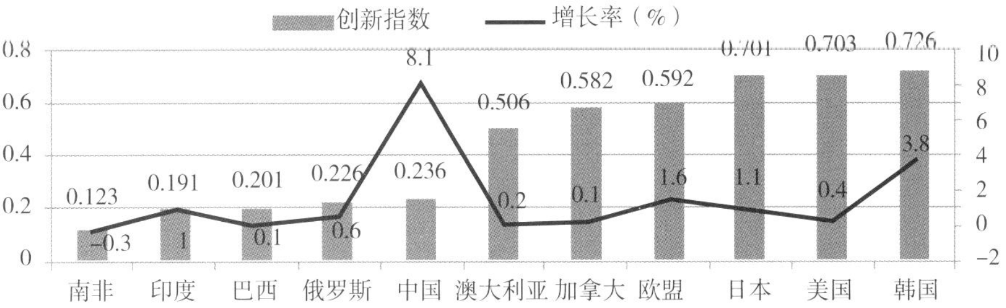

图10.2　欧盟2016欧洲创新积分榜及各国增长率

资料来源：财新网，http://wangjingyu.blog.caixin.com/archives/152305

① 资料来源于财新网，http://wangjingyu.blog.caixin.com/archives/152305.

13.77%；[1]2015年高技术产品出口额为40737亿元，较2006年增长了1347.14%；[2]全国万元国内生产总值能耗量持续降低，经济增长的集约化水平显著提升；科技进步贡献率预计达到55.3%，比2005年提高了约16.3个百分点。[3]此外，科技创新惠及民生领域，不仅直接提高了居民收入水平，而且国家提出"科技惠及民生"，一系列高新科技应用到医疗、教育、交通等领域，极大地提高了人民的生活水平。

第四节　十年创新型国家建设的中国特色与经验

十年创新型国家建设，中国走出了独具特色的社会主义国家自主创新道路。总结中国特色创新道路，概括中国创新发展模式，并将其上升为社会主义国家创新理论，对于丰富中国特色社会主义理论体系，坚定社会主义道路自信、理论自信、制度自信、文化自信具有重要意义。将中国建设创新型国家放到制度转型和全球化的大背景下考察，本章总结出中国建设创新型国家的八条特色与经验。

第一，创新要素供给不断增长，供给结构不断优化。目前，中国拥有世界上最大的科技人才队伍，研发经费投入强度和绝对额也居世界各国前列。如图10.3所示，2005年以来，中国研究与试验发展人员全时当量和研究与试验发展经费支出一直保持较高速增长，2014年中国研究与试验发展人员全时当量为371.06万人年，较2005年增长了171.88%，年均增长11.75%；2014年中国研究与试验发展经费支出为13015.63亿元，较2005年增加了431.26%，年均增长20.39%。2015年中国研发经费投入更是达到1.4万亿元，从经费投入总量来看，中国已成为仅次于美国的第二大研发经费投入国家。从研发经费来源结构来看，中国研发经费来源结构更趋合理，如图10.4所示，2005年中国研发经费投入来源中政府资金为645.4亿元，占政府与企业资金投入总额的28%，而2014年这一比例降低至21%；同时，企业研发经费投入占比较2005年提高了7个百分点。此外，中国研发经费投入结构趋于合理，如图10.5所示，

① 数据根据2005年和2015年《国民经济和社会发展统计公报》按照不变价格计算得来.

② 数据来源于2006年和2015年《国民经济和社会发展统计公报》，由于2005年该报告未统计高技术产品进出口额，因此此处用2015年高技术产品出口额同2006年的数据相比.

③ 2015年科技进步贡献率数据来源于《"十三五"国家科技创新规划》，2005年科技进步贡献率数据来源于2006年1月徐冠华接受中央电视台专访时给出的数据.

在保障基础研究经费投入比例不变的基础上，中国试验发展经费支出比例不断提高。2005年中国研发经费投入中基础研究投入比例为5%，这一比例一直保持到2014

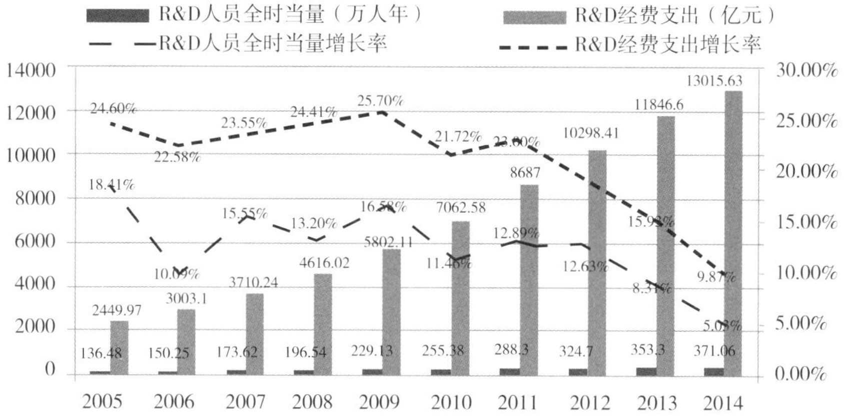

图10.3 中国R&D人员全时当量和R&D经费支出及其增长率

资料来源：作者根据国家统计局数据计算整理

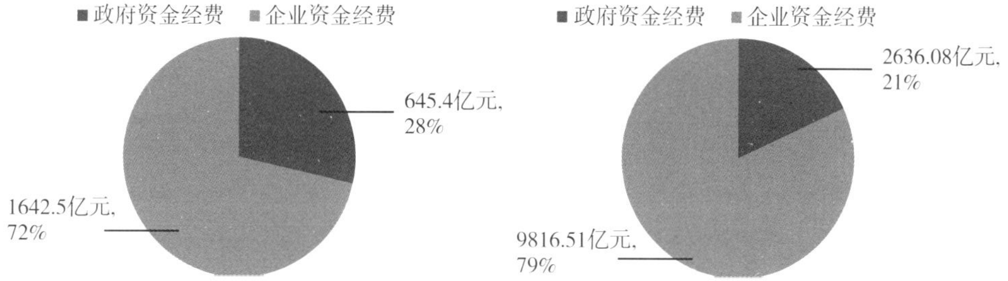

图10.4 2005年和2014年中国研发经费来源结构

资料来源：作者根据国家统计局数据计算整理

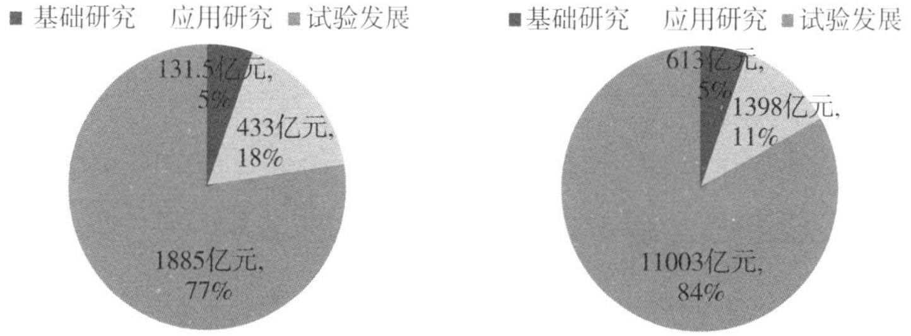

图10.5 2005年和2014年中国研发经费投入结构

资料来源：作者根据国家统计局数据计算整理

年；2014年应用研究经费支出比例由2005年的18%降低至11%，而试验发展经费支出比例较2005年提高了7个百分点，[①]反映出中国科技研发活动更加注重实用性与转化效率问题，更加关注科技对经济社会发展的推动作用。

第二，政府与市场的有效结合。中国既不同于西方国家过分强调市场这只无形之手，也不同于计划经济时代只依靠计划这只有形之手，而是在完善和发挥市场机制的同时，发挥政府的管理职能，政府与市场双管齐下，互为补充。在渐进式改革的30多年历程中，中国在保证公有制主体地位的前提下将市场的力量引入一个受政府监管与引导的经济体系中。科学和技术的外部性较强，存在较多市场失灵的领域，不能完全依靠市场机制配置资源。政府要在市场不能发挥作用，以及企业无力或是不愿意投入的领域发挥作用，起到对市场的引导和互补作用。此外，一国发展需要科学的战略规划作为指导，创新型国家建设亦是如此，而一国的发展战略是市场无法内生形成的，发展战略的执行亦应由政府从宏观层面加以监督与指导。中国的创新型国家建设既能发挥政府宏观调控、战略制定与引领的作用，又能发挥市场在创新资源配置中的基础性作用，两者有效结合推动创新型国家建设。此外，与西方国家的应市场变化、自下而上的创新管理模式不同，中国模式展示出一种强调战略规划、凝聚共识、政府主导、自上而下的特征。中国的这种管理模式的优点有利于明确创新的战略愿景，降低创新环境的不确定性以及创新主体的创新风险。

第三，中央与地方制度创新实践的协同互动。中国在经济转型的背景下完善国家创新体系，富有中国特色的制度建设既有利于地方发挥制度创新的能动性和区域特色，又强调与中央的宏观协调相统一。中国创新型国家建设与体制转型过程中，不仅妥善处理好了政府与市场的关系，而且平衡好了中央与地方的关系，形成了中央向地方提供战略指导与制度激励、地方向中央贡献实践经验与智慧储备的互动关系。中国制度创新在很大程度上是自下而上的，是在地方试点有效的基础上，其实践经验逐渐上升为中央政策，并在全国范围内推广的。“摸着石头过河”的渐进式改革很大程度上是一种“地方试点—中央总结—地方推广”的过程。例如，深圳创新型城市建设试点取得了巨大成功，在此基础上，中央政府总结经验，并在2009年

① 数据来源于国家统计局数据库.

以来，不断扩大创新型城市建设试点范围。各具特色的区域创新体系建设为国家创新体系建设提供了智慧源泉，也使得中国国家创新体系具有高度的灵活性与包容性。由此看来，地区多样化特征也是中国制度创新的重要因素，对中国创新体系建设至关重要。

第四，创新激励机制的日益完善。创新既影响到创新主体的利益，也影响到部门与地区的利益，建立一种有效的协调机制尤其重要。如何减少创新主体之间的利益摩擦，降低科技创新的交易成本，是摆在政府面前的一道难题。中国通常以会商的形式，建立协商平台，以新的方式协调各方利益。如企业、政府、高校、科研院所是创新活动的主要参与者。一个负责任的政府天然具有创新激励，并掌握着大量的创新资源，要求企业、高校与科研院所积极组织高质量的创新活动；而市场竞争环境不断加剧条件下，企业也具有强烈的创新愿望，但受其自身资源条件限制，企业难以独立进行可持续创新，需要借助政府、高校和科研院所的力量；高校和科研院所在基础科学与应用科学领域具有独特的创新优势，但需要政府和企业在资金、设备等方面予以支持。由此形成了“政产学研”相结合的协同创新平台，政府成立专门机构（如高新技术产业园、技术服务市场、科技创新孵化器、中试平台等）协调创新主体间利益，降低信息不对称程度，提高科技成果转化效率。

第五，多种创新模式互为补充。创新既要强调原创性，也要注重经济性，而国家的创新目标和创新能力还与国家的发展阶段相关。中国在国家创新战略中突出自主创新为长远目标，但也实事求是，在加强原始创新的同时，集成创新、引进消化吸收再创新、网络创新等多种形式并重。2006年，国家指出自主创新既包括原始创新，又包括集成创新和引进消化吸收再创新；2011年，国家将协同创新纳入自主创新范畴。这四种创新模式相互补充而非相互替代，共同促进中国创新型国家建设。一方面国家强调原始创新，鼓励重大基础理论与应用技术突破；另一方面中国的自主创新并非在封闭的、保守的环境中进行，而是走开放式创新道路，通过集成创新、引进消化吸收再创新、协同创新等途径，以更快的速度、更低的成本，获得更多的收益与更强的竞争力。

第六，科技管理体制改革逐渐深化。科技管理体制改革关系到科技发展水平以及创新型国家建设的成败。建立一个有活力的国家创新体系，改革科技管理体制是一项十分重要的工作。科技管理体制改革的实质是改革科技生产关系与上层建筑中不适应科技生产力发展的部分，使之适应并促进科技生产力发展，提高科技生产质量、效益与水平。从拨款制度改革到技术市场开放，再到基础研究与应用研究并举，以及科教兴国战略的制定和国家创新体系建设，改革开放以来，中国科技管理体制经历了一个从无到有、从有到优的渐进式改革历程。一系列推动科技发展与应用、促进科技与经济相结合以及实现科技资源优化配置与集约利用的政策出台，完善了中国创新体系建设，激发了创新主体的创新活力与动力，促进了中国科技发展及其产业化水平的提升。

第七，非战略引导下的自发式创新。原始创新具有很强的不可预见性，与在凝聚共识基础上形成的、具有计划性的战略规划不同，原始创新具有很强的不可预见性或者说是随机性。中国尝试在战略规划框架内，既强调目标路径的统一，又为创新的自发性预留空间。政府引导型科技创新并未将中国科技创新严格限定在科技发展战略规划范围内，中国的创新轨迹呈现出一种非线性特征，即很多科技领域的重大创新发生在科技规划领域之外。例如，隐性知识的转移已被公认为是中国科技创新快速发展的重要因素。国有企业改革与社会主义市场经济的深化发展释放出巨大的创新活力，大量工程师和经理离开了国有企业，在私营部门工作或者自主创业。外资企业在中国的扩张也导致另一组工程师、经理和他们的隐性知识再次出现在新企业中并成为创新的源泉。最终，民营与外资科技企业的崛起提供了一个新的或更大的隐性知识来源。计划外的知识转移和扩散可能具有某些模仿的特性，但确实提升了社会的创新能力与水平。一些重大技术突破是由民营企业实现的，如华为的世界级电信技术、腾讯基于网络的软件和通信设备、小米智能手机的节俭型创新、阿里巴巴的互联网交易平台等。

第八，企业家与科技工作者的民族意识与爱国主义情感。在强烈的民族自尊心、自信心与责任感以及中华民族复兴梦驱使下，科技创新团队形成了攻坚克难的凝聚力和意志力。中国不但通过一系列提升大学创新能力的计划，提高了大学培养创新人才的条件和能力，造就了一大批具有创新精神的企业家、科技工作者，而且通过精神与文化教育，提高科学工作者的爱国主义精神、集体主义精神以及开拓进取精神。一直以来，爱国主义教育伴随着中国人才培养的始终，民族责任感、民族凝聚力与家国意识根植于中国科学家与科技工作者的心中。民族意识与爱国主义情感凝聚着中国力量，“两弹一星”精神、“载人航天”精神一直是中国科技工作者通往成功的精神动力。在中国科技事业发展过程中，科技工作者身上总是能体现出爱国主义、集体主义、社会主义精神和科学精神，以爱国主义为核心的民族精神和以改革创新为核心的时代精神是社会主义核心价值体系的精髓，也是中国科技工作者和中国科技创新事业不断取得新突破的动力源泉。

五、创新型国家建设的未来展望

经过十年努力，中国创新型国家建设取得了重要的阶段性进展，科技创新水平显著提升。但是也应看到，中国离创新型国家建设目标仍有一定差距。2016年到2020年的五年时间是创新型国家建设的攻坚阶段，在这一阶段，中国创新型国家建设应当重点解决好以下问题。

第一，如何进一步提高科技创新能力的问题。提高创新能力是创新型国家建设的关键。改革开放以来，尤其是创新型国家建设的十年时间里，中国创新能力显著提升，但也应当看到中国与发达国家和地区的科技水平差距。应当在创新型国家建设的攻坚阶段进一步提升中国科技创新能力，具体做到：（1）以市场为基础，加强政府对科技资源配置的引导与调控，优化创新资源配置，提高区域、产业与企业的科技创新效率；（2）人是科技创新中最主要的因素，应当培育具有创新精神的企业家与具有攻坚能力的科技工作者，同时构建科技创新激励机制，鼓励大众创业、万众创新；（3）重视科技服务业发展，围绕科技创新构建全面服务支持体系，构建全国性科技创新信息平台与交易平台，减少同一技术重复研发，鼓励科技合作与开源创新；（4）提高科技创新质量与水平，培育高端创新项目，提高科技创新层次，做好科技创新评价工作；（5）从顶层设计与微观基础两个层面出发，不断深化科技创新体制机制改革，加强创新生态系统建设，提高科技创新政策的有效性水平，为科技创新提供良好的制度环境，同时加快所有制改革，建立更加有利于创新的产权制度，强化国有企业在科技创新中的引领作用；（6）培育鼓励创新、宽容失败的社会文化与风气，努力降低科技创新的不确定性，对于创新失败的企业家与科技工作者予以适当的补贴，降低创新失败的成本。

第二，如何进一步促进科技与经济相结合的问题。创新是经济增长的长期动力。创新型国家建设目标提出以来，中国经济增长的科技进步贡献率一直呈现出上升趋势，但仍旧与中国庞大的科技人才与资本投入不相符，究其原因是没有解决好科技与经济深度融合的问题。实施创新驱动发展战略，提高科技创新对经济增长的支撑作用，应当努力做到：（1）进一步深化产学研协同创新机制建设，明晰产学研各主体功能定位、利益分配与风险分担，建立以企业为主导、高校与科研院所参与研发与利益分享、政府提供引导与市场服务的产学研协同创新体系，加速创新产品市场化进程；（2）加快打造科技成果转化平台，为新兴产业关键核心技术研发与系统集成创新搭建平台，加快企业和科研院所技术资源市场化，建立起加速科技成果转化的桥梁和纽带，建立适应公共技术扩散和市场技术转移的技术转移机制，建设科技园、产业孵化器等孵化平台，提供从管理、技术、市场到融资的深度服务，打造具有区域与产业特色的创新创业孵化服务体系；（3）加快科技成果转化体制机制改革，着力解决科技成果产权关系与收益分配等问题，简化科技成果转化审批手续，赋予科研单位尤其是国有科研单位科技成果自主定价权与收益分配权；（4）要以需求为导向，将有限的资源更多地投向消费市场或以重大技术突破和重大发展需求为基础的新兴产业中，同时要鼓励“民生型创新”，即发展与民生息息相关的科技创新，使创新产品或服务贴近普通百姓的生活，降低创新产品的需求弹性。

第三，如何缩小区域与产业创新水平差距以及走包容性创新道路问题。创新型国家的创新成果应当由全民共享。当前，中国科技创新水平存在着严重的区域差距、城乡差距、产业差距，并由此导致了不同群体福利水平的较大差距。例如，东部地区创新水平普遍高于中西部地区，城市科技创新水平普遍高于农村，新兴产业科技创新水平普遍高于传统产业。此外，科技创新也会导致不同群体收入水平的巨大差距，由于创新活动具有较高的人力资本门槛，科技创新显著提升了高技能劳动者的收入水平，而低技能劳动者被排除在创新活动之外，很难享受到科技创新带来的福利。因此，解决好科技创新水平差距以及由创新水平差距产生的福利水平差距，也是创新型国家建设过程中需要着力解决好的一个问题。应当在创新过程中努力做到：（1）缩小区域之间、产业之间以及城乡之间的科技发展水平差距，适当提高中西部地区、农村地区和传统产业科技创新投入，缩小不同地区、产业间的创新投入差距；（2）加强不同地区、不同产业科技发展的对口帮扶与科技交流和融合，鼓励科技成果捐赠，并以产业转移为载体，促进不同区域科技交流，以科研人员、技术工人为载体，促进不同产业科技交流与合作；（3）提倡包容性创新，加强对“亲贫式创新”“普惠型创新”的支持力度，兼顾不同收入阶层利益，要让创新成为缩小收入差距的重要手段，让创新有利于提高中低收入者的收入水平，同时降低创新产品的价格与消费门槛，使中低产阶层都能享受创新成果，让创新福利渗透到千家万户。

第四，如何参与全球科技合作与竞争问题。当前国际合作与竞争逐渐从军事领域、经济领域扩展到科技领域，科技合作成为各国在除政治、经济领域合作外的又一个重要的合作领域，与此同时也带来了日益激烈的国际科技竞争。通过十年创新建设，中国已成为科技大国，正逐渐向科技强国迈进，在这一过程中，尤其需要加强国际科技交流与合作，提高中国的科技发展水平与国际竞争力。具体而言，应当做到：（1）积极引进国外智慧，跨国公司是国际科技交流与合作的重要载体，应当通过政策优惠吸引国外科技型企业在国内设立公司与研发机构，同时鼓励有能力的企业通过跨国并购等方式收购国外科技资产，提高企业创新水平与管理水平；（2）广泛参与国际创新合作平台建设，积极发起并筹建国际科技创新合作平台、知识共享平台等国际科技交流合作平台，设立更多的产学研跨国合作项目、国际重大科技攻关项目，提高国际合作的平台化、项目化水平；（3）加快“中国智慧”的走出去进程，通过援建技术示范中心、扶持科学研究项目、开设对外援建技术培训班和国际会议等措施，加强与第三世界国家科技项目合作，为第三世界国家发展贡献“中国智慧”，提高“中国科技”的国际影响力；（4）打造国际创新品牌，提高中国产品的质量和水平，以中国自主品牌参与国际竞争，打造中国在国际市场的品牌优势；（5）实施技术标准化战略，完善战略制定、执行和监督体系，建立技术标准化信息咨询服务平台，发挥政府在标准化战略中的引导作用，加强企业技术标准化管理水平，以提升中国产业的国际竞争优势；（6）充分利用国际规则，对处于初创阶段与成长阶段的高技术产业给予一定的保护措施，培育新兴产业国际竞争力。

参考文献

[1] 刘延东：深入实施创新驱动发展战略.[N] 人民日报.2015-11-11（1）.

[2] 中国生产力学会课题组."十三五"时期实施创新驱动发展战略和建设创新型国家的战略目标和战略重点[J].经济研究参考，2015（14）.

[3] 万钢.深化创新驱动 增强科技供给[N].学习时报，2017-03-27（01）.

[4] 赵振华.深入实施创新驱动发展战略[N]，学习时报，2015-12-24（01）.

[5] 雷玉明.创新理论与理论创新[J].经济师，2003（4）：41-42.

[6] 侯转丹.对理论创新与企业发展的思考[J].品牌.2011（1）：73.

[7] 中央编译局.马克思恩格斯全集，第1卷[M].人民出版社，195：461.

[8] 田丰、刘景泉.关于理论创新若干问题的探讨[J].学术研究，2002（3）：17-30.

[9] 创新知识问答[J].宁夏林业通讯录，2006.（3）：48

[10] 韩庆祥.习近平理论创新六个重要特征[J].人民论坛，2014-10-08（1）.

[11] 马建堂.新常态下我国宏观调控思路和方式的重大创新[N].人民日报，2015-10-29（1）.

[12] 任仲平.论贯彻和落实五大发展理念：关系发展全局的深刻变革.[N] 人民日报，2015-12-18（1）.

[13] 肖林.新供给经济学：供给侧结构性改革经济学思想与理论创新[J].科学发展，2016（5）：7-10.

[14] 田如柱、金辉.发展新经济 壮大新动能 推动新发展[N]经济参考报，2016-8-11（1）.

[15] 李伟.壮大做优提升实体经济，培育经济增长新动力.[EB/OL].（2016-11-16）[2017-01-20].http://mp.weixin.qq.com/s?__biz=MzAwODI3MTcwOA==&mid=2652192552&idx=3&sn=5ab9a1e93b0369f533d07cce3818d2fb&chksm=8090fd1bb7e7740dacd0dc107fe1c66b97faf6b1d47e3bf6ff1fb7a9723316f8d5854a66a6cc&mpshare=1&scen

e=23&srcid=0418xERJMQc2islFW3SFRKpg#rd.

[16] 张军扩.着力培养经济增长新动能.[EB/OL].(2017-2-27)[2017-03-03].http://mp.weixin.qq.com/s?__biz=MzAwODI3MTcwOA==&mid=2652192740&idx=1&sn=0960f034b2295d3c02bbc5e2dadf7c94&chksm=8090fdd7b7e774c168244b7783def19ef5e6a2e050f261a024feda99a2519c0b2efbb909b93a&mpshare=1&scene=23&srcid=0418IDDBIzXEllfcOpkyywZY#rd.

[17] 国务院办公厅.国务院办公厅关于创新管理优化服务培育壮大经济发展新动能加快新旧动能接续转换的意见.[EB/OL].(2017-1-13)[2017-01-20] http://www.gov.cn/zhengce/content/2017-01/20/content_5161614.htm.

[18] 裴珍珍.国社科院学部委员程恩富谈习近平关于经济发展的重要论述[N].经济日报,2015-10-15(13).

[19] 习近平在省部级主要领导干部学习贯彻十八届三中全会精神全面深化改革专题研讨班开班式上发表重要讲话[EB/OL].(2014-02-17)[2017-04-22] http//news.xinhuanet.com/photo/2014-02/17/c_119374303.htm.

[20] 武力.十八届五中全会提出新的发展目标,创新摆在核心位置[EB/OL].(2015-10-31)[2017-04-22] http://politics.people.com.cn/n/2015/1031/c1001-27760482.html.

[21] 任理轩.坚持创新发展——"五大发展理念"解读之一[N].人民日报,2015-12-18(7).

[22] 习近平:抓住牵动经济社会发展全局的"牛鼻子"[EB/OL].(2016-04-12)[2017-04-22] http://zt.ccln.gov.cn/2016lh/djyc/42049.shtml.

[23] 习近平讲话读本:充分发挥我国社会主义政治制度优越性——关于发展社会主义民主政治和依法治国[N].人民日报,2014-07-08(9).

[24] 习近平谈创新[N].人民日报海外版,2016-03-01(9).

[25] 习近平谈"十三五"五大发展理念之一:创新发展篇[EB/OL].(2015-11-10)[2017-04-22] http://cpc.people.com.cn/xuexi/n/2015/1110/c385474-27727798.html.

[26] 习近平.积极参与多边事务——深化改革开放,共创美好亚太[EB/OL].(2015-07-21)[2017-04-22] http://cpc.people.com.cn/xuexi/n/2015/0721/c397563-27338285.html.

[27] 习近平. 创新增长路径 共享发展成果——在二十国集团领导人第十次峰会第一阶

段会议上关于世界经济形势的发言［EB/OL］.（2015-11-06）［2017-04-22］http://politics.people.com.cn/n/2015/1116/c1024-27817591.html.

［28］中国科协党组.新时期推动科技创新的行动指南——深入学习贯彻习近平同志关于科技创新的重要论述［N］.人民日报，2014-08-11（7）.

［29］习近平.在庆祝中国共产党成立95周年大会上的讲话［N］.人民日报，2016-07-02（2）.

［30］习近平.关于《中共中央关于全面深化改革若干重大问题的决定》的说明［EB/OL］.（2013-11-15）［2017-04-22］http://news.xinhuanet.com/politics/2013-11/15/c_118164294.htm.

［31］十八大报告首次写入征地制度改革内容［EB/OL］.（2012-11-09）［2017-04-22］http://news.sina.com.cn/c/2012-11-09/050025540978.shtm.

［32］中共中央办公厅 国务院办公厅印发《深化农村改革综合性实施方案》［EB/OL］.（2015-11-02）［2017-04-22］http://www.gov.cn/zhengce/2015-11/02/content_2958781.htm.

［33］胡锦涛.坚定不移沿着中国特色社会主义道路前进，为全面建成小康社会而奋斗——在中国共产党第十八次全国代表大会上的报告［N］.人民日报，2013-08-01（1）.

［34］习近平：理直气壮做强做优做大国有企业［EB/OL］.（2016-07-04）［2017-04-22］http://news.xinhuanet.com/fortune/2016-07/04/c_1119162333.htm.

［35］李克强：以深化改革的红利增强国企活力和竞争力在推动我国经济提质增效中实现升级发展［EB/OL］.（2015-09-20）［2017-04-22］http://www.gov.cn/guowuyuan/2015-09/20/content_2935535.htm.

［36］习近平：加快实施自由贸易区战略 加快构建开放型经济新体制［EB/OL］.（2014-12-06）［2017-04-22］http://news.xinhuanet.com/politics/2014-12/06/c_1113546075.htm.

［37］柴逸扉.五位一体，伟大事业的总体布局［N］.人民日报海外版，2016-01-30（1）.

［38］王树祥.论先进文化创新的内涵［J］.学术论坛，2005.

［39］王世谊.论文化创新［J］.社会主义研究，2002.

［40］王进芬.中国共产党创造先进文化的重要启示［J］.社会主义研究，2005.

［41］赵小芒.在民族文化创新中推进中国特色社会主义文化大发展［J］.学习与实践，

2010.

[42] 王洪勇.基于全球化背景下的中国文化创新[D].中共山东省委党校，2015.

[43] 杨泽宇、邹广文.当代中国的文化创新与文化建设[J].创新，2013.

[44] 申维辰.论文化创新的意义、方略和途径[J].光明日报，2003.

[45] 管宁.中国文化创新发展问题再考量[J].山东大学学报，2016.

[46] 李国泉、周向军.十八大以来党的文化理论创新发展及其启示[J].中国特色社会主义理论，2014.

[47] 王建民. 管理创新领域的构造及现实选择[J]. 北京市经济管理干部学院学报，2003，(3)：3-10.

[48] 林海芬、苏敬勤. 中国企业管理创新理论研究视角与方法综述[J]. 研究与发展管理，2014，26(2)：110-119.

[49] 王建民. 论管理创新的基本特征及内容体系[J]. 北京劳动保障职业学院学报，2013，(4)：19-23.

[50] 张晶. 论管理创新[J].现代情报，2004，(12)：94-195，198.

[51] 王国顺. 企业创新的系统性[J]. 技术经济与管理研究，1999，(4)，64-65.

[52] 陈洪侠、邢宝君.信息社会的企业管理创新[J]. 现代管理科学，2004，(8)：20-22.

[53] 荆树伟、牛占文. 企业管理创新的概念及内容界定[J]. 中国管理科学，2014，(S1)：654-658.

[54] 高卫平. 知识管理组织创新的基点[J].商业时代，2009，(24)：44-46.

[55] 余义勇、段云龙. 大数据时代下企业管理模式创新研究[J]. 技术与创新管理，2016，(3)： 302-307.

[56] 林海芬、苏敬勤. 中国企业管理创新理论研究视角与方法综述[J]. 研究与发展管理，2014，(2)：110-119.

[57] 胡宝娣. 企业管理创新障碍因素分析[J]. 企业经济，2003，(8)：111-112.

[58] 国家统计局.2015年全国科技经费投入统计公报. [EB/OL].(2016-11-11)[2016-11-11]. http: //www.stats.gov.cn/tjsj/zxfb/201611/t20161111_1427139.html.

[59] 中国科技部.理性看待我国研发投入强度首超欧盟：与发达国家差距仍然很大[EB/OL]. (2014-01-28)[2014-01-28]. http: //news.xinmin.cn/world/2014/01/

28/23383671.html.

[60] 范明. 民营科技企业的管理创新问题[J]. 中国软科学, 1999, (9): 64–67, 77.

[61] 盛亚. 创新管理: 计划、组织、领导与控制[M].浙江大学出版社, 2016.

[62] 中共科学技术部党组. 坚持中国特色自主创新道路, 进一步发挥科技的支撑引领作用[J]. 求是, 2012(19): 20–22.

[63] 习近平指出科技创新的三大方向[N].光明日报. 2016–06–02.

[64] 习近平谈"十三五"五大发展理论之一: 创新发展篇[EB/OL]. (2015–11–10)[2015–11–10] http: //cpc.people.com.cn.

[65] 王琦. 加快完善产学研合作机制[N]. 吉林日报. 2013–05–21.

[66] 陈建. 中国吸引外国直接投资创新[N]. 经济日报. 2017–02–03.

[67] 胡鞍钢. 透视中国科技创新道路与机制[J]. 神州学人. 2014–11–18.

[68] 梁军. 科技创新需要"工匠精神"[N]. 学习时代. 2016–12–19.

[69] 李志民. 人民日报热点辨析: 以科研成果转化增强"第一动力"[N]. 人民日报. 2016–08–29.

[70] LIU, F, SIMON, D F, SUN, Y, Cao, C. China's Innovation Policies: Evolution, Institutional Structure, and Trajectory[J]. *Research Policy*, 2011(40)917-931.

[71] TANG, M, HUSSLER, C. Betting on Indigenous Innovation or Relying on FDI: The Chinese Strategy for Catching-up[J]. *Technology in Society*, 2011, 30:23-35.

[72] 冯之浚.国家创新系统的理论与政策[M].北京: 经济科学出版社, 1999: 120–125.

[73] 付淳宇. 区域创新系统理论研究[D].长春: 吉林大学, 2015.

[74] 吴先慧、吴海燕、陆强等. 我国区域创新体系的影响因素实证研究[J]. 科技进步与对策, 2011, 28(7): 26–31.

[75] 王杏芬. R&D、技术创新与区域创新能力评估体系[J]. 科研管理, 2010(5): 58 – 67.

[76] Bode. The Spatial Pattern of Localized R&D Spillovers: An Empirical Investigation for Germany[J]. *Journal of Economic Geography*, 2004, 4(1):43-64.

[77] Freeman, Chris. And Luc Soete. *The Economic of Industrial Innovation*(*Third Edition*)[M].London: Pinter, 1997, 18-80, 223.

[78] 迈克尔·波特.国家竞争优势[M].北京: 华夏出版社, 2002.

[79] Poon, TSC. Beyond the Global Production Networks A Case of Further Upgrading of Taiwan's Information Technology Industry [J] .*Technology and Globalisation*, 2004, 1(1):130-145.

[80] 严潮斌.产业创新：提升产业竞争力的战略选择 [J] .北京邮电大学学报（社会科学版），1999（3）：6–10.

[81] 李政.中央企业自主创新报告2012 [M] .北京：中国经济出版社，2013（1）：7.

[82] 张丽华、李娟.沉寂的“中华之星”——中国高铁创新路径之辨 [N] .第一财经日报，2011–3–17（A08）.

[83] 张璐晶.高铁成长记 [J] .中国经济周刊，2011（5，6）：26–35.

[84] 孙玉敏.揭秘中国高铁制造业 [J] .上海国资，2011（6）：46–49.

[85] 矫阳.让“火箭”列车驰骋世界 [N] .科技日报，2011–7–12（01）.

[86] 刘美雄.对中国高铁的战略思考 [J] .华南理工大学学报（社会科学版），2011（2）：14–18.

[87] M. Fransman.Conceptualizing Technical Change in the Third World in the 1980:An Interpretive Survey [J] , *Journal of Development Studies*, 1981, 4(21):572-652.

[88] Barney, Jay, Fim Resources and Sustained Competitive Advantage [J] .*Journal of Management*, 1991(1):99-120.

[89] 孔欣欣.部门创新体系：个影响当今产业创新政策的重要概念 [J] .科学学与科学技术管理，2008（2）:76–81.

[90] Becker, S.W., Whisler, T.L., The Innovative Organization:A Selective View of Current Theory and Research [J] .*Journal of Business*, 1967, 14:462-469.

[91] Kanter, R.M.. When A Thousand Flowers Bloom:Structural, Collective, and Social Conditions for Innovation in Organization [J] . *Research in Organizational Behavior*, 1988, 10:169-211.

[92] Knight , K.E.. A Descriptive Model of the Intra-firm Innovation Process [J] . *Journal of Business*, 1967, 40:478-496.

[93] Shepard, H.A.. Innovation-Resistion and Innovation-Producing Organizations [J] . *Journal of Business*, 1967, 4:470-477.

[94] Damanpour, F., Evan, W.M.. Organizational Innovation and Performance:The Problem of Organization Lag [J] .*Administrative Science Quarterly*, 1984, 29:392-409.

[95] van, W.M., Black, G..Innovation in Business Organization:Some Factors Associated with Success or Failure [J] . *Journal of Business*, 1967, 40:519-530.

[96] Kimberly, J.R.. The Organization Context of Technological Innovation [M] . *Managing Technological Innovation*, Jossey-Bass, San Francisco, 1986:23-43.

[97] Drazin, R.. Professionals and Innovation:Structural-Functional Versus Radical-Structural Perspectives [J] . *The Journal of Management Studies*, 1990, 27(3):245-263.

[98] Burgess, B.H.. *Industrial Organization* [M] .Prentice-Hall, Englewood Cliffs, N.J, 1989.

[99] Amabile, T.M.. A Model of Creativity and Innovation in Organization [J] . *Edited by Behavior*, 1988, 10:123-167.

[100] Zammuto, R., O'Connor E.. Gaining Advanced Manufacturing Technologies Benefits: The Role of Organizational Design and Culture [J] . *Acady Management. Review*, 1992, 17:701-728.

[101] Dougherty, D., Bowman, E.H.. The Effects of Organizational Downsizing of Product Innovation [J] . *California Management Review*, 1995, 37(4):28-44.

[102] 郜振廷、史殿元、孙立威等著.创新能力培养线路图：一流三联三个零 [M] .中国经济出版社，2009.03.

[103] 张蕾、闫奕荣主编.现代企业管理 理论与案例 [M] .中国人民大学出版社，2010.07.

[104] 芮明杰.管理创新 [M] .管理前沿丛书，上海译文出版社，1997.

[105] 常修泽等.现代企业创新论 [M] .天津人民出版社，1994.

[106] 史仕新.知识经济与管理创新 [J] .财经科学，2002（7）：73–75.

[107] 李景元、王国权、刘鹏著.现代企业技术创新基础与成果开发转化 [M] .中国经济出版社，2010.08.

[108] 特雷弗·I.威廉斯等.技术史第VI卷 [M] .远德玉等译.上海科技教育出版社，2004.

[109] 孟鹰、余来文著.企业战略 基于动态战略能力的观点[M].中国经济出版社，2010.03.

[110] 华为的创新[EB/OL].http: //www.360doc.com/content/14/0514/10/14171751_377459853.shtml.

[111] 梁雄健、张静编著.通信服务创新[M].北京邮电大学出版社，2002年08月第1版.

[112] 肖广岭、杨淳等.企业创新发展研究——创新型企业模式案例[M].清华大学出版社，2015.

[113] Henry Chesbrough, Wim Vanhaverbreke and Joel West. *Open Innovation: Researching a New Paradigm*[M]. Oxford University Press, 2006.

[114] 2014年企业创新调查资料开发课题组.2014年企业创新调查资料[DB/OL].[2016.11.17]. http: //www.stats.gov.cn/tjzs/tjsj/tjcb/dysj/201611/t20161118_1430956.html.

[115] 刘兴国.企业创新政策影响创新成效.[DB/OL].[2016.10.31]. http: //review.cnfol.com/shangyepinglun/20161031/23727170_4.shtml.

[116] 创新能力与职业道德知识读本[M]. 国家行政学院出版社，2006.07.

[117] 夏洪胜、张世贤. 企业创新[M].经济管理出版社，2014.

[118] 徐坡岭、刘畅. 中美俄三国创新型国家战略选择与效果比较[J]. 经济社会体制比较，2015(6)：18-29.

[119] 成思危. 论创新型国家的建设[J]. 中国软科学，2009(12)：1-14.

[120] 辜胜阻、洪群联. 创新型国家建设的战略思考[J]. 经济管理，2008(19-20)：1-6.

[121] 段培君. 建设创新型国家的理论与实践[J]. 中共中央党校学报，2008(2)：11-16.

[122] 贺德方. 创新型国家评价方法体系构建研究[J]. 中国软科学，2014(6)：117-128.

[123] 曹应旺. 十六大以来"建设创新型国家"述论[J]. 党的文献，2011(1)：99-105.

[124] 赵永新. 创新型国家建设稳步推进[N]. 人民日报，2015-10-16.

[125] 董洁林. 中国创新到底怎么样？[N]. 企业家日报，2015-02-01.

[126] 李政."双创"主力军央企2015年成果斐然[N]. 中国社会科学报，2015-12-30.

[127] 琳达·岳. 中国的增长：中国经济的前30年与后30年[M]. 鲁冬旭译. 中信出版社，2015.

[128] XUEDONG DING, JUN LI. *Incentives for Innovation in China: Building an*

Innovative Economy［M］. Routledge, 2015.

［129］房宏琳.中国中央企业自主创新能力研究［M］.北京：知识产权出版社，2016.

［130］黄涛、胡雅洵. 中国科技体制改革向何处去［J］. 长沙理工大学学报（社会科学版），2014（11）：5-10.

［131］李政、杨思莹. 中国地区研发效率的演变和收敛性特征——基于随机前沿方法的分析［J］. 华东经济管理，2014（9）：1-7.

［132］胡钰. 增强创新驱动发展新动力［J］. 中国软科学，2013（11）：1-9.